I0129936

CHOSES ET GENS

D'AMÉRIQUE

Pb
4012

CALMANN LÉVY, ÉDITEUR

DU MÊME AUTEUR

Format grand in-18.

IMPRIMERIE CHAIX, RUE BERGÈRE 20, PARIS. — 1406-1-98. — (Encre Lorilleux).

CHOSES ET GENS

D'AMÉRIQUE

PAR

TH. BENTZON

DÉPOT LÉGAL
Seine
N° 1940
1898

PARIS

CALMANN LÉVY, ÉDITEUR

3, RUE AUBER, 3

—

1898

CHOSES ET GENS D'AMÉRIQUE

LE COMMUNISME EN AMÉRIQUE

I.

LE COMMUNISME DANS LA FICTION

Un des traits caractéristiques du voyage en chemin
de fer aux États-Unis est l'irruption à intervalles
réguliers, dans la longue galerie qu'on appelle le *car*,
du jeune marchand de journaux, de livres, de
chocolat, de maïs grillé, de bonbons divers ou de
gomme à chiquer. A chaque station, il s'élance, por-
teur de paquets qui représentent tantôt la nourriture
de l'esprit et tantôt celle du corps; sa voix aiguë
vous crie aux oreilles avec des intonations toutes
spéciales : *Papers ! last novels ! choc'late ! candy!
sandwiches ! oranges, bananas ! pop corn ! chewing
gum!* suivant le cas; et l'objet annoncé tombe sur
vos genoux, ce qui ne veut pas dire qu'on vous le

1

donne, mais simplement qu'on vous laisse le temps
de la réflexion. Tout à l'heure une main preste vous
le reprendra, à moins que vous ne témoigniez, en
payant, l'intention de le garder. J'ai essayé par
curiosité de la plupart de ces produits et l'un de ceux
qui m'ont le moins désappointée, quoique je ne le
trouve pas sans reproche, est encore le dernier livre
de M. Edward Bellamy : *Equality*. Peut-être parce
qu'il s'associe au souvenir enchanté d'une excursion
dans les montagnes du Maine et parce qu'il est venu
ajouter des réflexions intéressantes à celles que
j'avais faites chez mes amis les Shakers, les seuls
vrais communistes qui existent en Amérique [1].

Faut-il appeler roman cet in-8° compact que l'auteur intitule *Égalité*, promettant ainsi une suite à
son premier aperçu de la société de l'avenir, *Looking backward*, qui eut un formidable succès [2] ?
Non, certes, si le roman ne doit être qu'une histoire
sentimentale ou amusante, racontée avec la légèreté
nécessaire pour faire passer une heure ou deux. Mais
le roman, depuis déjà longtemps et presque en tout
pays, est devenu autre chose ; il touche d'aventure
aux questions les plus sérieuses ; il réussit à faire

1. De sept ou huit sociétés communistes, prospères il y a
une vingtaine d'années, toutes, sauf celle des Shakers, ont
disparu ou sont expirantes. Celles du Tennessee, qui viennent
de naître, n'ont pas encore fait leurs preuves.
2. Voir dans la *Revue des Deux Mondes* du 15 octobre 1890 :
la Société de l'avenir.

accepter, en les déguisant, la discussion des problèmes les plus compliqués.

Looking backward était une fantaisie ingénieuse sur des sujets de philosophie économique et sociale ; elle nous faisait assister aux impressions d'un jeune Bostonien, Julian West, qui, tombé dans un sommeil magnétique, au commencement de 1887, se réveillait en 2000 devant les transformations fondamentales survenues durant cette période d'un peu plus de cent ans. Il découvrait d'abord que l'âpre combat pour l'existence, dont il avait été jadis le témoin souvent attristé, n'existait plus; que la nouvelle civilisation reposait désormais sur le principe unique de la coopération nationale; qu'il n'y avait plus de pauvres ni de riches. Personne ne travaillait pour le compte d'autrui; tous s'évertuaient de concert à grossir le fonds commun auquel ils avaient part égale. Et ce miracle s'était accompli très aisément en remplaçant le capital privé par le capital public, en organisant le mécanisme de la production et de la distribution, — de même que le gouvernement politique, — comme une simple affaire d'intérêt général.

L'indispensable histoire d'amour s'entremêlait aux diverses expériences du dormeur éveillé. Il s'éprenait de l'arrière-petite-fille de sa fiancée du siècle précédent.

Looking backward fut très lu, très admiré, très discuté. Certains critiques affirmèrent qu'il avait remué la conscience de plusieurs centaines de milliers de lecteurs éveillés soudain aux défauts du système

économique; d'autres lui opposèrent tout ce qui s'est
dit de sensé contre le communisme, depuis le temps
de Robert Owen et de Fourier. Les premiers regret-
taient que telle ou telle partie du livre eût été traitée
trop rapidement pour leur plaisir; les autres signa-
laient des lacunes apparemment volontaires qui
ôtaient à l'ouvrage toute portée. D'où M. Bellamy
conclut qu'il fallait ajouter quelques éclaircissements
à un livre dont le principal mérite, au contraire, était
de rester vague sur les points délicats. En principe,
il eut tort : les suites ne valent jamais rien. Qui
donc, parmi les plus chauds admirateurs de la *Case
de l'oncle Tom*, s'est jamais soucié de la *Clef* de cette
case que son auteur crut devoir fabriquer comme
preuve à l'appui? Les livres précurseurs de quelque
grand mouvement gagnent à être des œuvres de
pure imagination; les prophètes n'ont jamais rien
précisé. Cependant, au cours des quatre cents pages
en caractères serrés que renferme *Equality*, se trouvent plusieurs chapitres curieux. On a d'autant
moins de peine à les séparer de l'ensemble indigeste
que, cette fois, M. Bellamy a laissé complètement de
côté tout incident romanesque. Il ne s'est servi des
personnages de *Looking backward* que pour leur
mettre dans la bouche des théories qui répondent
aux attaques dont il a été l'objet et qu'il rassemble
sommairement sous cette rubrique hautaine : *le livre
des aveugles* [1].

1. Fourier avait parlé de la cataracte philosophique qui

On lui avait reproché aussi de laisser de côté le plus intéressant, c'est-à-dire l'explication du procédé par lequel s'était produite la grande révolution qui devait changer la face de la société. M. Bellamy nous la donne enfin et trop longuement peut-être. Il nous apprend ce que nous savions à merveille, c'est que, dès l'année 1887, où commença la léthargie bizarre de son héros, l'Amérique était profondément remuée par des aspirations vers les réformes radicales. Le monde entier a de ces aspirations en commun avec l'Amérique; reste à savoir si, là mieux qu'ailleurs, elles prendront corps au xxᵉ siècle ou même beaucoup plus tard, et se transformeront en réalités. L'égoïsme croissant nous dit : « Non ! » Mais M. Bellamy ne s'arrête pas à cet obstacle. Il reconnaît que jamais à aucune époque, et dans aucun pays, il n'y eut de plus choquantes disparates entre la condition des différentes classes qu'on n'en rencontrait à Boston, à New-York, à Chicago ou dans tout autre grand centre américain durant le dernier quart du xixᵉ siècle; mais le cataclysme qui se préparait sourdement survint avec la rapidité de la foudre. Il fait un tableau pathétique de l'état de ces pauvres Américains d'alors, qui se vantaient si faussement d'être égaux et libres. Ils ne l'étaient de fait ni devant la loi, ni nulle part, sauf

cédera à la démonstration de l'harmonie passionnée. En cherchant bien, on retrouve, dans *Égalité*, la *Théorie des quatre mouvements*, expurgée, simplifiée et adaptée, comme il convient aux exigences d'un pays où les jeunes filles lisent tout.

en politique, chacun étant admis au vote, ce qui, vu
la puissance de l'argent, avait pour résultat l'horrible
corruption que l'on sait. Au temps où la république
était toute neuve, le combat pour la richesse, qui
n'aboutit d'ailleurs qu'à l'inégalité dans tous les cas,
offrait encore quelques chances aux pionniers intrépides, mais les capitalistes s'étaient peu à peu réservé
toutes ces chances-là; il n'était plus question que de
monopoles, de syndicats, d'accaparements variés.

Et pourquoi la masse des misérables, étant libre
de voter, ne mettait-elle pas un terme immédiat
à cet état de choses? Parce qu'on lui avait persuadé que la régulation du commerce et de l'industrie
n'avait rien à faire avec le gouvernement.

Les gens éclairés du xxᵉ siècle, — et tous sont
éclairés dans ce siècle-là, — ne comprennent pas
comment, après avoir renversé les rois et pris la
direction des affaires, le peuple avait pu consentir à
renoncer au contrôle de ses intérêts les plus impor-
tants. Ils ont peine à en croire là-dessus le témoignage des historiens, et toutes les réponses, que fait
à leurs questions l'espèce de revenant d'une époque
disparue qui a surgi parmi eux, ajoutent à cette stu-
péfaction : — Ainsi les capitalistes, investis d'un
pouvoir égal à celui des rois et encore moins désintéressés que ceux-ci, qui se piquaient de travailler au
bonheur de leurs sujets comme un père travaille à
celui de ses enfants; ainsi ce gouvernement de
ploutocrates, le plus irresponsable, le plus despo-

tique de tous, était maintenu au nom de la liberté, liberté de l'initiative économique par l'individu ?... Quel incroyable aveuglement !

Julian West est malhabile à plaider la cause du passé. Il explique lorsqu'on lui demande ce que faisait le gouvernement proprement dit, le gouvernement du peuple, que celui-ci était bien assez embarrassé de maintenir la paix, car l'inégalité des conditions produisait mille causes d'envie, de haine, de vengeance et de désespoir, en somme toutes les passions mauvaises. Et pour imposer quelque contrainte à ces fureurs, il fallait des soldats, une police, des juges, des geôliers, des lois destinées à régler les différends. Ajoutez à cela une multitude repoussante de bandits, dégradés par la faim qui les rendait ennemis de la société et contre lesquels force était d'agir impitoyablement. Réprimer, châtier, contraindre, le gouvernement d'autrefois ne faisait que cela, sans se rendre compte que c'était peine perdue, qu'il était aux prises avec un chaos social, résultat de la détestable organisation du système économique auquel manquaient les bases de la justice.

Il paraît étonnant qu'au lieu de médire ainsi de l'époque qui fut la sienne, Julian n'essaye pas quelquefois d'évoquer ce qu'elle eut de bon ou d'excusable. Nos préjugés ne tombent pas d'un coup devant l'aurore, si brillante qu'elle soit, d'une ère nouvelle qui nous est complètement étrangère ; et les plus

admirables progrès entraînent toujours avec eux
quelques pertes qu'il serait permis de déplorer. Mais
les personnages de M. Bellamy n'ont pas de caractère
personnel; ce ne sont que des porte-voix destinés à
soulever à son gré contre la manière de voir qui
est la sienne, de faibles objections qu'il anéantit
en de triomphantes répliques. Julian West est toujours réduit au silence et finit immanquablement
par comprendre et par admirer.

On lui fait admettre sans peine les idées qui de
son temps étaient considérées comme subversives, à
savoir que l'inégalité des fortunes détruit toute
liberté, que le capital privé est volé au fonds social;
et ce millionnaire d'antan ôte respectueusement son
chapeau à un groupe de taille héroïque, ornement
du Parc futur, de l'impérissable *Common*, de Boston,
qui représente des grévistes, les bras croisés auprès
de leurs outils inutiles. Car ceux-là, lui dit-on, sont
les premiers martyrs de l'industrie coopérative et de
l'égalité économique. Ils ne savaient pas au juste
ce qu'ils faisaient, — les révolutionnaires en commençant ne le savent jamais! — n'importe, ils ont
donné leur vie pour résister à l'oppression, ce qui vaut
mieux que toute la rhétorique du monde. Sans eux,
sans la révolution qu'ils ont faite, rien n'existait plus
sur la terre pour résister à l'omnipotence du capital.
Les souverains ayant été précipités de leurs trônes,
le commerce international ayant abattu l'obstacle
des frontières, le monde entier étant devenu un

champ immense d'entreprises financières, le pouvoir centralisé de l'argent ne pouvait manquer de s'imposer; on arrivait à quelque chose comme une oligarchie de capitalistes fondée par un petit groupe. Les Alexandre et les Napoléon eussent été dorénavant des banquiers. C'eût été là le gouvernement du monde. La grande révolution a balayé cette ignominie; elle a rétabli le règne de la justice, car le vol, si sévèrement châtié quand un pauvre s'appropriait un morceau de pain, avait impunément cours sous forme de monopole, un seul capitaliste pouvant accaparer le grain nécessaire à la subsistance d'une nation, et réduire des millions d'individus à la famine.

Mais comment se produisit cette révolution? Eut-elle quelques traits communs avec les révolutions européennes? Aucun. Il ne s'agissait pas d'un gouvernement à renverser. La révolution fut pratiquement faite aussitôt que le peuple eut compris. Les travailleurs à gages, qui avaient été les premiers à souffrir de la concentration de la richesse, commencèrent le mouvement. C'est en 1867, que fut fondée aux États-Unis la première grande organisation du travail pour résister à la tyrannie des capitalistes. Les *trade-unions* se multiplièrent, les grèves se succédèrent rapidement et entraînèrent des paniques générales. Puis eut lieu la protestation moins turbulente, mais plus sérieuse encore dans ses résultats, des fermiers qui se liguaient en sociétés secrètes. Des

1.

agitateurs parurent dont le programme devait élec-
triser un peuple qui gardait gravés au fond de l'âme
les principes de l'immortelle Déclaration de l'indépendance, cette véritable Constitution de l'Amérique : égalité inaliénable de tous les hommes, droit
imprescriptible pour chacun d'eux à la liberté et au
bonheur. Malheureusement les églises, les universités, la presse furent longtemps contre l'intérêt
national, attachées qu'elles étaient au char plouto-
cratique par des chaînes d'or. La presse, la première,
— et non seulement les journaux, mais la littérature
proprement dite — s'amenda. Des protestations
véhémentes contre les iniquités sociales furent pu-
bliées de tous côtés; puis, vers 1890, le mouvement
se transporta dans le champ politique; en 1892, un
parti, organisé presque dans chaque État, émit un
million de votes au moins en faveur de la nationali-
sation des chemins de fer, télégraphes, systèmes de
banque et autres affaires jusque-là monopolisées.
Deux ans après, ce même parti avait gagné beaucoup
de terrain, la coopération comptait d'innombrables
partisans. Mais quand le plan d'un système industriel pour la nation tout entière, avec part égale
dans les résultats, fut présenté au peuple, la chose
lui parut d'abord trop belle pour être exécutable. Il
était plein de bon sens, ce peuple américain. Atten-
dez! Le miracle s'accomplit *dès qu'il y crut*. Ce fut
une explosion soudaine d'enthousiasme auquel la
religion se mêla en dépit des églises.

On s'appuya sur la Bible; on découvrit que la loi évangélique n'avait jamais encore été pratiquée; le nom de *great revival*, de grand réveil, est resté à cette espèce de croisade nouvelle au nom de la pitié humaine. La contagion gagna les plus intelligents d'entre les capitalistes qui, n'ayant pu empêcher le nouvel ordre des choses, aidèrent à l'organiser. Sans doute il y eut d'abord des tentatives violentes de répression, mais rien qui se puisse comparer aux horreurs de l'ancienne guerre civile; des collisions partielles seulement, pas de guillotine, pas de fusillades.

La période la plus difficile fut celle de transition, car le mouvement, si de bons esprits n'y eussent veillé, aurait pu être détourné de son but principal. La *règle d'or* s'imposa graduellement, avec sagesse et lenteur : des magasins publics d'approvisionnement furent ouverts; les propriétaires ruraux restèrent sur leurs terres comme employés du gouvernement; on laissa autant que possible leurs emplois aux fonctionnaires. Les impôts étaient tombés en même temps que le revenu et des mesures provisoires furent prises de façon à ne léser personne sauf les capitalistes, bien entendu, jusqu'à ce que tout le travail de la nation se trouvât organisé selon les besoins publics, avec des gages communs pour tous, c'est-à-dire un crédit égal pour chacun, crédit renouvelé chaque année afin d'empêcher l'épargne et de simplifier la tenue des livres de banque. Bien entendu, les riches qui se croyaient ruinés par le nouveau système crièrent à l'attentat contre la propriété, ils ne se résignèrent point sans peine au service public, on vit des mécontents s'exiler dans les bois ; bah ! ils finirent par en sortir.

L'histoire est remplie d'exemples de spoliations, de conquêtes et de confiscations plus ou moins justifiables, mais qui de fait n'ont jamais supprimé la propriété, se bornant à en rajuster le principe sous d'autres formes. Avant la révolution, en somme, bien peu de gens possédaient quelque chose ; un grand nombre vivaient au jour le jour ; les millionnaires mêmes ne pouvaient dire assuré l'avenir de leurs enfants. Par le nouveau système au contraire, tous furent pourvus d'une part égale, large et déterminée dans la totalité du revenu national ; on peut donc dire que la révolution, loin d'abolir l'institution de la propriété particulière, l'a affirmée d'une manière incomparablement plus positive, plus permanente et plus générale que par le passé, où le droit prétendu sacré qui laissait la richesse aux habiles, n'était en réalité qu'une répétition de l'immorale théorie : « La force prime le droit. »

Nous ne pouvons, nous autres pauvres illusionnés du XIXe siècle, nous faire une idée du déploiement prodigieux de vigueur avec lequel la nation rajeunie se mit à l'œuvre pour élever le bien-être de toutes les classes à un niveau tel que les riches eux-mêmes n'eussent rien à regretter en partageant le lot commun. Jusque-là il y avait eu tant de forces perdues,

tant de millions d'individus inutiles, tant de terres
en friche! Et tout à coup il ne se trouva pas assez de
machines, pas assez d'heures disponibles, pour la
vaste besogne qui devait assurer une existence confortable et facile aux masses; celles-ci furent, comme
par enchantement, bien logées, bien vêtues, bien
nourries; dès la première année, le produit total du
pays put être triplé; la seconde, on doubla la production de l'année précédente, et tout fut consommé
jusqu'au dernier sou.

Mais la nature humaine?

Julian West aurait dû cent fois déjà lancer l'interruption qui tout le temps nous vient aux lèvres :
— Que faites-vous de la nature humaine, qui sera
celle des gens de 2000 comme elle est la nôtre,
comme elle fut celle de nos ancêtres dès les premiers
siècles connus? Est-ce qu'en se débarrassant de la
pauvreté on élimine du même coup toutes les passions
et tous les vices? Est-ce que la possession du nécessaire empêche d'envier le superflu? Est-ce qu'il n'y
aura pas toujours des ambitieux, des rêveurs, des
insatiables? Et s'il n'y en avait plus, si l'uniformité des caractères et des sentiments résultait de la
parfaite organisation d'une société tout industrielle,
quel dommage pour les romanciers qui n'auraient
plus rien à peindre! C'est dire qu'en tant que roman
le livre de M. Bellamy est manqué, d'où il ne s'ensuit
pas que ce soit un ouvrage ennuyeux. Il traite de problèmes humanitaires qui s'imposent de plus en plus

à la pensée contemporaine et, sans fournir aucune
solution vraiment pratique aux fatalités de l'ignorance et de la misère, il dénonce du moins ce
qu'elles ont de révoltant. Quiconque fait avancer, ne
fût-ce que de quelques pas, la question de l'organisation du travail, si grosse de périls et d'angoisses,
accomplit une bonne action, ce qui vaut mieux qu'un
chef-d'œuvre; et M. Bellamy a le mérite d'avoir le
premier abordé dans le roman ce sujet qui intéresse
les meilleurs esprits; il plaide pour le droit suprême
de tous à l'existence. L'erreur fondamentale chez lui
est d'imaginer que l'exercice assuré de ce droit ne
dépend que d'une question d'organisation sociale.
Mais nous serions trop naïfs de le croire dupe des
chimères et des paradoxes qu'il accumule en vue de
nous convaincre. Son but unique, à n'en pas douter,
est de faire réfléchir chacun de nous aux remèdes que
les heureux de ce monde peuvent introduire par de
justes sacrifices.

N'insistons point sur la campagne qu'il dirige
contre les capitalistes; ceux-ci en essuieront de
plus dangereuses. Il manque à M. Bellamy la
torche enflammée qui allume les révolutions, la
passion qui fit de la *Case de l'oncle Tom* une arme
puissante contre l'esclavage. Rien de plus froid, et
pour cause, qu'*Égalité*; c'est une suite d'argu-
ments et de raisonnements enfilés avec adresse. On
s'y applique comme à un jeu d'esprit quelquefois
brillant, très souvent un peu lourd. Nous y cher-

chons aussi, nous autres étrangers, la révélation
de l'état social actuel des États-Unis ; et les plaies
signalées éclatent aux yeux, si le moyen de gué-
rison est beaucoup moins évident.

D'œuvre d'art aucune trace ! Mais il y a une
nombreuse catégorie de lecteurs américains qui ne se
soucie point de cela. Je me rappelle toujours ce que
me disait un personnage des plus intelligents qui
se rattache au monde des lettres : « Les hommes seuls
m'intéressent. Quant aux tableaux, quant aux cathé-
drales, je sais que c'est beau, je m'efforce de me le
persuader, mais quoi que je fasse, je ne le sens pas.
Parlez-moi de l'humanité ! » Ceux-là seront évidemment pris par le sujet d'*Equality*, même si leur bon
sens les avertit qu'on leur propose une utopie pure
et simple.

Parmi les meilleures parties du livre, je signa-
lerai le chapitre intitulé : « Ce que la Révolution fit
pour les femmes. » M. Bellamy n'a pas de peine à
prouver que l'établissement supposé de l'égalité économique fit infiniment plus pour elles que pour les
hommes, la plupart des hommes étaient en réalité
les serviteurs des riches, mais la femme était la vas-
sale de l'homme, riche ou pauvre. M. Jules Case l'a
dit déjà de notre côté de l'eau.

Si bas qu'un homme pût être, il y avait toujours
au-dessous de lui des femmes qui dépendaient de sa
protection. Tout au fond du tas social, on trouvait
la femme portant le fardeau accumulé. Toutes les

tyrannies d'âme et de corps sous lesquelles ployait
l'espèce humaine pesaient sur elle d'autant plus
lourdement. Quelque misérable que fût l'homme,
dans ce temps-là, elle eût été élevée fort au-dessus
d'elle-même, rien qu'en atteignant son niveau. Mais
la grande révolution ne la rendit pas seulement
l'égale de l'homme ; elle les éleva tous les deux d'un
coup au même rang de dignité morale et de bien-être
matériel. Ainsi parle ce bavard de docteur Leete,
toujours intarissable sur les progrès de son xxᵉ siècle.

Et cette fois Julian West ne peut retenir une objec-
tion : il ose rappeler que les Américaines du xixᵉ
avaient déjà beaucoup de privilèges. « Sans doute
les femmes pauvres étaient à plaindre, dit-il, mais je
ne vois pas en quoi consistait l'oppression pour les
filles et les épouses des riches... » Il est vrai qu'aussitôt
il rougit d'avoir proféré cette remarque odieuse. On
lui démontre qu'il mentionne là une minorité
tout à fait négligeable ; d'ailleurs cette minorité censée
privilégiée subissait aux yeux des femmes du xxᵉ siècle la pire dégradation ; aucune d'entre elles, en admettant qu'on pût la condamner à revivre dans le
passé comme Julian revit dans l'avenir, ne voudrait
être ce qu'on appelait une femme à la mode ; elle
préférerait mille fois travailler de ses mains. Car se
mouvoir dans une atmosphère de serre chaude, em-
poisonnée par l'adulation et par l'affectation, devait
être un état encore moins favorable au développement moral que l'effort écrasant de la mercenaire.

Julian balbutie qu'il a vu naître et s'accentuer
un mouvement dit féministe. Mais qu'était-ce après
tout que les droits revendiqués par un petit groupe
d'âmes généreuses qui se croyaient hardies? Oh !
des droits bien modestes ; le droit de vote accompagné de deux ou trois changements dans la loi
qui eussent permis aux femmes de posséder leurs
biens en propre, de pouvoir en cas de divorce être
tutrices de leurs enfants. C'était peu ! et c'était cependant irréalisable, un mauvais arbre ne pouvant
produire de bons fruits et l'arbre social étant marqué dès lors pour être abattu à bref délai. Les revendications de la femme étaient les mêmes, au fond,
que celles de l'ouvrier ; pour l'un comme pour l'autre il s'agissait de mettre fin à la domination du capitaliste ; la clef qui devait détacher toutes les chaînes
était la même ; il s'agissait d'un problème purement
économique. Les hommes en tant que sexe, avaient
eu toute puissance sur les femmes ; les riches, en
tant que classe, étaient restés maîtres des travailleurs.
Le secret du servage, sexuel ou industriel, tenait
à la distribution inégale de la richesse et le changement qui devait mettre fin à cette double tyrannie ne
pouvait être qu'un contrôle judicieux des moyens de
subsistance. Follement les premières meneuses du
mouvement féministe attribuaient l'horreur de leur
condition aux vices et aux injustices de l'homme ;
elles s'imaginaient que le seul remède possible était
une réforme morale du monstre. De même les cham-

pions des prolétaires perdaient le temps à maudire
les capitalistes comme auteurs de tous les maux de
leurs clients. En réalité, l'homme n'était pas pire
que la femme qu'il opprimait, ni le patron inférieur
à l'ouvrier qu'il exploitait. Mises à la place des
tyrans, les victimes eussent agi aussi mal qu'eux-
mêmes. Tout le tort était au système qui permettait
à des êtres humains de se trouver vis-à-vis les uns
des autres dans une condition de dépendance. L'autorité exercée sur le prochain est chose démoralisante
tant pour le maître que pour le serviteur. Donc l'erreur fut de s'attaquer d'abord aux conséquences de
l'inégalité économique, non pas à l'inégalité elle-
même. Les femmes du xixe siècle demandaient des
lois en leur faveur; au xxe, elles ne se soucient nullement de l'intervention de la loi, tenant, soit filles,
soit mariées, une bien autre influence en main : celle
de la souveraineté personnelle. Tout homme qui se
rend désagréable aux femmes sous le nouveau régime
solliciterait vainement leurs bonnes grâces. Et cette
facilité à se protéger soi-même était impossible au
temps où la femme, condamnée au mariage par des
raisons économiques, ne cherchait qu'à plaire et était
pour ainsi dire contrainte à se donner, ne pouvant
ensuite sous aucun prétexte refuser d'obéir au mari.

Oh! sans doute il y avait de bons maîtres dans
ces relations-là, nos juges des générations à venir
veulent bien le reconnaître; mais, ajoutent-ils, on
en disait autant sous le règne de l'esclavage; il arri-

vait même que l'esclave prît un certain empire sur le maître; la chose était peut-être moins intolérable qu'elle ne le paraît à ceux qui l'étudient de loin. Vaines excuses : les accommodations possibles ne suffisent à justifier l'asservissement d'aucun être humain à la volonté arbitraire d'un autre. Heureuse ou malheureuse, la femme a longtemps gémi sous un double joug : celui qu'elle subissait en commun avec l'homme : écrasement du pauvre par le riche; et le joug qui lui était particulier : soumission abjecte à l'homme dont elle dépendait pour sa subsistance. Il lui fallait conformer ses idées, ses paroles aux siennes; étouffer en elle tout élan original; revêtir sa vie d'une uniformité artificielle, car on n'attire et on ne retient l'homme qu'à la condition de ne le contredire ni dans ses goûts ni dans ses préjugés. Et ce mensonge perpétuel, cet esclavage moral ne se bornait pas à avilir les femmes; il passait de leurs veines dans le sang de la race, et les citoyens du xxᵉ siècle ne savent pas tout ce qu'ils ont gagné à l'affranchissement de leurs mères.

La lutte entre femmes pour atteindre au mariage n'était rien encore auprès d'une autre lutte ignoble à laquelle étaient exposées des hordes de filles pauvres qui, désespérant d'obtenir le secours des hommes à des conditions honorables, se vendaient pour un morceau de pain. Au milieu des atrocités qui accompagnaient ce qu'on appela longtemps la civilisation, les relations sexuelles sont celles qui

font par-dessus tout horreur aux régénérés parmi
lesquels se réveille Julian West.

Abrégeons le réquisitoire. Comment lui apparaît
la femme créée à nouveau par la révolution économique ? De même que tous les citoyens, elle sert à
son tour; et ses fonctions n'ont rien de commun
avec ce qu'on appelait jadis des métiers de femme.
Il n'y a pas d'occupation à laquelle il lui soit défendu
de prendre part, les machines y aidant. Les machines suffisent à tout, et plus la main qui les guide
est légère, plus la besogne est bien faite. La femme
du docteur Leete a été jusqu'à ses quarante-cinq ans
révolus *premier lieutenant* dans une grande fonderie;
sa fille Édith s'occupe d'agriculture. Il faut dire que
la charrue, la bêche, la pioche sont mises en mouvement par l'électricité. Du reste la femme est phy-
siquement plus forte qu'autrefois; beaucoup plus
grande, mieux développée, plus saine, car des cours
publics de gymnastique font partie de l'instruction
obligatoire jusqu'à vingt-quatre ans, l'âge où l'on
suppose que le corps est formé; ces cours sont
ensuite fréquentés plus ou moins toute la vie. Par
conséquent les jeunes gens des deux sexes sont beaux
comme les dieux de l'Olympe; une infirmité est
chose rare parmi eux, et celui qu'elle atteint excep-
tionnellement devient aussitôt l'enfant gâté de tous.
Jadis les malades étaient si nombreux que la pitié
même à leur égard s'émoussait. Et la femme entre
tous se résignait à la souffrance comme à une condi-

tion normale, inévitable. Elle ne ressemblait guère
aux athlètes triomphantes que Julian ébloui voit
dans les gymnases faire assaut de force et d'agilité
côte à côte avec leurs camarades masculins. Ceux-ci
ont bien encore sur elle une certaine supériorité;
mais l'égalité, même en ces matières, tend à s'établir et les physiologistes prévoient que dans quelques
générations elle sera un fait accompli. Voilà de quoi
garantir à M. Bellamy les suffrages de toutes les
college girls qui se livrent dans le *drill room* à la
manœuvre des haltères et qui gagnent des courses à
pied, en attendant qu'elles abordent les fameux
sauts de l'avenir, des sauts qui semblent exposer à
une mort certaine ceux et celles qui les exécutent du
haut de la plate-forme; mais ce n'est qu'un jeu pour
ces articulations souples et robustes. Il y a aussi des
exercices aériens, des tirs, des sports perfectionnés
de mille sortes, et Julian comprend pourquoi toutes
les femmes ont acquis un système musculaire qui
ne leur appartenait pas auparavant.

On garde des pièces anatomiques de la fin du
XIXe siècle, montrant à quel degré de déformation
était arrivée la taille féminine. Ces dames de l'an
2000 ont les épaules plus larges que les hanches et
une tout autre profondeur de poitrine; elles ont des
poumons, des bras, des jambes, tout cela grâce à une
vie physique sans entraves à laquelle les a conduites
l'indépendance économique. M. Bellamy pourrait
ajouter que les signes caractéristiques de leur sexe se

sont atténués sensiblement. Déjà certaines lignes,
encore appréciées en Europe, ne sont plus de mode
aux États-Unis ; et, pour ne parler que de la physionomie, j'ai souvent été frappée, dans une réunion
nombreuse de jeunes gens, de la quasi-disparition
des différences typiques entre hommes et femmes.
Prenons un milieu intellectuel et « avancé », bien
entendu, la distribution annuelle des diplômes d'une
Université par exemple : vous serez frappé de l'assurance du regard, de l'ampleur du front, de l'énergie
des traits en général, sur certains visages que,
grâce au chapeau canotier, au col droit, à la veste
genre tailleur, vous pouvez attribuer à de jolis garçons; tandis qu'auprès d'eux il y a des figures
d'éphèbes, tout à fait imberbes et candides, aux
cheveux séparés en quasi-bandeaux que l'on prendrait tout d'abord pour des figures de jeunes filles.

Virilisées de plus en plus, les femmes cesseront de
craindre dans l'acte de la maternité les périls et les
angoisses légendaires. Rien de plus facile que de
mettre un enfant au monde. Dès à présent, notez-le
bien, les adeptes de la *Christian science*, refusent
l'assistance du médecin et ne consentent à aucune
précaution, sortant et agissant aussitôt après la naissance du baby. Que feront donc les mères de l'avenir?

L'hydrothérapie aura certes contribué à leurs progrès presque miraculeux. Les bains sont logés dans
de magnifiques établissements qui restent ouverts
toute la nuit. Au surplus, nul service public n'est

jamais interrompu, quelle que soit l'heure. On peut
pénétrer à minuit aussi bien que le matin dans de
hautes salles où quatre fontaines jaillissantes remplissent l'air d'un éclat de diamants, où retentit le
bruit frais des chutes d'eau et où s'étend la nappe
verdâtre d'une immense piscine. L'onde est rendue
translucide par les flots de lumière que reflète le
dallage blanc et vernissé du fond, de sorte que les
nageurs, visibles tout entiers, semblent flotter agiles
et sans poids apparent sur un nuage d'émeraude.
Parfois la couleur du dallage est variée afin que
cette eau puisse prendre les nuances de l'arc-en-ciel.
Elle est toujours à une température en harmonie
avec la saison. C'est de l'eau de mer amenée par le
dernier flux de l'Atlantique. Mais comment l'avoir à
ce niveau? Quelle question! Elle s'apporte elle-
même! Ce serait dommage si la force qui élève de
sept pieds le niveau du port de Boston ne pouvait
être contrainte, en un temps d'incessantes décou-
vertes, à monter un peu plus haut encore. Toutes les
applications de la lumière, de la chaleur et de la
force sont désormais sans limites et ne coûtent rien.
On a maîtrisé la nature, et c'est là en vérité ce qui
nous étonne le moins. Les contemporains des pro-
diges de l'électricité étaient préparés à l'apprendre :
le plus fort semblait déjà fait.

Pour revenir aux bains de mer en chambre, l'un
des traits marqués de la civilisation du xxᵉ siècle est
un retour au caractère d'amphibie qui devait carac-

tériser nos lointains ancêtres. Et, à propos d'ancêtres,
fait observer le docteur Leete, qu'est-ce qui prouve
qu'à l'origine la femme n'était pas tout aussi vigoureuse que l'homme? Seulement une sélection s'est
opérée : aux temps où l'union de l'homme et de la
femme préhistoriques était affaire de combat, les
femmes les plus fortes ont dû mépriser et négliger
les hommes faibles, tandis que les mâles en général
avaient tout intérêt à capturer de faibles créatures
pour en faire des esclaves dociles. Il s'en est suivi que
les femmes robustes et les hommes débiles ont laissé
peu de postérité, les types qui se sont perpétués
étant sortis des plus forts d'entre les hommes et des
plus frêles d'entre les femmes. Les conséquences, on
les connaît; elles se sont manifestées jusqu'au jour
où la grande révolution réorganisa la société sur des
bases morales dont la première était la liberté et la
dignité égales de tous les êtres humains.

— Pourvu, fait observer Julian West, que la
femme, devenue sur tous les points l'égale de
l'homme, n'abuse pas à son tour de sa supériorité!

— Oh! si elle détenait le pouvoir irresponsable,
je ne me fierais pas plus à elle qu'à l'homme, répond
son interlocuteur; mais il n'y a rien à craindre,
parce que la race entière s'élève très vite jusqu'à des
hauteurs en partie atteintes aujourd'hui, où domine-
ront les forces spirituelles et où la question du pouvoir physique cessera d'avoir de l'importance dans
les relations humaines. La direction de l'humanité

appartient chez nous à ceux qui ont la plus grande âme, c'est-à-dire à ceux qui participent le plus de l'esprit divin.

Faut-il vraiment croire que les femmes, devenues capables d'une action indépendante, grâce à l'égalité économique, ne sont plus pour cette seule raison ni coquettes, ni frivoles ; et que les hommes du même coup ont renoncé au code spécial qui leur permettait tant de licences ? M. Bellamy l'assure. La morale est nécessairement *une* pour les deux sexes ; et on a réformé ce mariage d'autrefois qui, tout brodé qu'il fût d'astragales sentimentales et religieuses, n'était en réalité qu'une transaction très prosaïque ment économique. Il faut dire que certains progrès avaient déjà commencé aux États-Unis bien avant la révolution, beaucoup de femmes refusant de se dépouiller de leur nom pour prendre celui du mari : exemple, une célèbre adversaire de l'esclavage des noirs, Lucy Stone, qui ne fut jamais désignée autre-ment, tout en vivant dans les meilleurs termes avec M. Blackwell qu'elle avait épousé ; mais ce qui était alors une excentricité devint assez vite un droit.

Les dames du xxᵉ siècle ne changent pas plus leur nom en se mariant que ne le font leurs conjoints ; et, pour les enfants, tout s'arrange sans peine, dans un pays où, entre le nom de baptême et le nom de famille, figure presque toujours un nom de milieu ; les filles portent pour nom de milieu celui de leur père et les garçons celui de leur mère.

2

Il va sans dire que l'habitude de la convention, de la tradition, du préjugé, aussi bien que la timidité, résultat d'une servitude immémoriale, empêcha longtemps la majorité des femmes de sentir le prix de la délivrance qu'on leur offrait; mais ensuite, elles s'élancèrent dans le mouvement avec une ardeur dont l'effet fut décisif. On les vit renoncer volontairement à ce qui leur avait été le plus cher. Ainsi l'usage des bijoux est tombé depuis plus de deux générations. De fait, les diamants, réduits au rang de morceaux de verre, n'ont grand intérêt pour personne. L'offre d'un boisseau de perles ne vous assurerait plus dans une boulangerie la possession d'un petit pain, le crédit annuel alloué à chaque citoyen étant la seule valeur admise. L'or et l'argent ont encore leur emploi mécanique et artistique, ils décorent les monuments publics et il y a dans les musées des collections de pierres dites autrefois précieuses; mais l'usage de suspendre tout cela à son cou, à ses oreilles ou d'en charger ses doigts serait réputé barbare. Donc les paroles du prophète : « Une fille oubliera-t-elle jamais ses ornements? » rencontreraient dans la société nouvelle la plus déconcertante des réponses affirmatives.

Les femmes ont certes conservé le désir d'être belles, mais il ne tient qu'une place secondaire dans leur pensée parce qu'elles peuvent se passer de plaire. Si souvent ce qu'on mettait sur le compte de leur vanité native était un moyen de s'assurer la préférence, c'est-à-dire le soutien de l'homme ! Maintenant elles n'ont plus besoin de lui. Et elles sont trop éclairées pour croire que la parure contribue toujours, comme dans la vieille chanson, à embellir la beauté; elles savent que le résultat obtenu en sacrifiant aux caprices de la mode atteignait souvent l'effet contraire. Il n'y a plus de mode, par parenthèse, et de toutes les merveilles c'est peut-être la plus incroyable. Chacun s'habille à sa guise.

— Le Créateur, en façonnant nos corps, a inventé la mode qui est généralement suivie, explique la jeune Édith à Julian son fiancé.

Cela veut dire que les femmes en ont depuis longtemps fini avec les entraves de la jupe. La bicyclette nous le promettait, mais leur goût a prêté d'infinies variétés à ce que Julian West appelle le costume masculin.

— Pourquoi masculin? réplique la demoiselle avec simplicité. Le costume doit être le même pour les deux sexes puisque leur conformation physique est la même quant aux lignes générales.

L'ajustement des femmes se fait remarquer par des teintes claires qui suggèrent à Julian cette réflexion assez terre à terre :

— Les comptes de blanchisseuse doivent être énormes !

Là-dessus Édith éclate de rire :

— Sans doute, si les habits se lavaient, mais on ne les lave plus. Aussitôt sales ils sont jetés de côté, c'est-à-dire qu'on les envoie aux fabriques pour être transformés en autre chose.

— Mais quel gaspillage !

— Non, vraiment tout cela n'est pas bien dispendieux. Combien supposez-vous que coûte mon costume?

— Je n'en sais rien : une étoffe de soie comme celle-ci...

— Nos costumes coûtent de dix à vingt sous. Ils sont en papier. On ne porte guère que du papier. Nous sommes arrivés à faire du papier imperméable qui défie le mauvais temps ; du papier poreux aussi chaud que de l'édredon ; et jusqu'à du papier-cuir pour les chaussures. On ne voudrait pour rien au monde se servir de matériaux qui exigent le blanchissage. Quand je pense que vous donniez vos vieux habits aux pauvres et qu'ils les portaient en haillons ! Fi l'horreur ! Chez nous tout est propre et neuf. Le tapis que vous auriez balayé, et bien, nous le remplaçons ; les tentures ne font que passer pour ainsi dire dans nos maisons. Nos oreillers, nos matelas sont gonflés d'eau ou d'air au lieu de plumes. Comment pouviez-vous endurer ces chambres poussiéreuses où s'accumulaient les germes de maladies durant plusieurs générations? Pour nettoyer une chambre, nous dirigeons la pompe vers le plafond, sur le mur, sur le plancher, car tout est en faïence ou en tuile vernissée. Les hygiénistes disent que les précautions prises à l'égard

de nos demeures et de nos vêtements ont fait plus
que tous les autres progrès pour détrôner les épi-
démies.

— Vous allez m'apprendre bientôt, interrompt
Julian abasourdi, que les mets délicieux qui viennent
chez vous par le tube pneumatique ou que vous
mangez au restaurant sont aussi de papier !

— Nous n'allons pas si loin que cela, mais
presque... car nos plats sont en carton. Il n'est plus
question de vaisselle cassée; assiettes, casseroles,
tout, après avoir servi, est renvoyé aux fabriques
pour être transformé, comme les vêtements.

— Vous n'avez pourtant pas de casseroles en
papier, car le feu continue à brûler, je suppose?

— Oui, le feu brûle encore, mais la chaleur élec-
trique ayant été adoptée pour la cuisine comme
pour tout le reste, nous ne chauffons plus nos vaisseaux qu'en dedans, et par conséquent la cuisine se
fait, ne vous déplaise, dans des vaisseaux de papier.

Donc plus de lessive, plus de raccommodage, plus
d'aiguille même; des repas envoyés du restaurant
par tube pneumatique, quand on ne les prend pas à
l'hôtel; tous les devoirs domestiques confiés à l'entreprise coopérative, — certes, voilà le rôle de la
maîtresse de maison bien simplifié. Celui de la mère
de famille ne l'est pas moins. Lorsque les femmes
d'autrefois étaient absorbées par leurs enfants,
c'était la preuve de l'imperfection des arrangements
sociaux et non pas une nécessité morale. Des robes

de papier de dix à vingt sous, cela contribue aussi
à faciliter le mariage. Quant aux moyens hygié-
niques qui consistent à jeter ou plutôt à transformer
ce qui est sali le moins du monde, il faut croire à
leur efficacité, car la vieillesse vient beaucoup moins
vite et la mort est considérablement retardée.
Arrivera-t-on à la vaincre et à la supprimer, du
train dont marche le progrès? M. Bellamy, par la
voix de ses Américains de l'avenir, repousse énergiquement cette supposition toute matérialiste. Qui
donc voudrait vivre enfermé à jamais dans les
limites de la vie terrestre?

Cela est très caractéristique. On a pu glorifier la
grande révolution industrielle; élever des statues
aux ouvriers grévistes qui en furent les premiers
promoteurs et qui méritent par conséquent d'être
vénérés comme des martyrs et des héros; anéantir
d'un trait la propriété et ses droits réputés sacrés
depuis les commencements de l'histoire; mais la
religion en revanche doit rester intacte, au moins
sous cette forme vague dont les unitairiens, si nombreux aux États-Unis, nous donnent dès aujourd'hui
l'exemple. Peu de témoignages extérieurs, nous
dit-on, mais l'esprit du Christ, la loi de l'Évangile
interprétés avec une rigueur toute nouvelle. Le
temps est venu où les paroles adressées à la Sama-
ritaine, « que l'homme n'adorera plus sur telle ou
telle montagne », sont réalisées. A son grand étonnement, Julian ne voit pas d'églises, dans le nou-

veau Boston, sauf une seule conservée comme monument historique. Le téléphone et son complément
l'électroscope, qui, en abolissant la distance, ame-
nèrent le genre humain à une intimité de rapports
intellectuels et sympathiques inconnue jusque-là,
ont en même temps permis aux individus de recevoir la bonne parole chacun chez soi, en évitant la
foule. On ne va pas plus au temple qu'on ne va au
théâtre ; assis dans un bon fauteuil, avec ces deux
puissants appareils, l'électroscope et le téléphone,
vous entendez, sans vous déranger, le grand prédicateur ou le grand artiste, de même que par extension vous pouvez assister de loin à n'importe quelle
scène intéressante, ayant lieu sur un point quelconque du globe. Le premier effet de ce progrès a
été de supprimer la médiocrité en toute chose ; les
talents de second ordre n'ont plus aucune raison
d'être. En égalisant les conditions économiques et
éducationnelles de façon à perfectionner la démocratie, on est arrivé à l'*aristocratiser* par excellence, dans le sens du gouvernement par les meilleurs. Un homme peut commander l'attention simul-
tanée de plusieurs millions d'individus ; si l'occasion
le mérite, un silence attentif peut régner dans le
monde entier, les gens de tous pays étant, les uns
à la clarté du soleil, les autres à celle des étoiles,
suspendus aux lèvres du maître ; car il existe, bien
entendu, une langue universelle, sans que pour
chacun en particulier la langue maternelle soit

abolie. Quelques-uns continuent à s'appliquer, par amour pour les littératures anciennes, à l'étude des idiomes du passé, mais en réalité il n'y a qu'une seule langue vivante.

Julian West interroge avec curiosité le grand orateur religieux, M. Barton :

— Le téléphone universel et la langue commune à tous les peuples empêcheraient-ils les cérémonies de la religion de subsister ?

— Les cérémonies dont vous parlez, répond le vénérable Barton, appartenaient à l'enfance de la race ; la religion est devenue toute spirituelle.

— Alors vous n'avez plus de sectes, plus de discussions théologiques ?

— Non, parce qu'il n'y a plus de populace ignorante qu'il s'agisse de diriger ; la classe unique est celle des gens cultivés. Lors de notre révolution, les puériles différences de doctrines furent mises en déroute par cet élan unanime d'amour fraternel qui rapprocha tous les cœurs. La culture générale qui s'ensuivit arracha les racines de l'ignorance et de la superstition. Aujourd'hui, la prédication religieuse a cessé d'être une carrière à part. Celui qui la pratique n'appartient pas à une catégorie différente de la masse des citoyens ; les nombreux loisirs laissés par un service qui n'a rien d'écrasant, étant partagés par tous, peuvent être appliqués à des études personnelles, et l'exemption de tout devoir public passé l'âge de quarante-cinq ans nous permet de suivre

notre penchant, quel qu'il soit. Bref, le prédicateur
est à présent un prophète plutôt qu'un prêtre; il ne
reçoit ni ordination ni *exequatur;* son pouvoir dépend
entièrement de la réponse que ses paroles ont
reçue des âmes où elles tombent. Tout cela, d'ailleurs, ne doit pas vous étonner; de votre temps, l'influence du clergé baissait à vue d'œil en Amérique
(on voit que M. Bellamy ne compte pas avec le
catholicisme), et l'autorité de la tradition était partout mise en doute; vous pouviez pressentir quelque bouleversement. Par habitude de subordination,
la femme s'attacha plus longtemps que l'homme
aux principes d'autorité en matière religieuse, mais
maintenant elle poursuit d'accord avec lui la recherche
de tout ce qui concerne la nature de l'être humain,
sa destinée, ses rapports avec l'Infini, tant spirituel
que matériel, dont il est une part.

— La disparition de la caste ecclésiastique a-t-elle
diminué l'intérêt général pris aux questions religieuses?

— Vous ne le pensez pas! Chaque institution
sociale a eu son heure d'utilité; les rois, le clergé,
voire les capitalistes, ont rendu des services; mais
de même que l'abolition de la royauté marqua
l'aube d'un gouvernement meilleur et que celle de
la propriété privée fut le commencement de la
richesse effective pour tous, de même la désorgani-
sation des Églises a inauguré de grands progrès
dans les relations de l'âme avec ce qui est éternel.

— Prétendez-vous vraiment en savoir plus long que nous sur ces choses mystérieuses? prétendez-vous avoir pénétré ce que nous nous efforcions de croire? demande Julian, quelque peu incrédule.

— Vous n'en douterez pas, après avoir vécu plus longtemps de notre vie. L'absence de souci matériel permet à toutes les énergies de l'intelligence de se concentrer sur les possibilités d'une évolution spiri-tuelle dont l'évolution matérielle, accomplie, n'est que le prélude. Avez-vous remarqué dans la littéra-ture contemporaine l'absence complète de la note tragique? c'est le résultat de notre conception d'une vie réelle, cachée en Dieu et jouissant là d'une sécurité inaccessible.

L'évêque Brooks avait déjà dit avant M. Barton : « Il n'y a d'autre vie que la vie éternelle », et le représentant de la religion de l'avenir a raison d'ajouter : « Vos poètes et vos voyants avaient bien admis que la mort ne fût qu'un pas de fait dans la vie. » — Il va cependant plus loin qu'eux en par-lant de cette « impatience passionnée de la fin qui possède tous les vieillards » et qu'envieraient les jeunes s'ils ne savaient qu'un peu plus tard la même porte s'ouvrira pour eux.

— Mais — s'écrie Julian qui, dans sa première existence avait été très éloigné, ainsi que beaucoup d'autres, de cette sorte de ferveur, — mais si les hommes continuent d'avancer ainsi dans la connais-sance des choses divines, à quoi n'arriveront-ils pas?

M. Barton sourit : — L'antique serpent n'avait-il
pas dit : « Si vous mangez des fruits de l'arbre de
science vous serez comme des dieux ? » La promesse
était vraie quant aux paroles, mais apparemment on
se trompa d'arbre, on cueillit le fruit de la science
égoïste. Plus tard, le Christ dit la même chose que
le serpent, en assurant aux hommes qu'ils pourraient devenir enfants de Dieu ; mais le fruit qu'il
leur enjoignit de cueillir était celui de l'amour universel, qui est à la fois la cause et l'effet de la
science la plus haute et la plus complète. Par l'amour
sans bornes l'homme devient un dieu, car par là il
devient conscient de son union avec Dieu et toutes
choses sont mises sous ses pieds.

— Vous parlez du Christ ? Votre religion moderne est donc la même doctrine qu'enseigna Jésus-
Christ...

— Certes, oui ! Elle a été enseignée dès le commencement de l'histoire, et sans doute auparavant, mais
c'est par le Christ qu'elle nous est arrivée avec plé-
nitude. Seulement, on ne l'avait jamais reçue tout
entière jusqu'ici. Il fallait pour cela s'entr'aimer,
considérer tous les hommes comme frères, il fallait
tout partager. « Dieu est amour et celui qui demeure
dans l'amour demeure en Dieu. » En vertu de cette
parole, on trouva Dieu le jour où toutes les mains
s'étreignirent dans une parfaite union d'intérêts. Le
mouvement n'avait pas eu pour but direct de chercher
Dieu ; il ne semblait pas partir d'en haut. C'était un

mouvement humain, mais il suffit que nous nous
aimions pour que Dieu soit avec nous.

Le chapitre sur la religion est d'un intérêt particulier dans le livre de M. Bellamy, parce qu'il
donne le reflet des tendances de toute une élite et
en particulier des femmes, vers cette charité active
et organisée qui a sa plus haute expression dans
l'œuvre bien connue des *settlements*. Là, vraiment,
sans révolution radicale, les mains des pauvres et
des riches commencent à s'unir ; et quant à la
définition de la qualité de fils de Dieu donnée
d'abord par l'Église unitairienne, on sait qu'elle
trouve partout de nombreux échos, même en
France, comme le prouve le livre récent de M. Saba-
tier : *Esquisse d'une philosophie de la religion*, si
détaché de tout esprit de secte, de tout dogmatisme,
qu'il peut, selon leur disposition individuelle, édifier
ou scandaliser tantôt les catholiques, tantôt les protestants. Ne nous laissons pas cependant persuader
aussi facilement que Julian West. Voyons, en visitant
les écoles du xxᵉ siècle, quelle est la base de cette
culture universelle qui permet à des hommes tels
que M. Barton de s'élever si haut dans le domaine
intellectuel et moral.

« Ce ne sont plus, s'écrie l'auteur d'*Égalité* par la
bouche de ses personnages, ce ne sont plus des milliers, ce sont des millions de diplômes que délivrent
tous les ans les Universités ! » J'entends bien, le mal
actuel ne pouvait que s'exagérer, mais quel est le

niveau de ces Universités et que valent ces diplômes ?
Toute la question est là. Écoutez la suite : « Il n'y a
plus de centre des hautes études : chaque commune
a son Université comme elle avait jadis ses écoles
publiques. Mais l'économie politique et sociale forme
la base de l'éducation. »

Nous assistons à une classe de l'école d'Arlington
où des enfants de treize à quatorze ans apprennent
l'histoire de la période qui précéda la grande révolution, notre histoire par conséquent. Garçons et filles
sont réunis, le système si répandu déjà au xixe siècle
de la co-éducation étant devenu général, et voici sur
quel sujet le maître les interroge : le système des
profits considéré comme méthode de suicide économique ! Au même âge, les enfants du vieux monde
étudiaient leurs auteurs grecs et latins, — étude qui,
comme le répétait dernièrement en Amérique même
M. Brunetière, a le triple mérite de n'être ni professionnelle, ni confessionnelle, ni passionnelle, —
c'est-à-dire de tenir la jeunesse au-dessus de tout ce
qui agite et rétrécit les âmes. Mais ceux-ci se pro-
posent une voie absolument contraire ; ils préconisent,
à la façon de petits perroquets, un système assez
semblable, sous un vernis de raffinement et de délicatesse qui le rend plus mensonger encore, à la triste
utopie des *Égaux* de Babeuf. Du moins Babeuf avait
la franchise de traiter en ennemis les lettres et les
arts, sous prétexte que ce qui n'est pas communi-
cable à tous doit être sévèrement retranché. M. Bel-

lamy veut qu'il y ait place pour tout. Ils seront peut-
être de grands poètes, de grands peintres ou de grands
musiciens, ces petits messieurs qui détaillent avec
aplomb dès leur bas âge les défauts inhérents au
capital privé : envisagé comme machine à produire la richesse et toute considération d'éthique à
part, son abolition était indispensable. Ils déclarent
avec non moins d'assurance que les moralistes qui
faisaient jadis de la pauvreté un résultat de la dépra-
vation humaine, susceptible de disparaître si le
monde s'améliorait, ne pouvaient penser un mot de
ce qu'ils disaient, une machine construite au rebours
de toute méthode scientifique étant fatalement destinée à se perdre, sans que le fait d'être dirigée par
des saints ou par des pécheurs y puisse grand'chose.

L'un de ces bambins, interrogé sur les théories de
Malthus, répond que le conseil donné aux pauvres
diables de n'avoir pas d'enfants était logique en
somme ; il trouve que, seul, Malthus est allé au fond
de l'horrible système économique du passé, ayant
compris qu'il n'y avait pas place sur la terre pour ce
système et pour l'espèce humaine à la fois, Puisqu'il
croyait la propriété et le revenu respectables, ce
philosophe ne pouvait que vouer l'humanité à
disparaître. On l'a blâmé, tandis qu'il faisait une
bonne œuvre en plantant pour ainsi dire un signal
d'alarme sur la planète, afin d'avertir les gens qu'ils
y débarqueraient à leurs risques et périls.

C'est un garçon de quatorze ans qui parle. Ensuite,

une jeune fille du même âge n'a aucune peine à
démontrer que l'idée qu'on se faisait des avantages
du luxe comme moyen de procurer du travail était
la plus fausse du monde. Le gain démesuré des capitalistes avait simplement limité le champ des emplois
productifs qui, sous un système rationnel, fournit
du travail à toutes les mains jusqu'à ce que tous les
besoins soient satisfaits. Les moralistes tonnaient
bien contre le luxe, mais inutilement, parce que le
côté économique du sujet n'avait pas été pénétré.
Personne ne semblait voir que le gaspillage des excès
de gain était alors une nécessité économique ; sans
lui la production se serait arrêtée. Sous le système de
l'égalité, au contraire, la richesse est régulièrement
distribuée parmi tous les membres de la société,
comme l'est le sang dans un corps bien portant.
Quand cette richesse restait concentrée entre les
mains d'une partie seulement de la nation, elle per-
dait sa qualité vitale, comme fait le sang quand il se
congestionne sur un point quelconque de notre orga-
nisme et devient un poison dont il faut se débarrasser
à tout prix.

Une des petites écolières déclare qu'il n'y avait pas
d'économie proprement dite avant la révolution. Tous
les livres, très curieux d'ailleurs, publiés sur ce sujet
devraient porter pour titre, dit-elle : *Études sur le
cours naturel que prennent les affaires économiques
quand on les abandonne à l'anarchie*. Avec quel étonnement leurs auteurs auraient-ils appris que le secret

du système le plus efficace pour produire la richesse est la conformité de l'organisation nationale à l'enseignement de Jésus-Christ! Mais les gens de ce temps-là voulaient que la conduite humaine obéît à deux directions opposées, l'une morale, l'autre économique, toutes les deux justes, apparemment de différentes façons.

On voit que les jeunes écoliers de M. Bellamy parlent comme lui-même, comme M. Barton ou comme le docteur Leete ; ils ne servent qu'à contribuer au développement d'une thèse. Toutes les qualités charmantes, qu'ils sont censés devoir à une éducation incomparable, nous échappent : des enfants qui n'ont jamais vu de supérieur ni d'inférieur n'envient rien ni personne, et leur politesse est égale envers tous ; on n'a plus besoin, grâce à un ordre de choses perfectionné, de leur apprendre de bonne heure à abaisser leur idéal, l'homme pouvant désormais s'abandonner sans danger à ses instincts généreux! Soit, mais nous ne les voyons pas vivre, ces petits pédants chimériques ; et, quand l'auteur ajoute, en s'exaltant sur leur compte : « Dieu n'enverrait-il pas de plus belles âmes dans un monde devenu digne d'elles? » nous sommes tentés de lui répondre, en haussant les épaules, que les écoliers d'Arlington n'ont ni âme ni corps. S'ils existaient tout de bon, que seraient, à vingt et un ans, leur éducation terminée, ces représentants de la culture universelle? Une fourmilière de petits économistes péroreurs et tranchants. Voilà en vérité un beau résultat.

M. Bellamy tourne, il est vrai, assez adroitement
la difficulté : Ils apprendront bien autre chose. Au
xxᵉ siècle, l'éducation n'est jamais terminée, elle dure
toute la vie, les pères et les mères de famille fréquentent assidument certaines classes ouvertes aux
seuls gradués. Ce fut l'honneur des premiers temps
de la révolution que cet empressement des émancipés
à mener de front l'école avec l'atelier ou la charrue.

Et cela est vrai, il faut en convenir, pour l'Amérique, surtout dans l'Ouest où tant de jeunes gens, dès
le xixᵉ siècle, gagnaient déjà dans un métier manuel
de quoi payer leurs frais de collège. Ne vit-on pas des
étudiants servir comme garçons de café ou pousser
les petites voitures à l'exposition de Chicago, pro-
fitant ainsi d'une double occasion de visiter la *World's
fair* sans bourse délier et de se procurer des ressources en vue du développement intellectuel qui est,
qui fut, qui deviendra de plus en plus le but de
l'ambition générale? Ayant admiré le système de
l'extension universitaire et constaté le résultat des
assemblées populaires de Chautauqua, [1] je croirais
volontiers aux classes non seulement d'adultes, mais
de vieilles gens telles que les organise M. Bellamy, si
invraisemblable que cette éducation poursuivie jusqu'au tombeau puisse paraître à des Européens;
d'où il ne résulte pas que tous les Américains de

1. Voyez *les Américaines chez elles.*

l'an 2000 doivent être nécessairement des savants et des philosophes; mais ils auront la facilité d'étudier à tout âge et ils en profiteront.

La principale occupation, cependant, sera la politique, car il ne faut pas oublier que le peuple tient les rênes du gouvernement et qu'il est appelé à voter sans cesse et en mille occasions, sur un plan d'édifice ou sur le règlement de la température des bains publics, comme sur les plus importantes questions de l'union universelle. Le vote est la grosse affaire, facilitée du reste par le système téléphonique qui permet à la nation en masse de procéder au besoin comme fait un simple parlement. Les corps représentatifs correspondent aux anciennes Chambres, et celles-ci sont réduites aux fonctions dont s'acquittaient les comités. Au demeurant, il y a surtout des questions intérieures à régler. La garantie de la paix internationale, amenée par l'union universelle, est certes un grand bienfait, mais on en parle peu, tant elle est secondaire auprès de l'abolition de la guerre économique entre frères. Tout le monde admet que les batailles les plus meurtrières n'étaient pas aussi tragiques à beaucoup près que le combat quotidien pour l'existence.

Les Bostoniens laissent subsister leurs anciens forts, de même qu'ils conservent une sordide maison d'ouvriers *(tenement house)*, comme témoignage historique de la barbarie des ancêtres. Le patriotisme d'autrefois, lequel était plus encore la haine ou la

jalousie du voisin que le pur amour du pays natal, a fait place à un patriotisme nouveau qui n'a
aucun caractère belliqueux. L'ancien patriotisme,
aveugle et violent, haïssait les idées et les institutions étrangères uniquement parce qu'elles étaient
étrangères; il dressait contre elles une barrière plus
infranchissable que les montagnes et que l'océan,
les empêchant de faire leur chemin. Le nouveau
patriotisme, issu des nouvelles conditions sociales
et internationales, ne considère les frontières que
comme des délimitations de territoire utiles pour
les convenances administratives, le drapeau n'est
plus pour lui que le symbole de la concorde inté-
rieure et ne rappelle qu'un contrat de fraternité.

Julian West s'étonne de voir si peu de bateaux
dans le port de Boston; c'est qu'on ne voyage plus
que pour son instruction et son plaisir; le commerce
avec le dehors se borne aux objets qui, par suite
de conditions naturelles insurmontables, ne peuvent
être produits chez soi[1]. On ne veut, autant que
possible, dépendre de personne. Une agence nationale
dirige le commerce extérieur; il était à l'origine
la proie des capitalistes et devenait un mal au lieu
d'un bien. La lutte des nations sur le marché
étranger faisait penser à celle que se livraient plus
anciennement les galères montées par des esclaves.

---

1. Les 50 pour 100 du tarif actuel témoignent de cet idéal
commercial.

C'était le maître de telle ou telle galère qui gagnait le prix, et certes l'équipage de celle-là avait à souffrir plus que les autres parce que, toutes conditions étant égales, il avait dû être le plus harcelé et fustigé.

Une administration collective de l'industrie assure aussi tous leurs fruits aux grandes inventions. Jadis on découvrait des mines de houille, mais combien de cheminées restaient sans feu ! Les machines à tisser n'empêchaient pas la nudité des pauvres, les bateaux à vapeur transportaient d'un continent à l'autre des hordes d'émigrants toujours misérables; l'électricité éclairait autant de misère et de dégradation que la nuit avait pu en cacher. Désormais l'humanité tire parti de tout; il n'y a plus d'exploiteurs; les profits ont cessé d'annuler les inventions.

Sous d'autres rapports les mœurs nouvelles n'ont rien qui soit pour nous surprendre. Par exemple, on n'écrit plus de lettres, ce qui était à prévoir avec le téléphone et le phonographe. Les enfants apprennent encore cependant à écrire et à lire l'écriture, mais ils ont si peu d'occasions d'appliquer ce talent qu'ils le perdent vite. Le problème de la navigation aérienne est triomphalement résolu. D'admirables *sanatoria* sont établis pour les malades qui ne veulent pas changer de climat; là ils trouvent toutes choses adaptées à leur condition, ils sont transportés dans un monde où ils peuvent croire que leur maladie est l'état normal; cela vaut mieux que des soins à domicile. Beaucoup de gens en Amérique pensaient déjà ainsi avant la révolution; mais les maladies sont en décroissance, je l'ai dit, grâce aux progrès de l'hygiène et de la vertu.

Le sentiment de la pitié pour nos frères inférieurs dans la création s'est développé avec celui de la fraternité humaine. Des chevaux, il n'est plus question comme bêtes de somme; ces pauvres serviteurs tant tourmentés et surchargés ont acquis le droit de se reposer, grâce à l'électricité qui les remplace avantageusement. Bœufs, veaux, moutons ont cessé de compter comme viande de boucherie; on ne veut de meurtre d'aucune sorte, chacun est devenu végétarien. La cuisine ne s'en ressent pas, grâce à l'organisation d'un système scientifique d'alimentation où les chimistes se surpassent, à ce point que Julian West n'a remarqué l'absence d'aucun ingrédient et trouve au contraire les mets fort perfectionnés.

Il serait trop long d'énumérer les réactions morales et sociales de l'égalité qui contribuent au bonheur universel. Les forêts longtemps mutilées ont été rétablies avec soin, il n'y a plus de ces immenses capitales où tout était à vendre, le plaisir et la richesse, le vice et la misère y dansant une ronde infernale. Plus de faubourgs populeux. Dans les vastes intervalles qui séparent des cités très riantes, dont la population est beaucoup moins dense qu'au-

trefois, s'éparpillent de jolis villages; leurs habitants
ont les mêmes avantages que ceux des villes, vu la
facilité prodigieuse des transports et des communications. Partout les fabriques comptent parmi les
plus beaux bâtiments; elles sont devenues de véri-
tables palais, aussi aérés que les usines d'autrefois
étaient noires et malsaines. Les machines y agissent
presque sans bruit et comme d'elles-mêmes. On n'y
rencontre que des gens propres et bien portants;
toutes ces physionomies sont distinguées, physionomies d'artistes obéissant à leurs inclinations respectives selon les pronostics fouriéristes de l'attrac-
tion. Malgré soi on pense aux ateliers fétides du
passé, avec leur fracas infernal et les pâles victimes
qu'ils recélaient : des femmes déguenillées aux
joues creuses, des enfants déformés, livides, exténués
par un travail prématuré. C'est le gouvernement
général qui règle les conditions des diverses branches
du système industriel et il sait que, pour qu'une
occupation soit choisie, il faut qu'elle satisfasse
l'ouvrier. Les exigences, les cruautés qu'entraî-
nait avec elle une concurrence effrénée n'ont plus
cours. L'idée vitale de la nouvelle administration
commerciale est l'unité. Tout le monde dans cette
république modèle, — la première république, car
les autres n'étaient que de vains semblants, de
vagues préludes, — tout le monde est appelé à
satisfaire ses goûts.

Mais quand ces goûts sont criminels pourtant?

Les voleurs, les assassins ont leurs goûts particuliers !

Les voleurs? Ils ne trouveraient rien à prendre. Les criminels d'une autre sorte? On ne saurait croire combien de vagabonds qui semblaient voués à la corde se sont, sous le nouvel ordre social, transformés en honnêtes gens. Mais partout, certains incorrigibles résistent aux influences les plus moralisatrices; il existe encore des êtres dangereux, traités comme moralement fous, relégués à l'écart sans autre châtiment que celui de pourvoir à leur existence en travaillant, et surveillés de façon à ne pas se reproduire.

Sur cette question de la reproduction, en général, il n'y a point d'inquiétude économique à concevoir. La société est trop prospère pour que la disproportion entre la population et la subsistance se fasse sentir. Au surplus, le nombre des enfants n'est jamais très considérable, a soin d'ajouter M. Bellamy, dès que la femme a cessé d'être l'esclave du mari et que ses vœux sont consultés. D'une part, l'instinct maternel empêchera la race de périr; mais la nature, en rendant pénible la maternité, empêche aussi qu'on ait à redouter un encombrement de progéniture si cette question dépend des femmes.

Je m'abstiendrai de formuler mon opinion sur la société, si pratiquement équilibrée, de l'avenir, ne me souciant pas de comparaître dans la nouvelle édition du « Livre des aveugles » quand M. Bellamy donnera une suite à *Egalité*, car il n'y a pas de raison pour que s'arrêtent les suites et les développements du roman économique. D'ailleurs je me suis prononcée déjà au sujet de *Looking backward*, dont *Equality* n'est que le corollaire. Mais, après avoir exposé le rêve de l'âge d'or du communisme tel que le conçoivent les romanciers, il me semble assez piquant de le peindre, d'après nature, tel qu'il existe tout de bon en Amérique, tel que je l'y ai récemment rencontré, donnant par son organisation austère, étroitement religieuse et fortement disciplinée, fondée sur l'obéissance, sur le sacrifice personnel, sur l'effacement de toute individualité, un tranquille démenti à ces chimères. C'est pourquoi je demande la permission à mes lecteurs de les conduire chez les Shakers, et d'opposer à la fiction le témoignage de la réalité.

II

« Chère S... Nous nous réjouissons de te recevoir, toi et ton amie de France. Au jour que tu indiques, j'irai t'attendre à la station et j'espère que le beau temps favorisera votre visite.

» A jamais ton ami,

» HENRY. »

Tel fut le billet, d'une très belle écriture, que reçut un matin miss S. J... priée de m'introduire chez les Shakers. Il pourrait donner à ceux qui ne sont pas initiés l'idée d'une certaine familiarité entre elle et cet Henry qui n'est autre qu'un *Elder* (Ancien) parmi les Trembleurs d'Alfred (Maine). Ceux-ci, de même que leurs aînés les Quakers, ont l'habitude générale du tutoiement, et aucun titre, aucune marque de distinction n'a cours parmi eux, de sorte qu'ils proscrivent les vains mots, monsieur, madame où mademoiselle.

S. J... n'est qu'une assez proche voisine et une très ancienne connaissance de la Société, sans lui appartenir si peu que ce soit de son plein gré, ce qui ne prouve pas que les Shakers soient du même avis, car ils considèrent comme étant des leurs, au fond, tous ceux qui pratiquent le célibat, sont détachés de l'égoïsme, le mal suprême, et ont par leurs vertus conquis dès ce monde le royaume de Dieu. Réunissant toutes ces qualités avec d'autres que les Trembleurs ne sont pas incapables d'apprécier, puisque leurs chefs tout au moins semblent au courantdes choses de ce monde, S... est bien un peu Trembleuse sans le vouloir, ce qui lui vaut des égards particuliers de la part de ces croyants en la seconde apparition du Christ. Ils lui tiennent compte aussi du bon accueil fait à leurs missionnaires qui sont des commis voyageurs très actifs et habiles à vendre les produits de la communauté. Quand le frère Henry, conduisant le wagon rempli de marchandises qui parcourt, au pas mesuré de deux bons chevaux, les parties les plus lointaines des Montagnes Blanches, où ne manquent ni les riches villas, ni les hôtels confortables; quand le frère Henry s'arrête à sa porte avec un chargement de vannerie, de conserves, d'étoffes et de sucreries, il est toujours le bienvenu. Il l'est du reste un peu partout, la Société ayant un renom universel d'industrie, de conscience et de probité. Seuls parmi les communistes qui ont essayé d'implanter en Amérique le système que préconise, après Owen, Fourier, Cabet, et bien d'autres, M. Edward Bellamy [1], les Shakers ont réussi à subsister pendant un siècle et, bien que leur nombre soit en décroissance, ils font encore bonne figure dans l'État de New-York, à Mount Lebanon, à Watervliet et à Groveland; dans le Massachusetts, à Hancock, à Shirley et à Harvard; dans le New-Hampshire, à Canterbury et à Enfield; dans le Maine, à Alfred et à New Gloucester; dans l'Ohio, à Union village, à North Union, à Watervliet, et à White Water; dans le Kentucky, à Pleasant hill et à South Union; dans le Connecticut, à Enfield, en tout, dix-sept villages répartis sur la surface des États-Unis.

J'avais plusieurs raisons pour désirer de rendre visite aux Shakers; la première, c'est que je me trouvais aux environs d'une de leurs sociétés; la seconde, c'est que j'avais écrit sur eux avant de les connaître, imprudence fort dangereuse toujours, et que je tenais à m'assurer du nombre et de la portée des bévues que j'avais pu commettre; la troisième enfin, c'est qu'une des personnes que j'ai le plus aimées et vénérées, la seule Française, je crois, qui se soit jamais unie à eux, même en qualité de novice,

1. *Égalité*, 1 vol.; Appleton, New-York.

m'avait dit de son séjour au Nouveau-Liban beaucoup de choses faites pour piquer ma curiosité.
J'étais surtout pressée de découvrir le genre d'influence qu'ils avaient pu prendre, simples et ennemis
de toute culture comme on me les dépeignait, sur
une femme de l'imagination la plus vive et de l'esprit le plus original, la première biographe sérieuse
d'Antoinette Bourignon. Elle seule eut, avant
M. Salomon Reinach, la patience et le courage
de lire jusqu'au bout les ouvrages aussi obscurs
que volumineux de cette mystique et elle en tira
un petit livre anonyme qui mériterait d'être mieux
connu [1].

Peut-être la Prophétesse des derniers temps avait-elle
conduit par la main son admiratrice vers cette autre
Prophétesse, la Mère Ann : peut-être aussi les théories
illusoires de l'époque saint-simonienne qui avaient
en sa jeunesse vaguement attiré, sans la séduire, la
personne intéressante dont je parle, lui suggérèrent-
elles l'envie d'aller dans un autre hémisphère chercher le vrai secret de la fraternité humaine. Quoi
qu'il en fût, elle ne demeura pas longtemps citoyenne
du terrestre royaume de Dieu, elle ne put s'en-
fermer dans ce cercle d'humbles occupations agricoles et mécaniques où elle était fort maladroite et
en voulut sans doute aux bons Shakers, qui préten-

---

1. *Philosophie chrétienne :* Étude sur Antoinette Bourignon,
par mademoiselle Hortense Wild, 1 vol. ; Sandoz et Fisch-
bacher, 1876.

dent avoir reçu le même privilège que les apôtres au
jour de la Pentecôte, de ne pas se mettre à parler sa
langue, puisqu'elle savait fort mal l'anglais; bref,
elle leur dit adieu, mais resta profondément édifiée
par tout ce qu'elle avait vu. J'eus l'occasion de lire
sa correspondance subséquente avec les Anciens,
Frederick Evans et Antoinette Doolittle, qui lui
avaient signifié, comme eussent pu le faire les prudents directeurs d'une communauté catholique,
qu'elle ne possédait pas la vocation. Elle avait noté
pendant son séjour quelques-uns de leurs chants, les
airs sur lesquels ils dansent dans de religieux transports, à l'exemple de David devant l'arche. Combien
de fois l'ai-je priée de me jouer un bel andante, la
marche d'entrée dans le temple, à laquelle son talent
musical devait avoir ajouté ce qui fait défaut à la
dictée sans art des esprits! Elle avait rapporté aussi
un chant délicieux et vraiment angélique, venant
elle ne sut jamais d'où et qui, entendu, disait-elle,
dans un demi-sommeil, l'avait tirée de maladie.
Mais la partie la plus frappante de l'aventure, c'est
que son passage parmi ces héritiers yankees des
Esséniens contribua par la suite à faire entrer une
protestante de race et de conviction dans la religion
catholique. Elle revint en France préparée pour la
vie de couvent, glissa de l'intimité des Shakers à
celle de religieuses Augustines et reçut le baptême
des mains du Père Gratry, qui dut faire assurément la remarque que le vent de la grâce souffle

où il lui plaît, par des voies aussi indirectes qu'imprévues.

Une visite aux Shakers, avec de tels souvenirs, avait pour moi l'intérêt d'une sorte de pèlerinage. Si j'avais pu leur emprunter un instant la foi dont ils sont pénétrés, j'aurais cru qu'une sœur disparue, comme ils appellent leurs défunts, me poussait vers le lieu où elle avait commencé ses évolutions si variées dans la vie spirituelle, cette vie qui pour les Shakers est seule réelle, embrassant le temps et l'éternité, supprimant ce que nous appelons la mort.

La lettre de l'*elder* Henry me combla donc de joie. La saison semblait se prêter à ce petit voyage, et le site où est plantée la colonie d'Alfred vaut à lui seul une visite. Mais on ne pénètre pas sans peine et sans obstacles en paradis. Au moment du départ, des cataclysmes déchaînés nous retinrent prisonnières. Pendant trois jours et deux nuits, ce fut le déluge, une pluie incessante et furieuse, des inondations qui, à South Berwick, le village du Maine où je me trouvais, emportèrent le pont du chemin de fer, arrêtèrent la poste et causèrent les plus graves accidents, entre autres trois morts d'hommes. Cette période de retraite forcée devait me faire éprouver, d'ailleurs, plus que je ne l'avais jamais fait, qu'il est doux de se sentir à l'abri « lorsque la mer est grosse, lorsque le vent agite les ondes ». J'habitais une maison de la première moitié du siècle dernier, solide et massive, quoiqu'elle fût de bois, comme toutes les maisons

que le voyageur aux États-Unis voit, toujours avec une
stupeur nouvelle, transportées sur quatre roues, d'un
point à un autre, pour rejoindre leurs fondations.
Remplie des trésors de famille accumulés par plusieurs générations qui commencèrent en Angleterre
(car ce peuple américain qu'on accuse volontiers
être né d'hier compte autant d'aïeux qu'un autre,
de notre côté de l'eau), la maison de miss S. J...
donne l'idée de la permanence tout comme si elle
était bâtie de granit. Des habitudes studieuses et délicates s'en exhalent avec ce parfum du passé que l'on
croit à tort, je le répète, étranger à toutes les parties
du Nouveau Monde.

La Nouvelle-Angleterre est un vieux pays, et le
mot de vieux revient à chaque instant à propos des
choses qui la concernent. Vieilles gravures sur les
murs, vieilles éditions dans les bibliothèques. Elle
est doublée de livres, la bonne et vénérable maison
de famille ; je crois encore voir se jouer sur le dos
de cuir brun des in-quarto dorés par le temps, la
flamme vive d'un grand feu, allumé dans la vaste
cheminée malgré le calendrier qui marquait la mi-
juin ; flamme aux reflets métalliques bleus et verdâ-
tres, comme celle d'un enfer de féerie, que produisent en brûlant les débris de coques de navires,
fortement imprégnés de cuivre par la cuirasse qui
les recouvrit. On apprécie beaucoup sur la côte ce
mode de chauffage d'une magique splendeur. Là où
manquent les livres, le papier de tenture ravi jadis

aux bateaux de commerce français, a été pieusement
conservé. Prises de corsaires. Ils sont, ces bouquets
de fleurs un peu pâlis, de l'époque où William
Pepperell, simple marchand à la tête de milices
inexpérimentées, réussit, par un fait d'armes quasi
fabuleux à nous enlever une forteresse réputée
imprenable, Louisbourg, le Dunkerque de l'Amérique, la clef du Canada. Les tables, les fauteuils
d'acajou noirci à pieds griffus, datent de la période
coloniale. Tout n'est pas d'un style très pur selon
nos définitions du style, mais c'est vieillot et bien
caractéristique, certaines chaises à dossier droit
pouvant passer pour l'expression même du puritanisme.

Miss S. J... est le peintre attitré des mœurs de la
Nouvelle-Angleterre. Elle place dans ce cadre des
souvenirs historiques, des traditions de famille qui
en augmentent le prix: c'est plaisir que d'être
bloquée dans une telle retraite en compagnie d'esprits
distingués dont on jouit à soi tout seul sans interruption possible. Bien entendu, les Shakers reviennent
souvent sur le tapis.

J'ignorais qu'ils eussent en quelque sorte des
ancêtres français, que les premiers *tremblements* se
fussent produits dès 1689 dans le Dauphiné et le
Vivarais, accompagnant de certaines prophéties sor-
ties de la bouche des femmes et des enfants eux-
mêmes. Ces précurseurs huguenots des convulsion-
naires annonçaient que la fin de toutes choses était

proche, invitant les gens à se repentir, proclamant
la venue imminente du royaume de Dieu, parlant de
nouveaux élus, d'une terre nouvelle, des noces de
l'Agneau. Toutes ces merveilles et beaucoup d'autres
se rattachaient au règne millénaire prédit par l'Apocalypse, le livre de Daniel, etc. Le monde les traita
d'hérésies, et y répondit par des persécutions;
elles se répandirent néanmoins dans presque toute
l'Europe.

En 1706, quelques-uns de ces voyants passèrent en
Angleterre, où ils renouvelèrent le *témoignage* avec
beaucoup plus de succès. En 1747, un petit groupe
de leurs adeptes forma une première société dans le
voisinage de Manchester, sous la direction de James
et de Jane Wardley, deux êtres simples, honnêtes et
doux, ardemment dévoués à ce qu'ils jugeaient être
la cause de Dieu. La société naissante n'affectait pas
de pratiques extérieures, et se disait entièrement
conduite par le Saint-Esprit. Ses assemblées étaient
toujours marquées de signes extraordinaires, visions
et révélations; parfois, en dénonçant avec énergie
le péché, les interprètes de l'Esprit étaient saisis
d'une agitation de tous les membres qui leur valut
le nom dérisoire de Shakers. En d'autres moments,
pénétrés de la certitude du salut, ils chantaient et
sautaient de joie; on les voyait courir et glisser sur
le plancher, passant et repassant les uns après les
autres, « comme des nuages poussés par un vent
impétueux ». La populace attaquait leurs maisons,

les maltraitait, mais ils n'opposaient à tout cela que le principe de la non-résistance. Leur nombre augmenta lentement jusqu'en 1770 où se manifesta ce qu'ils considèrent comme la seconde apparition du Christ, sous une forme féminine. Ce Messie-femme (le Père Enfantin n'a rien inventé), ce Messie-femme n'était autre qu'Ann Lee, la fille d'un forgeron de Manchester. Elle se joignit au petit troupeau des Wardley, et commença dès lors sa mission, pénétrant tous les cœurs, amenant à la lumière les pensées les plus secrètes et, bien qu'elle eût été mariée elle-même, prêchant le célibat comme le seul état que Dieu permît. Bafouée, calomniée, poursuivie, accusée de blasphème, jetée en prison, elle fut bien près d'être lapidée, pour finir; mais ses juges, quatre ministres de l'Église établie, lui ayant permis de se défendre, cette femme qui ne savait pas lire, se montra si évidemment inspirée qu'ils la laissèrent aller. Les Wardley s'étaient effacés devant Ann depuis qu'une vision lui avait révélé les origines de la chute du genre humain et le seul moyen de relèvement qui pût y remédier : la virginité.

On ne l'appelait plus que Mère, — Mère en Christ, chef de l'église de Dieu sur la terre. Lorsque des révélations spéciales la décidèrent soudain à s'embarquer pour l'Amérique, quelques adhérents la suivirent, huit en tout, montés sur un vieux bateau hors d'usage, lequel mit deux mois à faire la traversée au milieu de périls qui semblent n'avoir pu être conjurés que par miracle.

Dans le pays étranger où ils débarquèrent (1774), les croyants à la seconde apparition du Christ se trouvaient en présence de difficultés sans nombre, réduits à vivre au jour le jour du travail de leurs mains, mais rien ne les rebutait, pourvu que leur fût accordée la liberté de conscience, mille fois plus précieuse que la vie. Ils s'établirent du côté d'Albany. L'endroit était d'une solitude sauvage, tout le pays bouleversé par la guerre. Comme les Shakers se montraient systématiquement opposés au meurtre, sous cette forme et sous toutes les autres, on les traita en ennemis de la cause patriotique. La Mère Ann fut de nouveau emprisonnée, bien qu'elle eût prédit que les colonies se sépareraient du gouvernement anglais, que la liberté religieuse serait établie et que le chemin se trouverait ainsi préparé au glorieux avènement; mais le bruit qu'une femme était persécutée pour sa foi se répandit à la ronde, on en ressentit une immense pitié, on la visitait dans sa prison, et plus que jamais elle portait témoignage.

Il fallut enfin la relâcher. Ann profita des *revivals*, réveils religieux, assemblées en plein air, prédications fougueuses, secousses de pénitence qui alors, comme aujourd'hui, préparaient à d'éclatantes conversions les âmes agitées. Elle annonça partout le royaume de Dieu et de sa justice, voyageant pour cela de côté et d'autre; une multitude la suivait.

La tâche des Shakers en général n'a jamais été une tâche aisée. Ces détracteurs de l'union des sexes, même dans le mariage, ont rencontré de véhémentes contradictions ; pendant des années, ils furent bien souvent hués, fouettés, assommés, traités de la façon la plus cruelle, mais ils portaient leurs cicatrices avec humilité et continuaient de prêcher la bonne nouvelle, les yeux fixés sur la Mère qui acheva, vers l'âge de trente-six ans, sa tâche terrestre. Le bruit avait couru qu'elle ne mourrait point ; cependant elle ne cessait de préparer son peuple à vivre sans elle. Après sa mort, en 1785, s'éleva le premier bâtiment destiné au culte public des Shakers.

Sous l'ancien James Whittaker, qui avait remplacé la Mère Ann dans le ministère, puis sous Joseph Meacham, secondé par une femme de grand mérite, Lucy Wright, l'organisation se compléta ; la communauté de New Lebanon, Nouveau-Liban, fut fondée. De là sont partis tous les autres embranchements qui existent aujourd'hui.

Le ministère, représentant le pouvoir exécutif de l'ordre tout entier, est formé de deux frères et de deux sœurs, et chaque famille a pour chefs également deux anciens et deux anciennes chargés des affaires spirituelles, tandis que deux diacres et deux diaconesses administrent les affaires temporelles. Tout esprit de parti est défendu aux Shakers ; ils n'ont jamais cherché à s'étendre hors de la « République modèle », ne pouvant subsister que sous un gouvernement qui garantit toutes les libertés et où l'Église est séparée de l'État.

— Nous sommes allées, il n'y a pas longtemps, à Canterbury, me dirent mes amies en me montrant un joli manteau à capuchon couleur tourterelle, de fabrication shaker. C'est une des sociétés florissantes du moment, mais, bien que fidèle aux principes essentiels de l'ordre, elle est *dans le mouvement* beaucoup plus qu'Alfred. Les industries y sont variées, les visiteurs affluent au service du dimanche; on y reçoit des journaux et la bibliothèque est mieux garnie qu'ailleurs. Les enfants (des enfants adoptés, bien entendu) apprennent la musique, enfin ce sont des trembleurs très modernes. Vous trouverez nos Shakers d'Alfred plus semblables au type primitif; par conséquent, ils vous intéresseront davantage.

***

Notre intention avait été d'abord de nous rendre en voiture à Alfred, mais lorsque la tempête eut cessé de tordre les ormes centenaires qui font des deux ou trois rues de South Berwick autant d'avenues magnifiques, lorsque les grandes eaux commencèrent à se retirer, nous vîmes que ce projet était impraticable. Toutes les communications étaient interrompues. Je n'oublierai jamais notre première tentative, l'aspect extraordinaire de la campagne détrempée. Cette

4

partie du Maine est élevée plutôt que montagneuse,
avec de longs plateaux bien nommés *ridges* (échines)
et de hauts pâturages alternant, au-dessus de la Pisca-
tauqua, avec les plus beaux bois de sapins qui soient
au monde. Une forte odeur de végétation déchirée,
écrasée, s'exhalait des branches feuillues qui, jetées
par les terrassiers en un épais tapis sur les chemins
où faisaient irruption tous les ruisseaux du voisinage
démesurément grossis, criaient sous les roues de la
voiture embourbée à chaque pas. La verdure tendre
des prairies, la noire verdure des forêts, avaient,
celle-ci un velouté sans pareil, celle-là un éclat
presque métallique ; il semblait que tout fût sorti
lavé, poli, remis à neuf des mains de la nature.
De grandes taches bleues formées par la profusion
des iris *(fleurs de luce)* émaillaient les ravins. Des
éboulis hérissés de ronces et d'arbustes nous barraient
le passage, les champs s'effaçaient submergés, les
chutes modestes de la rivière qui d'ordinaire font
honnêtement marcher des fabriques étaient en pleine
révolte; elles enflaient leur voix pour rivaliser de
tapage avec le Niagara; de cristallines elles étaient
devenues couleur de vin de Madère ; à la hauteur de
l'écluse, c'était une culbute d'eaux écumeuses et
chargées de débris qui se précipitaient, rebondis-
saient et faisaient danser les nuances du prisme dans
leur poudroiement. Au-dessus de tout cela, un ciel
encore menaçant d'où ruisselaient des rayons de
soleil trop chaud entre les nuages plombés. Devant

nous un poteau tentateur indiquait Alfred à moins de
vingt milles de distance. Et il fallait attendre le
raccommodage de la voie ferrée pour prendre, avec un
long détour, le chemin de Rochester ! Heureusement
on a vite fait en Amérique de rajuster un pont et
une seconde lettre amicale de l'*ancien* Henry nous
trouva bouclant nos sacs.

Rochester est le point de jonction de plusieurs
lignes ; de là on peut filer vers les Montagnes
Blanches, — vers ces *Intervales* alpestres où les
méandres de ce qu'on prendrait au fond de la vallée
pour un fleuve de verdure, suivent les sinuosités de
la délicieuse rivière Soco, — vers les hôtels envahis
pendant la belle saison par des milliers de touristes
et de chasseurs ; on peut entreprendre l'ascension
des nombreux sommets que dépasse le mont Washington et aller cueillir sur le mont Washington lui-
même, coiffé de neige jusqu'au milieu de l'été, des
plantes qui sont, à en croire les guides, celles du
cercle arctique ; on peut pénétrer dans de luxueuses
maisons de campagne à pignons et à piazzas, dans
tel parc magnifique d'où sort un *mail* à quatre chevaux, couronné de toilettes élégantes. Vous pouvez
encore, comme le font ces belles dames, quand elles
sont lasses de la *vie de château*, essayer un peu du
campement en plein air, guetter le daim, pêcher la
truite et coucher à la belle étoile, — pays pittoresque
et charmant, facilement accessible, tout en restant
sauvage sur certains points, empoisonné par la mode

sur certains autres, et dont on parlerait assurément davantage si les Montagnes Rocheuses n'existaient point.

Mais nous ne montons pas cette fois dans le train qui conduit aux White Mountains, nous allons chercher dans un plus humble cadre des curiosités infiniment plus rares, la réalisation rustique de l'idéal chrétien : communauté des intérêts d'un peuple, si petit qu'il soit, sous un gouvernement spirituel.

* *

Le *car* où nous nous trouvons ne vaut pas le *parlour car* des grandes lignes où chacun, dans un bon fauteuil à pivot, est au spectacle devant le pays parcouru.

Les sièges à deux places, sur deux rangs, les uns derrière les autres, sont occupés par des fermiers absolument pareils à autant de citadins mal mis. Le costume d'une Shakeresse assise devant nous est d'autant plus remarquable qu'en Amérique rien dans le vêtement ne trahit jamais la profession. Elle porte une robe brune toute droite, un grand fichu épinglé à peu près comme celui de nos paysannes; un étroit chapeau, forme tunnel, de la même couleur que sa robe, la rend invisible autant que ferait une cornette de religieuse. Il y a quelque chose de monastique dans sa tenue ; pas une fois elle ne tourne la tête.

C'est une sœur en voyage qui rentre au bercail. Elle descend à la même station que nous, et aussitôt quatre ou cinq jeunes femmes, toutes vêtues celles-là de cotonnade bleu clair, leurs frais visages relégués au fond de chapeaux de paille semblables, s'empressent autour d'elle, la débarrassant de ses paquets, tandis que frère Henry qui attend, lui aussi, à la tête de son cheval, s'avance vers nous avec beaucoup de dignité affable, la main tendue.

L'ancien Henry est un homme d'âge moyen et dont toute l'attitude exprime l'autorité. Sa figure intelligente me frappe par le regard investigateur et pénétrant derrière des lunettes et par un ensemble de physionomie qui indique la sagacité poussée à ses extrêmes limites. Rien d'ascétique. Une bouche aux lèvres épaisses, facilement souriante, quoique le sourire reste grave, un teint très animé, le nez grand, mince et busqué, les cheveux coupés carrément sur le front, très longs par derrière et qui retombent en frisons rebelles sur le collet de l'habit. Cet habit ample et long est gris tourterelle; il se croise sur un gilet de même teinte. Point de cravate, le col blanc retenu par un double bouton de métal ; un chapeau de feutre à larges bords; presque l'ensemble du costume breton. Le visage pourrait être celui d'un homme d'étude ou d'un homme d'affaires; les mains calleuses sont d'un ouvrier. Il demande la permission de nous présenter les sœurs ; ces jeunes filles ont toutes un air de santé agréable à voir. Elles

montent avec leur compagne, la voyageuse et ses
nombreux paquets, dans une espèce de char à bancs
qui les a amenées et partent au galop, riant tout bas,
gaies d'une saine gaieté de religieuses, sans éclat ni
tapage. De notre côté nous prenons place dans le
buggy de l'ancien Henry qui se plaît à nous faire
admirer en traversant la petite ville d'Alfred le *court-
house*, le tribunal, tout battant neuf, et les jolies
maisons bourgeoises qui bordent les rues om-
breuses [1].

* * *

Le buggy roule sur d'assez bons chemins bordés
de bois et de pâturages qui appartiennent en grande
partie aux Shakers ; ils ont ici trois mille acres de terre
bien cultivée, mais cette culture ne s'effectue pas
facilement, faute de bras ; notre guide nous l'apprend
avec un soupir. Les Shakers ne se recrutent plus
comme jadis. Alfred est une des sociétés de l'ordre
dont la population eut la plus rapide décroissance ;
elle ne compte aujourd'hui que deux familles. Il faut
dire que les familles spirituelles se composent ordi-
nairement de trente à quatre-vingts personnes,
hommes, femmes et enfants réunis ; mais enfin les
Shakers étaient plus de 6 000 en 1860 ; le recense-

1. Le nom de la ville s'étend au village voisin, nommé simplement : *Shakers*.

ment de 1875 les réduit à 2 415, et depuis lors, leurs
rangs s'éclaircissent toujours. Ils ne le dissimulent
point et ne s'en inquiètent que pour leurs travaux
agricoles, ne doutant pas que « la seule véritable
Église, celle où la révélation, le spiritisme, le célibat,
le communisme, la confession orale, la non-résistance, la paix, la retraite et les miracles sont les fon-
dements des nouveaux cieux », ne doive durer éter-
nellement. Toutes les Églises croulantes ont la même
confiance.

Rien ne peut donner l'idée de l'ordre, de la propreté, du calme extraordinaire d'un village de Shakers. C'était un dicton favori de la Mère Ann, paraît
il, que celui-ci : « Travaillez comme si vous aviez
mille ans à vivre et comme si vous deviez mourir
demain... » C'est-à-dire, entreprenez avec courage
les choses les plus longues, les plus difficiles, et hâtez-
vous de les achever. Le résultat de ce conseil est que
tout semble aussi bien ratissé, nettoyé, rangé que si
l'heure fatidique qui devait sonner en l'an mille, qui
fut remise par les millénaires de toutes sortes à
l'année 1836, puis à 1843 et enfin de 1869 à 1881,
devait survenir tout de bon en 1897. Pour les Shakers, elle a commencé depuis longtemps ; reste à
savoir quand s'achèvera l'œuvre de Dieu ; son
royaume est déjà planté dans ce cercle de collines
qui semble le préserver de tout contact avec le monde
extérieur, auprès de ce bel étang limpide qui reflète
le ciel. Nul bruit ; les travailleurs dispersés alentour

sont silencieux comme des ombres ; jamais aucune
voix ne s'élève sur le ton de la colère pour stimuler
la paresse d'un cheval ou pour toute autre raison.

Les bâtiments assez uniformes et très simples sont
en bon état, peints à neuf. Nous descendons devant
l'office (bureau) qui est aussi la maison réservée aux
étrangers. Deux anciennes viennent à notre rencontre
avec cordialité. J'ai rarement rencontré de plus sympathiques visages ; la pureté, la fraîcheur de la première jeunesse y subsistent sous des rides qu'aucune
expérience mauvaise n'a creusées, les yeux sont clairs
et comme illuminés par l'âme. Je voudrais peindre
l'ancienne Harriet si distinguée dans son fourreau
d'alpaga gris plissé à petits plis aplatis tout autour de
sa taille mince et droite comme un jonc, son grand
tablier du même tissu, son foulard aux pointes
bizarrement relevées au-dessus de la ceinture, son
béguin transparent pareil à celui de la femme de
Holbein. Toutes les Shakeresses, sauf les novices, ont
cette coiffe avançante qui enferme et cache les cheveux
serrés dessous par un ruban noir et qui encadre
sévèrement les joues jusqu'au menton. L'ancienne
Lucinda, maigre, très grande, plus vigoureuse, est
vêtue de brun rouge, elle porte la même jupe plissée
au bas des hanches, le même fichu ouvert sur une
guimpe éblouissante de blancheur ; ses beaux yeux
noirs brillent comme à vingt ans dans une face
quelque peu parcheminée.

Toutes les deux sont étrangement vénérables, mais

on sent que l'ancienne Harriet est par excellence le
leader. Elle est parente, m'apprend-on, de Stonewall
Jackson [1], un héros des armées de la Sécession
qui, blessé à mort, continuait de commander, et
nous nous disons, mon amie et moi, que cette frêle
septuagénaire aurait aussi en elle l'étoffe d'un
général.

Comme elle me contait que la plus grande partie
de sa vie s'était passée à New Lebanon, je lui parlai
de la novice de Paris qu'elle avait dû jadis connaître,
et elle me prêta une bienveillante attention quand
j'ajoutai qu'elle était restée un peu Shakeresse de
cœur, car, rentrée dans son pays et si catholique
qu'elle fût devenue, elle avait tenté d'inaugurer une
société d'amour pur pour l'égalité de tous les êtres
dans l'amour, une société fondée au nom du Dieu de
liberté, du Dieu de pureté et du Dieu tout amour,
une société dont le siège serait établi dans le cœur
de chacun, les obligations de chacun étant écrites
dans sa conscience.

— Mais c'est la nôtre, dit-elle; nous sommes les
ressuscités, parmi lesquels les hommes ne prennent
point de femmes et les femmes point de maris, tous
étant comme les anges qui sont dans le ciel.

Et je pensai que personne en vérité n'avait plus
que cette vieille femme l'air d'un ange.

Les anges sont très prudents. Lorsque je lui deman-

1. Jackson-*mur de pierre*.

dai si dans leurs entretiens avec les esprits, qui leur dictent des cantiques et des prières, les Shakers ne craignaient point d'en rencontrer de mauvais, elle me répondit : « Après, comme dès maintenant, ceux qui se ressemblent se rechercheront, je suppose. Les bons vont avec les bons, les méchants avec les méchants. » Et je crus comprendre que ce genre d'attrait lui paraissait composer ce que nous appelons le ciel et l'enfer, avec des moyens de relèvement, de perfectionnement volontaire qui ne finiront jamais.

— N'attendez-vous pas, lui dis-je, le royaume de Dieu ici-bas ?

— Mais nous l'avons déjà, répondit-elle, il est en chacun de nous si nous le voulons.

Nos religieuses catholiques lui sont très sympathiques ; elle trouve que l'Église romaine a bien fait de prescrire le célibat à son clergé ; mais pourquoi ne l'avoir pas au moins conseillé à tous les autres ?

Cependant la conversation entre le frère Henry et mon amie était beaucoup plus du siècle : ils traitaient du progrès croissant des écoles shakers. Et, à propos de livres, il fut question avec sympathie du célèbre romancier Howells qui a peint un village de Shakers dans un de ses plus jolis livres : *the Undiscovered Country* ; [1] puis de Hepworth Dixon, l'auteur de la *Nouvelle Amérique*, qui estima fort l'ancien Frederick Evans. Du reste Emerson, le grand Emerson lui-même,

---

1. Voyez *Les nouveaux romanciers américains.*

leur a rendu justice ; il appréciait leur manière de répondre uniquement par *yea* et *nay*, [1] sans jamais affirmer davantage, un *yea* et un *nay* toujours véridiques. L'expérience qu'ils font du socialisme lui paraissait des plus conformes aux aspirations de notre époque ; en outre, il trouvait à leurs établissements une grande valeur comme fermes modèles.

Le frère Henry se pique de ne rien ignorer de ce qui a été écrit sur les diverses sociétés de l'ordre.

Je lui demande s'il s'est fait traduire, il y a une quinzaine d'années, certain article de la *Revue des Deux Mondes* sur *les Communistes aux États-Unis*. Il paraît à la fois flatté et inquiet. Les Shakers craignent par-dessus tout qu'on les compare à d'autres qui ne se laissent pas diriger par le même esprit et surtout qu'on les confonde avec des gens tels que les Mormons ou les Perfectionnistes dont les pratiques abominables sont ou étaient diamétralement opposées aux leurs.

Nous sommes assis sur des rocking-chair, nous berçant, ce qui est la façon américaine de se reposer, dans un parloir dont les meubles, très simples, luisent vernis et frottés. Attachées aux murs, les photographies de deux anciennes dont on me vante les vertus. Je demande si l'on n'a aucun portrait d'Ann Lee. Non, et il y a très peu de temps que les Shakers

---

1. *Yea*, oui, en style élevé, *nay*, non, nenni. Les Shakers, pas plus que les Quakers, ne disent jamais *yes* ni *no*.

consentent à laisser prendre leur ressemblance. C'était
naguère une vanité défendue, mais on a le portrait
écrit de la Mère Ann. Elle est représentée par les
contemporains comme étant d'une taille un peu au-
dessous de la moyenne, assez corpulente, mais bien
proportionnée, avec des traits réguliers, des yeux
bleus très perçants, une physionomie douce, expres-
sive, mais grave. Ceux du monde qui la regardaient
sans prévention la trouvaient belle ; à ses enfants
elle apparaissait pourvue d'un charme sans pareil de
tendresse et de dignité.

*
* *

Nous interrompons notre causerie pour visiter
l'établissement, et d'abord on nous conduit à la pauvre
cabane qui représente le gîte des premiers Shakers.
Cette ruine est imposante par les efforts et les privations qu'elle rappelle. Ils n'ont pu encore se
résoudre à la supprimer. Que de chemin parcouru
depuis lors ! Les solides constructions du village
l'attestent. Elles s'échelonnent à distance irrégulière
les unes des autres, chaque habitation étant entourée
de dépendances où se pratiquent diverses industries.
Les ateliers des frères sont déserts pour le moment.
Nous avons rencontré les ouvriers dans la campagne,
travaillant aux champs ; ce sont les mêmes qui
pendant l'hiver font des ouvrages de menuiserie,
fabriquant aussi des balais très renommés, des tamis,

des boisseaux, toute sorte d'instruments de ménage où ils apportent une précision, un soin reconnus.

L'atelier de l'ancien Henry témoigne de son habileté en plusieurs branches. Il a inventé de jolies tables et d'autres meubles d'une forme originale. Nous lui en faisons compliment; il répond avec fierté qu'hier encore, il abattait du bois dans la forêt, il y retournera demain. Le commerce du bois de charpente est la grande industrie des Shakers d'Alfred. Et l'élevage est aussi très absorbant. Il n'est permis à personne, pas même à ceux qui représentent le ministère proprement dit, de se dispenser de ces travaux-là. Chacun sait faire un peu de tout; aucun devoir n'en détourne, ou plutôt c'est le premier des devoirs.

L'atelier des femmes qui n'abordent aucun travail extérieur trop rude, est, contrairement à celui des hommes, plein comme une ruche malgré la saison d'été. Ce serait un gentil tableau à faire qu'un atelier de jeunes Shakeresses, vaste, aéré, ensoleillé, lavé, poli à souhait, avec de larges fenêtres qui laissent entrer pour ainsi dire la verdure des prés et de grandes masses de feuillage. Les unes sont occupées à la lingerie, les autres taillent des robes; j'ai remarqué avec plaisir dans le choix des étoffes quelques signes d'innocente coquetterie. La pureté du teint est chez les Shakeresses une beauté générale, et le petit bonnet qui ne laisse pas un cheveu s'échapper sur le front n'enlaidit que les laides;

5

chez la plupart, il ajoute à cette expression de can-
deur qui rappelle certaines figures de primitifs pareil-
lement coiffées.

Chacune d'elle a sa petite table ; l'occupation de
plusieurs consiste à tisser, à l'aide d'un métier et
d'une navette, des lamelles de peuplier fendues en
fils minces et cassants que l'on entremêle de *sweet
grass*, cette herbe odoriférante dont les Indiens font
des paniers. Une jeune Californienne, blonde, au
profil délicatement aquilin, au regard intrépide et
intelligent, nous montre de bonne grâce comment se
fabrique la chose. Une autre me présente la pelote
qu'elle vient d'achever et qui a la prétention d'imiter
une tomate.

Cette fraîche et jolie personne est une abandonnée
de l'hospice. Les Shakers ont beaucoup de répugnance à prendre, pour les élever, des enfants dont
ils ne connaissent pas la famille, mais celle-là, me
dit Harriet, ne se ressent guère d'avoir été jetée dans
le monde, on ne sait ni où ni comment.

Une troisième a des yeux de sainte Thérèse; c'est
la seule physionomie ardente que j'aie vue parmi
tous ces calmes visages. Auprès d'elle je reconnais
une novice à ses beaux cheveux découverts et à je
ne sais quel air d'indécision mélancolique qui me
fait mal augurer de sa vocation.

Une grosse fille réjouie et décidée, qui ne réussit
pas à contenir sous le bonnet réglementaire de petites
boucles brunes résolues à ne pas obéir, chuchote

avec les anciennes, et voilà un concert improvisé.
Elle dépose sur la table de milieu une grande boîte
à musique, présent fait depuis peu à la communauté,
et les chants patriotiques, les hymnes religieuses
se succèdent, écoutés avec recueillement par ce naïf
auditoire. Les deux vieilles, les mains croisées sur
leurs genoux, pensent peut-être à leur jeune temps
où la musique instrumentale était redoutée à l'égal
d'un péché; l'ancien Henry, seul de son espèce, tel
qu'un coq au milieu de cette troupe de femmes, si
l'on peut appliquer le nom de coq à un Shaker sans
l'offenser, murmure tristement qu'ils ont mieux que
cela à Canterbury, un harmonium digne de rivaliser
avec ce qui se fabrique de plus parfait. Jadis les
Shakers se glorifiaient de n'avoir rien de commun
avec le monde. Ceux d'aujourd'hui tiennent à
prouver qu'ils ne restent pas en arrière de la civilisation; ils craignent un peu de se singulariser; c'est
mauvais signe. Et la boîte à musique chante toujours, et le soleil se joue radieux à travers les vitres
étincelantes sur les détails austères de cet intérieur
immaculé, sans rencontrer nulle part un grain de
poussière.

La salle de vente est dans un autre bâtiment
encore : très spacieuse, garnie de tiroirs du haut en
bas, elle offre un étalage de boîtes et de paniers à
ouvrage, confectionnés pour la plupart avec le tissu
essentiellement shaker dont j'ai parlé tout à l'heure.
Ces bagatelles se vendent sur les plages à la mode

et dans les villes d'eaux, d'un bout de l'Amérique à l'autre. Les sœurs font aussi des corbeilles nattées de toute forme et des conserves excellentes appréciées à Paris, ainsi que la tisane des Shakers contre le rhumatisme. Leurs connaissances en matière de simples et d'horticulture sont très étendues; de toute part on vient leur demander des graines pour les jardins. Après que nous avons fait notre choix, elles nous conduisent dans le *store*, magasin, où est gardé le sucre d'érable, avec les racines d'iris *(flag roots)* et les peaux d'oranges confites qui sont des bonbons shakers.

— Voyez notre économie, dit en souriant l'ancien Henry, nous mangeons nos oranges et nous en vendons les épluchures.

Beaucoup de petites novices fort éveillées sont employées au magasin.

La buanderie est une merveille aménagée d'après les inventions les plus modernes.

Nous nous reposons un instant dans la grande maison où loge une *famille*, hommes et femmes sous le même toit, avec un large corridor entre les dortoirs des deux sexes, mais aucune précaution de serrures; les portes ferment par des combinaisons ingénieuses, des entre-croisements de petites pièces de bois; on ne se méfie pas les uns des autres évidemment, malgré la règle sévère qui interdit toute conversation particulière, toute promenade en tête à tête, même entre anciens époux.

Il y a plusieurs lits — de très étroites couchettes — dans chaque chambre, deux dans celle de l'ancienne Harriet où nous sommes introduites.

Le seul luxe est une propreté extraordinaire; on ne cloue jamais les tapis pour pouvoir mieux les secouer et balayer dessous; les tableaux sont proscrits comme des nids à poussière. Cependant je fais connaissance avec la belle figure de l'ancien John Vance, passé récemment dans le monde des esprits après avoir fait le bien dans celui-ci. C'était un administrateur émérite, un prédicateur éloquent et un juste. Sa mémoire est entourée d'honneurs tout spéciaux; personne n'a encore habité la cellule qui fut la sienne; tout y reste dans le même ordre que de son vivant, et une armoire vitrée renferme les menus objets dont il se servait habituellement, sans aucune prétention à les posséder en propre : la tasse où il buvait, des échantillons minéralogiques et autres, de pauvres riens que sans doute il aima, que les frères et sœurs respectent à cause de cela comme des reliques.

Tout en marchant d'un bâtiment à l'autre, nous rencontrons différents types de Shakers, les uns conduisant sur la route des tombereaux, des charrettes, les autres cassant du bois : de jeunes garçons en manches de chemise, tous bien portants et réjouis, un vieillard de quatre-vingt-cinq ans qui, si voûté qu'il soit, se rend encore utile. On vit très vieux chez les Shakers. Les nonagénaires ne sont pas rares.

Ce sont les femmes qui prennent soin de la volaille, aussi bien installée qu'elle pourrait l'être à Paris au Jardin d'acclimatation, dans un établissement pourvu de stalles séparées, de mangeoires extérieures. Toutes les espèces sont représentées par les plus beaux échantillons.

Dans les étables, la propreté est aussi méticuleuse qu'ailleurs; cinquante vaches s'alignent sur une litière sans reproche. Elles ont les cornes sciées près de la tête, ce qui leur donne une apparence étrangement débonnaire; quelques-unes des jeunes filles que nous avons vues tout à l'heure à l'atelier sont en train de les traire. Il y a dans les occupations une incessante variété. Un petit veau qui vient de naître est l'objet des gâteries générales. Tout nous est montré complaisamment : les bœufs pour le labour, les chevaux de belle race et bien soignés, les greniers à fourrages avec des systèmes ingénieux pour emmagasiner, botteler et hisser le foin. Dans la laiterie où coulent des eaux vives, on nous verse un lait exquis.

La charité que les Shakers professent pour leurs semblables aboutit à une pitié très touchante envers les bêtes de somme et autres qu'ils traitent doucement, mais ils ne se permettent pas le luxe des caresses, ils n'ont pas d'animaux favoris; le chien est proscrit impitoyablement de leur communauté, peut-être à cause de l'effronterie de ses mœurs. L'ancien Henry qualifie sommairement son espèce de *nuisance* (fléau). En revanche la nécessité de détruire les souris autorise la présence de beaucoup de chats qui m'ont paru avoir plus qu'ailleurs des mines d'ermite-en harmonie avec le lieu.

Le terme de notre promenade est le cimetière planté de noires tablettes d'ardoise arrondies et posées debout; elles sont uniformes, sauf celle que décore un petit drapeau, les couleurs nationales placées en procession solennelle d'un bout des États-Unis à l'autre, le 4 juin, jour de « la Décoration », sur toutes les tombes de soldats. Ce détail m'étonne, l'un des traits caractéristiques des Shakers étant l'horreur de la guerre; mais il fut, paraît-il, impossible d'empêcher beaucoup de jeunes Shakers de prendre les armes contre l'esclavage. La plupart de ceux qui survécurent rejoignirent leurs communautés respectives. Au commencement de la Société, les soldats de la Révolution étaient devenus eux aussi membres de l'ordre en assez grand nombre; ils durent pour cela renoncer à leurs pensions, l'Église ne voulant pas de ce prix du sang. L'ancien Frederick Evans prouva un jour au président Lincoln que ses frères avaient laissé au gouvernement plus d'un demi-million de dollars dus comme pensions pour le service de l'armée.

Nous nous attardons dans ce champ paisible qui se déroule devant le plus doux, le plus accessible des paysages de montagnes, près de la rivière si pure qui alimente le petit lac. Le soleil s'est cou-

ché depuis quelque temps déjà dans un ciel orageux,
où les nuages chassés par le vent ont cédé la place
à une teinte rosée absolument immatérielle, tendre
comme une rougeur de vierge. Rose aussi le miroir
immobile frangé d'iris. Je ne puis m'empêcher de
dire à ma nouvelle amie, Harriet, qui me donne
affectueusement la main, tandis que nous marchons
dans l'herbe :

— Quel endroit charmant pour s'y reposer! Je n'en
souhaiterais pas d'autre.

— Ah! *do come, darling!* Venez-y ma chérie!
s'écrie-t-elle avec un élan sincère qui de croyant à
gentil doit être rare.

Mais il m'a semblé que la tolérance comptait parmi
les vertus des Shakers; ils ne sont durs qu'à eux-
mêmes.

Je profite de cette heure intime du crépuscule qui
est celle des confidences, pour savoir comment s'est
manifestée la vocation de sœur Harriet.

— Je n'aurais pu faire autrement, me dit-elle
avec un bon sourire.

La première émotion forte de sa vie fut celle
qu'elle ressentit enfant, une fois que son père sou-
pirait tout haut : « Maudit soit le jour où j'ai regardé
une femme avec l'intention de l'épouser! »

Il se nommait Goodwin et, en Angleterre, son
pays natal, avait été possédé d'une idée fixe de
célibat. Jusqu'à quarante ans, il resta fidèle à ce
vœu intérieur; puis il alla en Amérique et tomba

malade à bord. Il fut soigné par une jeune fille qui
faisait la traversée avec ses parents, et une tendre
reconnaissance le conduisit à tout oublier. Il l'épousa,
il eut d'elle deux enfants, mais déjà le remords ne
lui laissait plus de trêve. Ayant rencontré des Shakers, il comprit qu'il était né pour devenir l'un d'eux.
Sa femme, de son côté, eut en dormant un rêve
significatif; elle vit une église qui avait la forme
d'une malle de voyage et où des inconnus en costumes bizarres, étaient à danser. Quand elle visita les
Shakers, elle reconnut tout cela et se rendit au miracle.

Elle et son mari vécurent comme frère et sœur à
Lebanon jusqu'à un âge avancé. Depuis ses dix ans,
sœur Harriet est donc trembleuse. Comme elle me
le dit humblement : « Je n'avais pas le choix. »
Et elle implique aussi qu'elle n'a pas eu de mérite,
en ajoutant : « Dieu m'a bénie; je n'ai jamais entendu jurer, je n'ai jamais vu un homme ivre, je
n'ai pas connaissance d'un péché grave. »

Il y eut dans sa vie deux chagrins : le premier
quand il lui fallut quitter ses parents pour faire l'école
aux petites filles, quoiqu'elle aime tant les enfants !
Le second quand une terrible catastrophe frappa New
Lebanon, la société mère où elle avait vécu jusque-
là. Un de ces ouvriers du dehors que les Shakers
s'adjoignent quelquefois lorsqu'ils ne sont pas assez
nombreux pour mener à bien les travaux des champs,
fut pris d'une folie haineuse, il badigeonna de pétrole
tous les bâtiments qui sont en bois, et y mit le feu.

5.

Les pertes matérielles furent énormes ; Harrie se
sauva la dernière à l'aide d'une corde, suspendue à la
fenêtre de la maison qu'elle habitait, Elle se réfugia
à New-Gloucester. Depuis, Lebanon est sorti de ses
cendres, mais l'ancienne Harriet est restée dans le
Maine où elle rend de grands services par son expérience en éducation et en affaires. Personne ne s'entend mieux qu'elle à vendre les petits ouvrages fabriqués par les sœurs. Elle a partout des amis.

*
* *

Nous dînons toutes les deux seules, S... et moi,
dans une petite salle réservée aux étrangers et où
l'on nous sert un repas différent de celui de la communauté qui est, sinon tout à fait végétarienne, du
moins très peu adonnée à l'usage de la viande. Quoi
que nous puissions dire, un bifteck nous est offert
accompagné de légumes et de deux entremets pour
le moins, dont un délicieux gâteau de rhubarbe, le
tout arrosé d'excellent thé.

Les Shakers se défendent absolument la viande
de porc et les boissons fermentées ; ils mangent tous
ensemble à six heures, à midi et le soir, les hommes
à une table, les femmes à une autre, les enfants à
une troisième. Ils s'agenouillent avant et après le
repas, de même qu'en se levant et en se couchant,
mais sans prononcer de paroles. C'est leur avis que

l'aspiration mentale suffit et qu'il ne faut que
« marcher avec Dieu » comme avec un ami.

Après dîner une douzaine de sœurs viennent nous
rendre visite dans le parloir; elles ont quitté leur
habit de travail et portent la robe du dimanche avec
une guimpe très blanche, un petit bonnet qui semble
tout neuf. Certain fichu rouge sied particulièrement
bien à sœur Mary Ann, qui me dit être Anglaise
d'origine, native de Londres.

Je lui demande quelle aventure a pu la conduire
parmi les Shakers. Elle non plus n'a pas choisi; elle
a été amenée par ses parents qui entraient dans
l'ordre. C'est l'histoire de presque toutes. Elles restent fidèles à la famille spirituelle au sein de laquelle
pour ainsi dire elles sont nées. Tel n'est pas cependant l'idéal des chefs et directeurs d'expérience; ils
préfèrent que la vocation se déclare chez des sujets
de vingt à vingt-deux ans, déjà revenus des vanités
du monde. Une seule m'a paru avoir un passé relativement tragique. Elle avait été adoptée par une
dame riche dont la fortune a changé tout à coup et
qui, ne sachant plus que faire de sa protégée, l'a
envoyée vers l'âge de dix-sept ans chez les Shakers,
comme à l'asile le plus sûr.

Une conversation prolongée est toujours difficile
entre gens qui vivent dans des milieux trop différents. Mon amie est priée par l'ancien Henry de raconter un voyage aux Antilles qu'elle a fait dernièrement et elle s'en acquitte avec beaucoup de

verve. Les Shakeresses sont vivement intéressées.
A leur tour elles chantent pour nous en chœur des
cantiques écrits sous l'inspiration des esprits. Les
voix hautes et claires portent loin, et d'autres Shakers, des enfants surtout, se groupent autour de la
maison pour entendre. Je ne dirai pas que les esprits
soient de grands poètes; je n'ai reconnu parmi eux
ni Tennyson ni Longfellow. Voici une de leurs dernières élucubrations :

« Oh! quelle beauté! Quelle beauté céleste! La
moitié n'a jamais été dite sur la cité, cette cité si
belle, que, par permission bénie, une vision nous
révèle, — nous révèle. — Et qui héritera de ce
royaume, de ce *home* inexprimablement doux! oh!
si doux! Le serviteur loyal à travers l'épreuve qui,
en se sacrifiant tout entier, — partage le meilleur du
royaume de Dieu. »

Ces paroles un peu banales sont chantées sur des
airs très animés et très joyeux. Un cantique où l'âme
exprime la ferme confiance que Dieu ne la laissera pas
seule, se détache des autres, par la supériorité de la
musique et des paroles. L'*eldress* Harriet en rappelle
plusieurs qu'elle aime comme si elle ne les avait pas
composés elle-même. De fait elle ne les a pas composés, ils lui ont été dictés. Nous l'interrogeons sur
les sensations qui accompagnent cette dictée préten-
due et il nous semble qu'elle a de singulières analogies avec la simple inspiration littéraire. De fait, les
Shakers, quoiqu'ils lisent fort peu, même la Bible, ont

une littérature dont ils ne sont pas médiocrement fiers et dont j'aurai plus tard l'occasion de parler.

A neuf heures et demie toutes les lumières doivent être éteintes. Nos jeunes amies, après d'affectueuses salutations, s'envolent dans la nuit étoilée, accompagnées par les anciennes, pour rejoindre leurs familles respectives, et nous, S... J... et moi, nous montons occuper la petite chambre à lits jumeaux qui nous a été préparée au premier étage. Elle renferme une toilette, innovation hardie, les hôtes d'autrefois étant comme les trembleurs d'alors obligés de descendre faire leurs ablutions dans la cour. Nous dormons, bercées par le chant plaintif et monotone du *whip-poor-will* si rarement entendu, sauf dans l'extrême solitude. Le *whip-poor-will* est une espèce d'engoulevent qui ne chante que la nuit, répétant à satiété les trois mots qui lui ont valu son nom. A cinq heures, un tintement de cloche nous réveille. Par concession aux faiblesses mondaines on nous accorde de déjeuner à six heures et demie seulement.

* *

Je n'ai rien vu que les murs dans la *meeting-house* qui représente l'église, des murs lavés à la chaux, sur la blancheur desquels ressort le vert sombre des poutres et des solives. Elle est hors d'usage. Des bancs nombreux sont rangés tout au-

tour, rappelant le temps où les étrangers s'empres-
saient aux assemblées du dimanche, qui depuis longtemps ont lieu dans une salle moins vaste. Les
ambitieuses dimensions de celle-ci faisaient trop
remarquer le petit nombre des fidèles.

— Certes, dit l'*elder* Henry, cette diminution est
regrettable, surtout parce qu'elle nous oblige à louer
des travailleurs qui apportent ici un élément d'irrévérence et de désordre. Mais il vaut mieux être réduits à un petit nombre que de faire des concessions
de principes qui affaibliraient la société bien davantage.

S... se rappelle avoir assisté dans cette église qui
pour moi est l'équivalent d'une grange, qui pour
ses yeux de puritaine est imposante par sa nudité
même, à des danses d'un très grand caractère.

— Oui, lui répondent les sœurs, vous les regardiez
dans un bon esprit, mais combien sont venus se
moquer de nous! Aussi évitons-nous maintenant le
plus possible de nous donner en spectacle.

Cette crainte de la dérision existe surtout chez les
jeunes et me paraît indiquer moins d'ardeur au
martyre et au sacrifice qu'il n'en existait autrefois
dans la Société. Le véritable esprit shaker consistait
à édifier autant que possible les témoins du dehors
en célébrant devant eux un culte dont nul ne voyait
les ridicules. Et j'avoue que je ne les ai pas vus
davantage; ces danses graves, les hommes d'un côté
à la file, les femmes de l'autre, m'ont frappée au con-

traire par une sorte de beauté hiératique. Le mouvement des mains étendues pour recueillir les béné-
dictions ou pour pousser vers le prochain en prière
la grâce qu'il demande est d'un symbolisme très
noble. Et c'est à peine si les pieds touchent la terre
dans cette marche rapide accompagnée d'hymnes
sur des airs tantôt très vifs, tantôt remarquables
par le retour répété de la même note comme dans
la musique orientale. D'après les renseignements
que me fournit, il y a bien des années déjà, la
novice parisienne dont j'ai parlé, les premières danses
des Shakers ressemblaient en effet à celles des der-
viches. Elle me disait que, se trouvant seule parmi
eux lorsque se manifestaient les exaltations provo-
quées par ses virements frénétiques, elle éprouva
d'étranges terreurs. Quelques-uns gesticulaient, se
renversaient, se penchaient de côté et d'autre comme
enivrés ; les femmes surtout dansaient d'une manière
spéciale, paraissant mues par des ressorts, droites,
raides, ou bien tournant sur elles-mêmes plusieurs
minutes de suite. Quand dans de pareils moments
elles venaient saluer la pauvre étrangère, ou l'engager à se joindre à elles, celle-ci était plus morte que
vive ; tout ce qu'elle pouvait faire c'était de ne pas
crier et de garder l'équilibre en se recommandant à
Dieu. Bien entendu, je ne fis pas part des impressions
de cette Shakeresse plus que tiède à l'ancienne Harriet, mais je lui demandai si l'on ne tournait plus.
Elle me répondit que l'usage en était passé. Pour sa

part elle est encore très agile et très légère, quoique sœur Lucinde la surpasse sous ce rapport. En somme les meilleurs danseurs de la société sont encore les anciens.

Les jeunes se bornent de plus en plus au chant, à la parole et aux battements de mains. Parfois, pendant le service, une sœur se sent contrainte de transmettre quelque message que lui confie un esprit, consolation ou avertissement. Il arrive aussi que l'esprit demande des prières ; c'est une perpétuelle communion entre les vivants et les morts unis, confondus dès ce monde dans l'éternité.

*
* *

J'ai dit que les Shakers avaient une littérature. Effleurons tout au moins les principaux ouvrages qui la composent. Le plus fécond de leurs écrivains me paraît avoir été Frederick Evans, qui fit à Londres des conférences sur le communisme religieux, voyagea beaucoup et est par conséquent le seul Shaker que l'on connaisse à l'étranger. Anglais d'origine, il arriva tout jeune en Amérique, au moment des déclamations violentes contre la banque des États-Unis et autres monopoles ; il devint socialiste, puis de socialiste Shaker, Après avoir essayé de plusieurs sociétés communistes qui n'eurent qu'une courte durée, il se fixa dans la famille du Nord, à New Lebanon, et y rendit durant plus d'un demi-

siècle des services inestimables. Sans avoir fait
d'études supérieures, l'ancien Frederick était orateur
et écrivain, avec un tour d'esprit scientifique, à la
condition d'appliquer les sciences au bien-être de
l'humanité. Très enthousiaste, il comptait pour
amener des recrues aux Shakers sur l'esprit de Dieu
travaillant au dehors, c'est-à-dire sur les *réveils
religieux*. Peu lui importait d'ailleurs d'où soufflait
le vent. Toutes les croyances le trouvaient respec-
tueux. En général, la règle des Shakers s'applique
uniquement aux actes, sans contraindre la pensée.
C'est pourquoi les représentants de différentes sectes
protestantes s'y rallient sans trop d'effort. M. Nordhoff prétend avoir même rencontré des catholiques à Groveland et à Union Village. Évidemment
ils ne pouvaient l'être que de souvenir, mais on ne
leur avait pas demandé d'abjurer.

Selon les idées de l'ancien Evans, le célibat est un
garant de longévité : « Quiconque vit comme nous
vivons, a-t-il écrit, n'a pas le droit d'être malade
avant soixante ans. » Et en effet les hôpitaux très
bien organisés dans les diverses sociétés sont vides.
Les Shakers se passent absolument de médecins.

L'ancien Frederick tenait à ce que tous les objets
dont se servent les frères fussent fabriqués chez eux
et par eux, question d'économie à part. J'ai rencontré
le même esprit dans certains couvents catholiques du
Canada, où il y a jusqu'à des sœurs cordonnières. Sous
tous les rapports, Evans paraît avoir été un homme

éclairé et judicieux, qui commenta sans relâche le grand précepte d'Ann Lee : « Que vos mains soient au travail et vos âmes consacrées à Dieu »; la vie tout entière ainsi comprise n'est plus qu'un culte incessant. Tout en prêchant d'exemple avec zèle, il trouvait le temps d'écrire son livre sur le *Communisme chez les Shakers* qui se propose de démontrer comment les trois dispensations précédentes aboutirent à l'Église unie des croyants dans la seconde venue du Christ; plus une autobiographie où sont relatées ses propres expériences; une exposition de l'Apocalypse et de son influence sur le shakerisme; des mémoires plus ou moins étendus sur la mère Ann et ses principaux compagnons. Comme la substance de quelques-uns de ces ouvrages se trouve dans l'étude très complète de Charles Nordhoff sur les sociétés communistes [1], je me borne, pour ne pas me répéter, à renvoyer mes lecteurs au résumé que j'en ai fait [2]. Frederick Evans, en dehors de son expérience personnelle, s'est inspiré des livres qui représentent pour ainsi dire l'évangile des Shakers, le *Témoignage de la seconde venue du Christ* et l'*Aperçu sommaire de l'Église millénaire* publié en 1823 par ordre du « ministère », avec une remarquable préface des frères Calvin Green

1. *The Communistic societies of the United States*, by Charles Nordhoff, 1 vol; New-York.

2. *Littérature et mœurs étrangères — études —* par Th. Bentzon, I.

et Seth J. Wells. On y trouve sur l'histoire, les principes, le gouvernement, la règle des Shakers et sur la vie de leur fondatrice d'abondants renseignements que l'ancien Frederick Evans a rendus accessibles aux gens pressés. En union avec Antoinette Doolittle, il fonda aussi un journal, *the Shaker* qui paraît toujours, rédigé par la communauté.

En voici l'annonce :

Le Shaker.

La publication mensuelle la plus radicalement religieuse qu'il y ait au monde, organe de toutes les sociétés dites des Shakers, répand les enseignements du christianisme expurgé des croyances faites de main d'homme, proclame l'abnégation de soi-même comme remède efficace au péché, déclare que Jésus fut baptisé Christ et devint dès lors le modèle à suivre par tous ceux qui prononcent son nom, — renseigne sur la vie des Shakers, leurs habitudes, leur économie, leur succès, leur théologie, leurs prophéties, leurs inspirations, leurs révélations, leurs espérances, — condamne la guerre soit entre les peuples, soit en famille. Exige de tous les chrétiens une vie dédiée à la communauté des intérêts, — certifie que le célibat est dans l'ordre du ciel et que le mariage n'appartient qu'à la terre. Porte témoignage contre l'intempérance, l'impureté et l'orgueil, — recommande l'amour vrai, l'abstention de toute mondanité, de la politique, etc. Voit en Dieu le Père et la Mère des âmes, une dualité. Par conséquent soutient les droits égaux de ses enfants sans acception de sexe, de couleur, de race, d'éducation ou de fortune, — tient au vrai spiritisme, s'oppose aux richesses, à la misère, à tout esclavage d'esprit ou de corps, — prescrit le régime qui conserve la santé, garantit le salut de tous ceux qui vivent comme l'a fait Jésus, notre grand exemple.

Tous les croyants peuvent être baptisés par le même Christ-esprit, devenir les sauveurs d'âmes tombées ou perdues, en commençant par se sauver eux-mêmes. Fait appel à l'infidèle et au sectaire, — aime tous les hommes, veut le salut de tous, montre le chemin. Quiconque espère le nouvel avènement du Christ devra lire le *Shaker*.

Il apprendra que les Shakers croient que la vie du Christ a mis fin au monde.

Prix cinquante sous par an, coûte et vaut un dollar. *Le Shaker* s'attend à ce que tout visiteur souscrive.

Cette réclame qui préconise la sainteté comme une panacée universelle, un élixir de longue vie, une drogue quelconque, n'est-elle pas plus significative que tout ce qu'on pourrait dire de l'esprit pratique et dévot à la fois des Trembleurs, de leur positivisme et de leur spiritualisme combinés, de leur extrême finesse, de leur esprit de conciliation? Aucune mention n'est faite, on le voit, de la grande patronne du lieu, Ann Lee. On ne veut d'avance effaroucher personne. Cette adresse à tourner les difficultés sans transiger avec leurs lois essentielles est très caractéristique des Shakers, auxquels on ne saurait reprocher cependant aucune hypocrisie, car leur maxime favorite est celle-ci:

« Soyez ce que vous paraissez être et paraissez ce que vous êtes. » Mais la prudence compte pour eux à un rang honorable parmi les douze vertus chrétiennes, et ils sont *shrewd*, rusés, étant Américains d'abord, rompus aux transactions du commerce ensuite.

Une petite brochure imprimée en 1891 à Canterbury et intitulée : *Comment je suis devenu Shaker*, me frappe par son accent de sincérité. Elle est lourdement écrite d'une main d'artisan laborieux, sans imagination et sans style. L'auteur, George Wickersham, raconte qu'il fut, dès l'âge de quatorze ans, fort impressionné par le régime communiste tel que l'exposait, dans une série de conférences faites à Philadelphie, Robert Owen, le philanthrope écossais.

Son père, ouvrier en grillages, y était assidu et l'emmenait avec lui; le petit George entendait parler de la communauté dans l'ordre des intérêts et aussi d'une bienveillance universelle qui remplacerait les lois, les armées, les prisons, le gouvernement. Tout cela lui semblait bon. Pour la première fois, le nom bizarre de Trembleur frappa son oreille à propos d'une visite qu'Owen avait faite à Union Village dans l'Ohio. La prospérité des Shakers, la paix qui régnait parmi eux avait fortifié chez le réformateur l'espoir de réussir dans sa tentative de coopération. Il en exposa les plans qui séduisirent bien des imaginations, mais le fondement principal, l'idée religieuse manquait à l'édi-

fice. Aussi s'écroula-t-il très vite. Il en fut de même
de la société dite de Valley Forge, fondée d'après
les mêmes principes et où trois cents hommes
peuplèrent un village modèle, les Wickersham
entre autres. Ils furent les premiers à y élire domicile et les derniers à le quitter, fort dégoûtés d'ailleurs du communisme. Seul, le jeune George s'obsti-
nait dans son rêve. Il voulait aller dans l'Indiana, à
la recherche de Robert Owen.

— C'est inutile, les siens se dispersent déjà, lui
répondit le père.

Il y avait aussi, à l'ouest de la Pensylvanie, la
société d'Économie qui réussissait sous la conduite
de Rapp, un chef intelligent. George se rappelait
avoir traversé cette colonie des Séparatistes. Il eût
désiré y retourner.

— Tous Allemands, objecta son père.

Et il ajouta ce qu'il put pour le décourager.

Jusqu'à l'âge de seize ans le jeune garçon se
soumit à la volonté de ses parents ; il allait prendre
son parti une bonne fois de devenir mécanicien
« dans le monde », quand l'opposition qu'on lui
faisait se ralentit tout à coup, son père l'engageant
de lui-même à visiter New Lebanon. Il est clair,
d'après le récit de Wickersham, qu'il vit dans cette
concession un miracle ; miracles aussi tous les
incidents de son voyage, miracle la rencontre d'un
Shaker qui lui servit de guide. Le mot n'est pas
prononcé, mais Wickersham sent que la Providence

l'a tenu par la main. Et, arrivé à New Lebanon, qui
retrouve-t-il pour comble de merveille? Une cinquantaine de membres de la société défunte de
Valley Forge qui, ayant lu avec édification les
livres sur l'Église millénaire, étaient venus en ces
lieux chercher le royaume céleste.

« Ils étaient de ceux, nous dit George Wickersham, pour qui la *bienveillance* et la *sympathie* n'existaient pas seulement en apparence. Un sentiment
religieux les unissait tout de bon. Quand un de ceux-
là avait découvert quelque chose d'avantageux, il en
faisait part à ses frères, et de cette manière ils
s'étaient attirés les uns les autres à New Lebanon. »

Wickersham avait déjà compris qu'une communauté ne peut exister par l'unique raison que la propriété des biens est également à tous, tandis que sous
d'autres rapports les copropriétaires vivent selon les
us et coutumes du monde ; il faut former une famille,
considérer le bonheur des autres avant le sien.

« A mon arrivée, dit-il, je n'avais pas grande foi
dans la confession des péchés telle que la pratiquent
les protestants, une confession faite à Dieu en gros
et sans rien mentionner, sous prétexte que Dieu sait
tout. Ce n'est pas là ce qui peut arrêter personne
dans le mal. Mais quand j'eus compris qu'il s'agissait
de mettre l'état de notre âme et les conditions de
notre vie sous les yeux d'un témoin vivant en lui
découvrant les erreurs de la nature humaine, telles
qu'elles sont en nous, à la lumière de la vérité,

quand je vis qu'il s'agissait d'un honnête aveu fait à des hommes plus rapprochés de la perfection que nous-mêmes, mon parti fut pris aussitôt de devenir Shaker ».

La confession shaker ressemble beaucoup à celle que prescrit l'église catholique, sauf que le pénitent ou la pénitente recourt à une personne de son sexe et qu'il n'y a pas d'absolution, mais la simple promesse que les péchés sont remis au repentir.

« Depuis lors, ajoute-t-il, j'ai rencontré bien des croix, mais en conservant mon entière confiance aux anciens qui veillent sur les intérêts spirituels de notre famille, je vis dans une union bénie avec mes frères et sœurs, et j'apprends cette importante leçon : « L'obéissance vaut encore mieux que le sacrifice. »

L'humble vocation de George Wickersham me paraît avoir été celle de beaucoup de Shakers, sans exaltation, mais tenace et solide, impliquant le souci d'un certain bien-être en ce monde et du salut assuré dans l'autre qui ne sera que la continuation de celui-ci sans heurt ni différences.

Le récit d'un autre Shaker, jadis marié, Galen Richmond, est plus émouvant. En pleine félicité domestique, la pensée le frappa que ce n'était pas là une vie chrétienne. Ses scrupules dont il fit part à sa jeune femme la touchèrent peu. Alors il s'entendit avec les Shakers, confessa ses péchés, cessa de les commettre, dénoua lentement tous les liens qui l'attachaient à la famille et au monde. Cela prit des années. Sa femme, devenue pour lui une sœur, consentit à recevoir une large part de sa fortune en échange de la liberté qu'elle lui rendait et, emportant son estime, il s'éloigna pour rejoindre la société à laquelle il n'est complètement uni que depuis quatorze ans, bien qu'il ait vécu vingt-six ans en communion avec elle. — Les Shakers acceptent sans difficulté ces longs noviciats qui sont une garantie de persévérance. — Et Galen Richmond se proclame le plus heureux des hommes, si heureux, que, n'y eût-il pas de vie future, il choisirait encore son lot présent. Voilà un ascète digne de la Thébaïde.

Nous voyons que le protestantisme en fermant les couvents eût dépossédé du bonheur beaucoup d'âmes scrupuleuses faites pour s'y abriter, si ces âmes-là n'avaient la faculté de créer le cloître autour d'elles, sous une forme quelconque, par la force de leur désir et de leurs aspirations. Combien ai-je rencontré aux États-Unis de religieuses catholiques déguisées en infirmières d'hôpital, en maîtresses d'école, en dames de charité qui se croyaient protestantes ! Chez les Shakeresses le voile et les grilles sont en moins pour nos yeux, mais tout cela existe spirituellement, et la règle est peut-être d'autant plus rigoureuse qu'elle n'a ni protection ni symboles.

N'est-ce pas un tempérament prédestiné à la vocation monastique celui de Rosetta Hendrickson qui, écrivant sur la vie des anges, déclare qu'elle ne trouve aucune difficulté à la mener ici-bas, vu qu'il

est beaucoup plus facile de rester pur comme un
enfant jusqu'au tombeau que de passer brusquement
de cette pureté enfantine à l'esclavage de la chair,
lequel est en contradiction avec tout instinct délicat
et tout enseignement moral ?

Une autre Shakeresse, Harriet Bullard, se plaçant
à un point de vue différent, affirme que toutes les
grandes revendications des droits de la femme con-
vergent forcément à une vie de chasteté virginale,
que la femme n'est libre qu'à ce prix; ses plus hautes
aspirations ne peuvent être satisfaites que par le
communisme chrétien.

Ceci est fort soutenable; ce qui l'est moins, c'est
la glorification de la femme sous la plume ampoulée
d'un certain frère Andrew J. Davis, qui traite du
développement spirituel de la mère Ann, le plaçant
« au-dessus de celui d'Origène, de Luther et de Calvin », pour plusieurs raisons : parce qu'elle fut
femme, et une femme inspirée, parce qu'elle élargit
l'envergure de l'expérience religieuse, enfin et surtout
parce qu'elle a promulgué un principe central, une
idée que nul avant elle n'avait énoncée, la dualité de
Dieu, mâle et femelle, père et mère à la fois.

— Tout était pour l'homme, s'écrie cet ardent
féministe, la femme était refoulée au dernier rang.
L'apôtre Paul lui-même ne lui permettait de parler
dans les assemblées que sous des restrictions insul-
tantes. Il fallut dix-sept cents ans de concessions
graduelles pour la conduire au rang d'incarnation

féminine de la divinité ! Grâce à Ann Lee, chacun
sait maintenant que Dieu est femme autant qu'il est
homme !

Frère Andrew J. Davis me paraît forcer un peu la
note de la théologie Shaker, les Trembleurs n'ado-
rant comme Dieu, tout en les honorant, ni Ann Lee,
ni Jésus-Christ. Quant à leur égalité comme chefs
du nouveau christianisme, il y a une différence
essentielle : Ann est bien supposée avoir rompu le
joug qui pesait sur son sexe depuis la première désobéissance commise par la femme; mais de même que
l'Ève ancienne, formée de la substance d'Adam, lui
fut assujettie, de même l'esprit divin dont fut douée
la seconde Ève est emprunté au second Adam, Jésus-
Christ, duquel Ann dépendit toujours, le reconnais-
sant pour son Seigneur. Et, en ce qui concerne les
droits de la femme, Ann Lee accorda bien à ses
filles de certains privilèges, comme la participation à
tous les rouages du ministère et de l'administration,
le soin d'entendre la confession des péchés, etc.,
mais elle ne les dispensa pas pour cela des devoirs
les plus humbles envers l'homme.

Les sœurs sont pour les frères des ménagères qui
raccommodent leurs habits, lavent leur linge, font la
cuisine, sans empiéter sur les travaux de l'autre sexe.
L'égalité n'est que spirituelle; tout se passe d'ailleurs
comme dans une famille ordinaire bien réglée.
La déférence témoignée à l'ancien Henry, qui est le
Frederick Evans de la société d'Alfred, m'a tout le

temps frappée, et cependant les femmes sont là en
grande majorité.

Un Shaker, que ses écrits dépouillés de galimatias,
et d'étroitesse donneraient envie de connaître, c'est
Giles Avery, l'auteur des esquisses intitulées : *Shakers et Shakerisme*, imprimées à Albany en 1884.
Le langage d'Avery indique des connaissances variées
qui ont dû être acquises dans le monde. Il nous dit
en commençant que toutes les recherches se portent
aujourd'hui vers le pays non découvert qui faisait
méditer Hamlet; on aspire à surprendre ce qui se
passe dans la coulisse, on a soif de science ésotérique,
d'inconnu, etc. C'est donc le cas de considérer un
peu le rôle joué par les croyants à la seconde apparition du Christ. Il est écrit qu'on ne saurait entrer
dans le royaume des cieux sans avoir tout quitté; or,
c'est tout quitter que de consacrer à Dieu la propriété
commune. L'institution shaker n'est pas une démocratie, c'est une théocratie. Il n'entre dans ce
royaume, qui est celui du Christ, ni homme ni femme
selon la chair. Chacun de ses citoyens doit être un
ange de lumière travaillant pour le prochain et lui
montrant la voie. Non que les Shakers condamnent
le mariage en tant qu'institution humaine, mais ils
le relèguent dans le monde auquel cet état imparfait
appartient; ils se bornent, quant à eux, à des rapports fraternels, désintéressés, qui participent déjà
des affections angéliques.

Leur théologie n'est pas une croyance dans le sens

ordinaire du mot, c'est-à-dire une foi définie, limitée,
à laquelle aucune révélation ne peut plus rien ajouter. La barque qui les porte flotte, libre et hardie,
sur l'océan sans bornes de la sagesse et de l'amour
de Dieu. Le vrai salut tient à l'abstention du péché,
non pas à la croyance professée dans les mérites de
Jésus-Christ. La mort de Jésus sur la croix ne fut
que la consommation d'une vie d'obéissance à la
volonté de Dieu ; c'est en mourant pour la nature cor-
rompue qu'il vainquit le monde et devint le grand
médiateur de notre race, mais aucune expiation ne
peut se substituer à l'expiation personnelle. Il y a
deux créations, l'ancienne et la nouvelle ; Adam et
Ève inaugurent l'ancienne création : mariage et
génération ; Jésus-Christ inaugure la nouvelle : virginité et régénération. Toutes les âmes doivent s'imposer les mêmes sacrifices que Jésus, aidées en cela par
un baptême qui n'est pas celui de l'eau, mais celui
de l'Esprit.

La fin du monde est déjà venue pour toute âme
qui se laisse transporter par l'esprit dans le royaume
du Christ.

Certes, les âmes de tous les hommes ont une existence éternelle, mais le péché les fait spirituellement
mourir. L'âme cependant peut ressusciter à la vie éternelle par l'obéissance aux vrais principes chrétiens.

La résurrection chrétienne n'a rien à faire avec le
corps ; c'est celle de l'âme qui échappe à l'amour du
mal pour entrer dans la justice.

6.

Toute guerre conduite avec des armes, soit de destruction matérielle, soit de colère, est contraire à l'esprit du Christ et ne peut avoir place dans son royaume.

Les épreuves de l'âme ne se bornent pas à ce monde, elles embrassent la vie future ; la justice et la miséricorde de Dieu peuvent donc se manifester même à ceux qui n'ont pas reçu en cette vie « le témoignage chrétien ».

La mort du corps animal n'est pas la porte du ciel ni celle de l'enfer. Celle-ci est ouverte ou fermée selon les actes accomplis. Le ciel et l'enfer sont des états d'âme. Le ciel est ouvert au repentir et à la justice. L'enfer est formé par la désobéissance à la loi de Dieu et la persistance dans le péché.

Ces pensées prises presque au hasard dans le petit livre de l'ancien Giles Avery donnent l'idée d'une assez haute spiritualité.

Il y a aussi sur le faux christianisme des hypocrites qui esquivent la croix que porta Jésus-Christ, sur l'inconséquence qui consiste à déployer une bannière qu'en réalité on ne suit pas, des pages d'un raisonnement très serré dans les *Simples causeries sur la religion pratique* du frère Lomas. Il dit à propos du spiritisme des Shakers : « Tous les problèmes des manifestations d'outre-tombe les ont préoccupés bien avant l'ère des tables tournantes et des esprits frappeurs. Ils sont sûrs de s'être entretenus avec des personnages antérieurs au déluge, aussi familièrement qu'avec leurs amis intimes. Et ils espèrent, en menant une vie sainte, mériter de se mettre en rapport avec les meilleurs. Au fait, ils sont eux-mêmes esprits, malgré le fardeau temporaire de l'enveloppe corporelle, puisqu'ils ont renoncé à ce qui est des sens, tandis que des milliers d'esprits dépouillés de leurs corps ne peuvent sans doute être heureux, faute de ce corps habitué à goûter certaines joies ».

Je continue à feuilleter des brochures, en constatant que les Shakers se répètent très souvent dans leurs écrits; le fond en est toujours ceci : Qu'est-ce que la vie éternelle sinon un état céleste immuable et sans fin qui doit commencer dès ce monde ? Ceux qui admettent les affections déréglées, la guerre, l'inégalité des richesses, l'égoïsme, ceux qui mènent volontairement une existence présente toute contraire à ce qu'ils prétendent espérer dans la vie future, manquent à la fois de logique et de sincérité. Le ciel et l'enfer commencent en chacun de nous.

Il est assez rare qu'une idée originale s'ajoute à ces redites. Dans certains cas, lorsqu'il est question de péché, on est frappé de la crudité des mots. Je tombe sur la lettre naïve d'un certain B. W. Pelham, qui répond à la question si souvent répétée : « Que deviendrait le monde si tous étaient Shakers? » par la parole de Jésus : « Il y a des eunuques qui se sont faits eunuques pour le royaume de Dieu. » Avec une

simplicité, une liberté de langage étonnante, il com-
mente ces paroles, prouvant, d'une part, que les lois
de la nature ne forcent pas nécessairement l'homme
à se reproduire et, de l'autre, que l'espèce humaine
sera bientôt trop nombreuse, car la population
augmente du double tous les soixante ans, ce qui
dans cinq cents ans ne laissera pas une acre de terre
pour neuf êtres humains. Pelham s'accorde avec
Malthus pour demander que la génération soit répri-
mée; or le seul moyen légitime, c'est d'imiter trait
pour trait le Christ qui, né d'une vierge, resta vierge.
Sans un grand but religieux, l'abstention du mariage
ne serait qu'un mal de plus. Il y en aura toujours
assez qui suivront leur instinct et leur plaisir, le
monde proprement dit ne périra donc pas, mais
Dieu veuille qu'une majorité nombreuse se borne
à enfanter des âmes à la vie spirituelle. Un moine
des premiers temps de l'Église ne pouvait mieux
dire.

Oui certes, beaucoup d'analogies existent entre
nos religieux et religieuses et les bons Shakers; le
même sentiment les rassemble : besoin de se réunir
pour servir Dieu sous une règle, union de foi, de
motifs et d'intérêts; sacrifice des facultés indivi-
duelles au bien des autres. Il y a cette différence
pourtant, que le souci du gain matériel se mêle
trop chez les Shakers à de plus hautes pensées,
que « les affaires tiennent chez eux trop de place,
que de ce tableau des mœurs de la primitive Église :

« Et ils vivaient ensemble, ils vendaient et achetaient
et avaient tout en commun... » les deux traits : « ils
vendaient et achetaient » paraissent bien lourdement indiqués. Ces justes emploient volontiers le
jargon des économistes, ils parlent trop souvent, à
propos de choses divines, de balances et de compen-
sations, ils n'ont pas le sublime essor de désintéressement, le poétique amour de la pauvreté volontaire qui accompagne chez les catholiques la folie de
la croix. Ils n'ont pas non plus la même humilité;
la plupart d'entre eux se croient sans péché. Cet
orgueil apparent tient d'ailleurs à des idées particulières sur la perfection; un homme est parfait à leurs
yeux en accomplissant dans la mesure de ses forces
tout ce que Dieu attend de lui. Quant à l'existence
d'un état qui ne peut plus s'améliorer, ils ne l'admettent ni pour le temps ni pour l'éternité, car ce
serait, disent-ils, la fin de la vie spirituelle.

Cette perfection relative ainsi posée, les Shakers
l'atteignent probablement dès ce monde. J'en crois
ce que j'ai vu : l'absence de toute contention entre
eux, la crainte du mal exprimée dans leurs moindres
actes, le travail élevé au rang de vertu, la douceur
imposée si rigoureusement qu'aucun d'eux, après
une parole un peu vive adressée à l'un de ses frères,
n'oserait aller à la prière sans en avoir demandé
pardon, non pas seulement à l'offensé, mais aux
témoins de l'offense.

En pareille compagnie, on se sent une créature

chargée de terre pour ainsi dire ; l'intimité de gens
si près de passer à l'état de purs esprits vous gêne,
vous intimide, vous semble presque redoutable. Mais
sur un point ils sont humains, je le répète, ils tra-
fiquent et ils amassent. Ann Lee, toute la première,
recommandait l'industrie. Aussi leurs détracteurs
prétendent-ils, que les vertus monastiques s'en-
fuiront par cette porte ouverte sur la *business*, et
qu'il ne restera bientôt des établissements shakers
qu'autant de colonies agricoles ou industrielles,
prospères, honnêtes, économes, mais où l'on ne se
croira plus obligés de vivre comme des saints. Si
cela devait arriver, c'en serait fait sans doute du
communisme, malgré tout ce qu'on peut dire de
nouvelles communautés absolument laïques, et florissantes néanmoins, dans le Tennessee. Beaucoup
d'autres ont eu d'heureux débuts, mais toujours pour
sombrer assez vite comme la fameuse Icarie de
Cabet. Les Shakers seuls jusqu'ici auront réalisé,
même en admettant que leur fin soit proche, le
problème de la durée.

**
*

Le matin où il fallut dire adieu à cette vallée
paisible, ce furent d'affectueuses embrassades entre
les anciennes et nous. Les plus jeunes sœurs nous
apportèrent des bouquets en nous distribuant de la
part de leurs compagnes des petites cartes de visite

ornées, dorées, puérilement découpées comme des images de dévotion. J'en ai gardé une entre autres où le nom se cache sous une branche de roses tenue par une main, rose aussi, qui semble s'échapper d'un petit paysage de neige. Les fleurs se soulèvent et il y a dessous : « Edith Gardner ».

— Vous nous emporterez tous avec vous à Paris, me dit en souriant l'ancien Henry.

Et je réponds :

— De grand cœur, quand vous voudrez!

— Oh! reprend-il, nous vous gênerions bien un peu... Dans la rue par exemple... Quel effet pensez-vous que des Shakers feraient à Paris dans la rue? Non, je parle au figuré. Vous nous emporterez dans votre cœur.

Et à l'heure qu'il est ils y ont gardé une place. Je revois l'ancienne Harriet debout sur le pas de la porte, nous envoyant un dernier salut avec cette émotion des vieillards qui savent qu'ils ne peuvent plus prendre de rendez-vous en ce monde, et l'ancienne Lucinda, nous tendant un petit souvenir soigneusement enveloppé, tandis que le buggy de l'ancien Henry se remet en marche, nous ramenant vers la station du chemin de fer.

Sur le seuil de la laiterie, des ateliers et des magasins, de bons visages amis nous sourient, les enfants nous regardent curieux; de gentils enfants, à la physionomie candide, bien élevés entre tous les enfants d'Amérique, car ceux qui leur enseignent

le *self-government* savent se gouverner eux-mêmes.
L'opinion des Shakers est que, si les enfants étaient
en masse dirigés comme le sont les leurs, les prisons
seraient bientôt désertes. Les universités le seraien
peut-être aussi. Un développement intellectuel excessif fait peur aux disciples d'Ann Lee; des talents
sans moralité leur paraissent dangereux. D'ailleurs,
ils n'ont pas d'illusions sur la reconnaissance à
attendre de leurs adoptés. Nombre d'entre eux rêvent
de fuite et d'aventures, trouvant qu'on s'ennuie au
royaume de Dieu. Rarement, très rarement, à moins
qu'ils n'aient été amenés par des parents devenus
Shakers, ils se laissent retenir jusqu'à l'âge d'homme.
On leur a appris un métier manuel qui peut suffire
à leur subsistance; ils en profitent et prennent la clef
des champs. Mais il leur reste quelque chose que les
autres n'ont pas; un enfant des Shakers se fait
presque toujours connaître avantageusement dans le
monde.

Nous causons beaucoup moins qu'à l'arrivée avec
l'*elder* Henry; les heures ont vraiment passé trop
vite, et le regret de n'avoir pu prolonger ce calme
enchanté nous poursuit. A l'entrée du village, notre
voiture croise un chariot de bohémiens. L'antithèse
est amusante. Que les bons Shakers gardent bien
leurs poules !

— Recevez-vous ces gens-là? dis-je, curieuse de
savoir si nos amis mettent en pratique l'exemple du
Samaritain.

— Bien entendu, répond l'ancien Henry, nous ne refusons le nécessaire à personne. Mais nous ne les logeons pas, préférant leur donner de quoi payer l'auberge.

Comment fraterniseraient-ils avec des errants qui ne récoltent ni ne sèment et n'amassent rien dans les greniers, mais qui pullulent en revanche, comme le prouvent ces petits déguenillés tout crépus qui suivent la charette nu-pieds, ô comble d'horreur pour un Américain !

Beaucoup d'enfants, c'est là cependant le secret des florissantes colonies. Les Mormons l'ont bien compris en inventant leur dogme polygame qui permet à un seul homme de devenir père d'une cinquantaine d'enfants ou davantage et de peupler très vite un désert. Mais la colonie entre ciel et terre des Shakers n'a que faire d'une politique humaine. Dieu y pourvoira. A un tournant du chemin je jette sur cette Arcadie mystique un dernier regard. Elle me paraît déjà comme transfigurée dans la lumière virginale du matin, dans les clartés de l'aube éternelle.

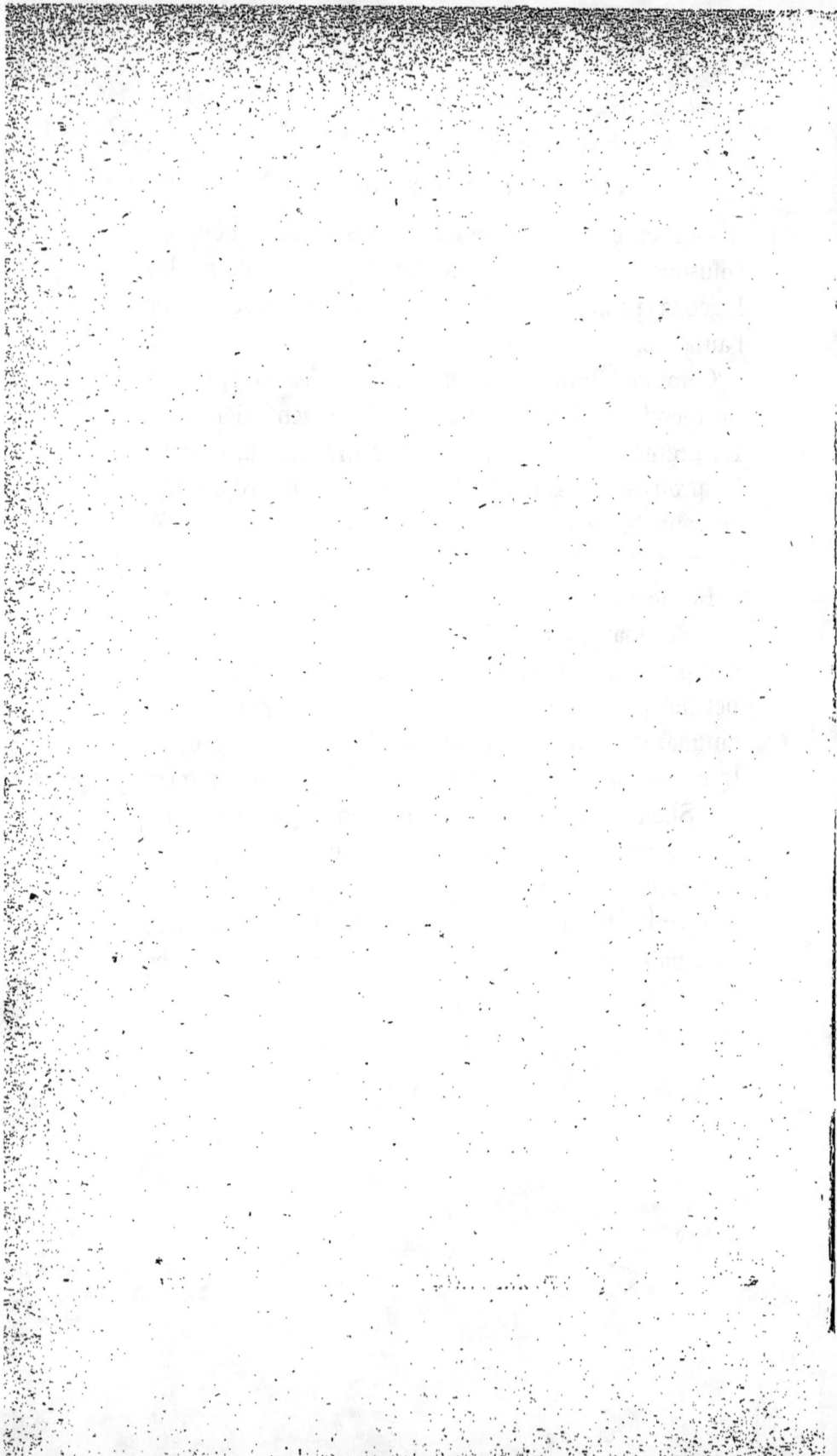

UN LOTI AMÉRICAIN

CHARLES WARREN STODDARD

I

C'était à New-York, dans l'atelier de John La Farge. Je revenais d'un voyage merveilleux à travers les mers du Sud, voyage accompli non pas sur un bateau quelconque, mais en deux heures, au fond d'un bon fauteuil. Le peintre le plus original qu'ait produit l'Amérique avait fait défiler devant mes yeux ravis deux cents esquisses peut-être, toutes intéressantes à des degrés différents, bien qu'il s'excusât de les avoir souvent jetées en quelques minutes sur du papier mouillé par la pluie et la mer. Si cela est, il faut croire que les éléments déchaînés sont de bons collaborateurs qui contribuent au caractère et à la vie. Elles ont — ces marines du Pacifique, ces études aux différentes heures du jour, des cratères d'Hawaï, des cascades de Samoa, des pics de Tahiti, des montagnes de Fiji, ces représentations de mœurs et de types, si pleines de mouvement et de couleur locale, — elles ont presque toutes figuré à l'Exposition du Champ-de-Mars. Une salle spéciale leur avait été attribuée; mais qui donc songe à regarder des aquarelles au milieu du tapage des grandes toiles à sensation? Seuls, quelques critiques d'art se sont arrêtés, en s'épongeant le front, dans cette oasis rafraîchissante après tant de kilomètres de peinture, et ont dit : « Quel dommage de n'avoir ni le temps ni la place de signaler cela ! Il faudrait une exposition à part. » D'autres affectaient de n'y voir que de l'ethnographie. Plusieurs se rappelaient cependant avoir admiré naguère, dans ce même Champ-de-Mars, un La Farge, maître verrier qui a renouvelé l'art du vitrail, ce qui ne l'empêche pas de peindre de belles fresques, de passer du paysage à la peinture religieuse, et de faire le tour du monde à ses moments perdus. Privilégiée pour ma part, je vis ces précieuses notes d'un artiste voyageur dans le cadre le plus favorable, avec assaisonnement de récits à bâtons rompus, où leur auteur apportait le charme de parole qu'il tient de ses origines françaises, car John La Farge est proche parent d'un autre coloriste, Paul de Saint-Victor. Il se répandait en détails sur les danses, les jeux, les chants, les cérémonies guerrières, les idées sociales si singulièrement aristocratiques de ces peuples qui ont gardé une partie de son cœur, sur la famille d'adoption qu'il avait laissée là-bas : une grand'mère exquise et des frères dont aucun ne l'oubliait. A propos d'un *Himéné chanté à Tapara*, il me dit, en me montrant un de ceux qui répètent la prière : « C'était le père de Rarahu. » Et je m'intéressai vivement à ce personnage historique.

J'eus aussi le plaisir de revoir la sainte Montagne de Nikko, qu'un autre magicien (celui-là en guise de pinceau tient une plume) avait déjà évoquée à ma connaissance. Elle était là sous tous ses aspects, noyée dans le brouillard du matin, resplendissante dans l'éclat de midi, et encore au coucher du soleil, vue du jardin de La Farge, qui eut longtemps l'avantage de son intimité. Car il n'y avait pas, dans cet atelier débordant d'exotisme, seulement les îles Polynésiennes ; tout le Japon était sur les murs : temples, pagodes, fontaines sacrées, portraits de prêtres bouddhistes, de Grishas, de Mousmés, etc. Plus achevé que le reste, un grand tableau représentait Kwannon, déesse de la méditation et de la compassion, assise auprès du flot éternel de la vie.

— Je me suis un peu écarté ici de la tradition sacrée, dit le peintre en me la montrant. Je n'ai pas laissé à la divine Contemplation son caractère androgyne, et cette faute m'a valu de la part de mes amis les prêtres bouddhistes, auprès desquels je m'excusais, une réponse qui indique des artistes et des sages, les plus polis du monde, en outre : « Si le dieu s'est manifesté à toi de cette manière, tu as

bien fait de le peindre tel que tu le voyais. » N'est-ce
pas une délicieuse tolérance ?

Vraiment on oubliait le temps dans ce grand
atelier ; on oubliait le tumulte tout proche de la
grande ville comospolite et la complète absence de
poésie du monde environnant. Il fallut, pour m'en
chasser, que le domestique japonais de mon hôte lui
apportât, avec les signes du plus profond respect, un
message qui l'obligeait à sortir. Et ce Japonais, par
parenthèse, n'était pas la moindre curiosité de l'endroit. Appartenant à une excellente famille, fort
instruit, parfaitement bien élevé, il était venu à
New-York s'occuper d'études historiques et trouvait
tout simple de partager son temps entre les jouissances
du travail intellectuel et le devoir de gagner sa vie.
Contraste frappant, en pleine démocratie, avec la
répugnance qu'ont les Américains les plus pauvres
pour l'état de domesticité, lequel, somme toute,
n'est bas que si l'on y apporte des sentiments vils et
ressemble beaucoup à celui de tout autre fonction-
naire. L'échange d'égards et de dévouement entre ce
maître et ce serviteur ami mérite d'être proposé à
l'imitation des amateurs du progrès.

Le Japon cependant n'absorba ce jour-là mon
attention que d'une façon secondaire. Je revenais
toujours, malgré moi, par un attrait invincible,
vers Tahiti avec ses effets d'*uatea*, c'est-à-dire de
pluie et de soleil entrevus à travers les palmiers, ses
crépuscules d'améthyste, son récif de corail où se

brise la grande mer. Je revenais vers Samoa avec ses cascades où glissent des jeunes filles assises sur la roche polie et emportées par le courant ; vers Hawaï, avec ses clairs de lune qui créent un mirage de chutes d'eau, ses précipices remplis d'ombre bleuâtre, ses lointains où flottent des vapeurs de soufre, et ce lac au bord duquel dansent de petites flammes le soir.

— Combien faut-il avoir pénétré attentivement tous les secrets d'un pays si différent de ce que nous avons jamais vu, ou même imaginé, combien faut-il s'être assimilé ses aspects, ses traditions, son âme, pour qu'il se dégage de ce qui semblerait sans cela pure féerie une pareille impression de sincérité !

John La Farge me dit :

— Si vous appréciez ce qui est sincère, cherchez donc Hawaï et Tahiti dans le livre trop peu connu où un véritable poète en prose a concentré l'essence même de ses impressions pendant les longs séjours qui lui ont permis, plus qu'à personne, de toucher le fonds et le tréfonds de la vie indigène.

— Oh ! répliquai-je, la chose a été faite et de telle manière qu'il n'y a plus à y revenir. Quelqu'un aurait-il l'audace de traiter de pareils sujets après Pierre Loti ?

— Pardon, c'était avant lui. Les premiers ouvrages de mon ami Stoddard remontent à 1868.

— Stoddard ? Je le connais, dis-je, avec l'empressement qu'ont les étrangers à se montrer au courant de tout dans le pays qu'ils visitent pour la première fois.

— Mille pardons encore, mais je jurerais que vous ne le connaissez pas du tout. Vous aurez lu les vers de Richard Henry Stoddard, qui est célèbre aux États-Unis, tandis que Charles Warren Stoddard ne l'est pas... Vous m'apprendrez peut-être pourquoi, après avoir regardé ses *Idylles des mers du Sud*. Toutes les fois que vous parlez d'un de ces deux homonymes, on vous répond par l'éloge de l'autre. Mon ami n'a fait en réalité qu'un livre. C'est un grand paresseux, mais un paresseux de génie. Et il n'est pas de ceux qu'on peut s'en tenir à admirer, on s'éprend de lui tout de suite et pour toujours inévitablement. Vous comptez vous rendre à Washington. C'est là qu'il demeure. Voyez-le.

Malgré un avertissement qui aurait pu me faire craindre pour mon repos, je consentis à emporter l'exemplaire qu'il m'offrait de ces *South Sea Idyls*, dont l'un des hommes les plus raffinés, les plus difficiles, les moins susceptibles d'engouement que je connaisse, disait ainsi du bien sans réserve, avec une chaleur inaccoutumée.

Et ce prologue n'est peut-être pas inutile, car jamais je n'ai pu relire, — combien de fois depuis les ai-je relues ! — les impressions écrites de Charles Stoddard sans que les impressions colorées de John La Farge aient surgi aussitôt devant moi, celles-ci étant à celles-là comme l'accompagnement complémentaire d'une musique enchanteresse. Lequel est le plus peintre des deux? Je serais bien embarrassée de le dire.

II

Il suffit d'avoir parcouru dix pages des *Idylles*
pour se rendre compte que Stoddard et Loti n'ont
rien emprunté l'un à l'autre. Entre eux, la ressemblance consiste à être amoureux des mêmes latti-
tudes, et encore ces deux amours sont-ils de nature
différente; chez Loti, qui aima beaucoup ailleurs,
c'est une passade : « Charmant pays quand on a
vingt ans: on s'en lasse vite, et le mieux est peut-
être de ne pas y revenir à trente... » Mais pour
Stoddard, c'est la tendresse unique de toute la vie,
le bonheur pressenti, regretté, poursuivi de nouveau,
l'image tentatrice qui hanta les pénitents et les saints
jusque dans leur pieuse retraite. Les impressions de
ces deux hommes, malgré quelques analogies de surface, diffèrent tellement quant au fond qu'en les

7.

écoutant on se dit : « Les choses n'existent que par le sentiment de celui qui les regarde; il n'y a en elles que ce que nous y mettons. »

Tandis que le Français s'oublie dans les bosquets cythéréens de Papeete, l'Américain s'en va plus loin, toujours plus loin, cherchant les sanctuaires cachés de la nature, le cœur secret de la montagne, telle cascade mystérieuse qui, sans bruit, descend du sein d'un nuage et glisse, par-dessus des coussins de mousse, comme un rayon de lune dans un rêve... « Jamais vous ne trouverez cette sorte de cascade près des chemins frayés... Personne ne peut vous l'indiquer exactement. Il faut que vous la cherchiez vous-même, que vous prêtiez l'oreille à sa voix, le plus souvent sans rien entendre, jusqu'à ce que, soudain, vous tombiez dessus à l'improviste; oui, elle est là dans toute sa longueur, frémissante et diamantée, joyau suspendu sur le sein d'une haute falaise, seule chaîne visible qui relie la terre au ciel. »

Il ne s'en tient pas à une croisière dans la mer de corail, il va pêcher des perles dans l'archipel dangereux; et toutes les petites îles qu'on aborde en pirogue reçoivent ses visites empressées. Partout il fuit les hommes de sa couleur, sentant qu'il est né sauvage, qu'une étrange méprise de la destinée a seule pu lui donner pour patrie le pays de l'activité industrielle et des affaires.

De son côté, Pierre Loti nous dit bien que le charme de Tahiti n'est pas dans la demi-civilisation

toute sensuelle d'une ville colonisée, ni même dans
l'éternel printemps de fleurs et de jeunes femmes
auquel il fut si sensible ; que ce charme réside au
bord des plages de corail, devant l'immense océan
désert ; mais presque jamais en somme il ne nous
conduit là. S'il passe quelques jours dans une région
écartée, il en a comme un peu d'étonnement, il
avoue que son cœur se serre dans cette solitude de
Robinson. Stoddard, au contraire, y est beaucoup
plus à l'aise que partout ailleurs ; il ne lui faut que
quarante-huit heures pour désapprendre l'usage de
la fourchette et trouver qu'aucune manière d'accom-
moder le poulet ne vaut la cuisson sous la cendre
avec une belle feuille succulente qui enveloppe et
protège le rôti.

Il n'a rien d'un brillant officier de marine, ce sauvage par vocation. Lisez plutôt ses impressions,
sympathiques du reste (ce n'est pas la sympathie
qui lui fait jamais défaut), sur les officiers du *Chevert*
un bâtiment de l'État qui le conduisit une fois à
Tahiti... Leur élégance, leur volubilité de paroles,
la consommation qu'ils font de cigarettes et de bon
vin, cette discipline, surtout, cet ordre qui est, à
les en croire, la première loi de France, tout le
confond.

Ni officier de marine, ni romancier, car sa paresse
l'empêcherait d'écrire rien qui fût de longue haleine,
aucune histoire avec un commencement, un milieu
et une fin : il vagabonde tout simplement à travers

ses souvenirs jetés au hasard sur le papier, et, presque sans tourner la page, il passe tout naturellement
du ton familier au lyrisme. Là où Pierre Loti s'est,
dans un rêve fugitif, enivré de tristesse et de volupté.
il a réalisé, lui, un rêve innocent et bien ancien,
celui qui l'a toujours poussé vers la vie primitive
et élémentaire. Le pessimisme sensuel ou autre lui
est inconnu; ce qui domine chez cet être simple,
c'est la joie de vivre et l'humour dans ses modes les
plus rares, les plus délicats, mais aussi les plus
francs. Il a un égal besoin de *far niente* et d'indépendance, l'horreur de toute convention; avec cela
une soif inextinguible de tendresse qui lui fait,
comme il dit, porter son cœur sur sa manche, à la
disposition de qui veut le prendre; et cependant, il
ne se marie pas en Polynésie, fût-ce à la mode du
pays, pour un jour. Il n'y a pas de femme dans toute
son œuvre. Je n'y vois guère que la silhouette
d'une certaine Élizabeth, élevée à la mission protestante, au milieu des filles du pasteur et pourvue
de tous les arts de la civilisation, de tous les principes d'un christianisme austère; ce qui ne l'empêche
pas de se jeter, si européanisée qu'elle paraisse, dans
les bras du premier païen de sa race qui vient tout
nu, et une flûte de bambou à la narine, chanter
sous sa fenêtre l'amour débarrassé du Code et de la
Bible. Sauf cette Élizabeth, redevenue en un clin
d'œil, dans la solitude des bois, Hokoolélé, l'Étoile
filante, bonne épouse d'ailleurs et tendre mère, on

ne rencontre que des groupes féminins anonymes qui font partie intégrante du paysage, comme pour cette description de la danse à Papeali.

« La danse telle qu'elle est, quand tous les élans de l'âme trouvent leur expression dans les mouvements du corps... Que ces corps soient des âmes incarnées, ou ces âmes des corps spiritualisés, ils sont pour le moment inséparables. Le feu brûlait avec ferveur, les bananiers déployaient en guise de décor leurs bannières déchirées, les palmiers agitaient des panaches d'argent là-haut, au clair de la lune. La mer haletait sur son lit de sable dans un profond sommeil ; le cereus, qui fleurit la nuit, ouvrait ses cellules de cire vierge et prodiguait son trésor de parfums. Cercle sur cercle de sombres figures sauvages se tournaient vers l'air illuminée par la flamme, où les danseuses s'arrêtèrent un moment, les draperies diaphanes qui les enveloppaient rassemblées autour d'elles et retenues négligemment dans une seule main. Alors la musique exhala des sons réitérés empruntés au trille aigu des oiseaux et à la basse du vent, des syllabes pleines et sonores, richement poétiques, révélant les orgies et les mystères dont sont témoins ces vallées enchantées que fréquentèrent les dieux. A entendre cela, comment n'être pas pris de folie? Et les danseuses aussi sont folles. Elles dansent et gesticulent à l'infini, tourbillonnant au milieu d'un tonnerre d'applaudissements accompagnés de tam-tam, jusqu'à ce que l'incessante ondu-

lation de leur corps devienne serpentine. Dans une
suprême frénésie, elles crient l'ivresse qui les possède, jettent au loin leurs vêtements et restent nues
comme la lune elle-même. Telle fut la vision qui
me tint éveillé jusqu'à l'aube: ensuite, je repris
péniblement mon chemin dans l'herbe mouillée, et
je tâchai d'oublier, mais je ne pus y réussir tout
à fait, et je ne l'ai pas pu jusqu'à ce jour. »

Au surplus, il n'a pas oublié davantage les
prouesses des hardis nageurs de ressac à Hawaï,
chevauchant leurs petites planchettes, hardis, agiles,
étroits de hanches, avec des biceps prodigieux et des
têtes impudentes de jeunes dieux posées orgueilleu-
sement sur de larges épaules. C'était la fleur du
sang de Meha, et tous nageaient, sans exception,
comme des marsouins.

« Il y avait une brèche dans le récif devant nous,
la mer le savait et semblait prendre un plaisir spécial
à bondir sur le rivage comme si elle allait tout dévorer.
Kahèle et moi, nous contemplions les nageurs, ravis
du spectacle qu'ils nous donnaient. Kahèle ne résista
pas longtemps à l'envie d'y jouer un rôle. Comme on
lui offrait une planche qui eût fait pour son cercueil
un couvercle excellent, légère comme un bouchon et
lisse comme une glace, il se dépouilla en un clin
d'œil de son dernier titre à la respectabilité, saisit ce
diminutif de radeau et plongea avec lui dans la première vague qui allait se briser au-dessus de sa tête,
à trois pieds de là. Une autre vague suivait, mais il

passa dessous avec aisance. Au cri de « Sésame ! » les
portes d'émeraude s'ouvrirent et se renfermèrent
après lui. On eût dit un triton se jouant parmi les
éléments et tout à fait *at home* dans cet endroit fort
humide. La troisième et la plus puissante des lames
rassemblait ses forces pour donner l'assaut au rivage.
Arrivé tout près d'elle, Kahèle plongea et reparut de
l'autre côté de la montagne liquide, balancé une
seconde dans le gouffre transparent, puis il décrivit
un tour brusque, enfourcha le monstre énorme et
s'étendit tout de son long sur la planche fragile en se
servant de ses bras comme un oiseau se sert de ses
ailes, planant de fait avec la vague sous lui. A mesure
qu'elle s'élevait, il grimpait au sommet, et là, au
milieu d'une mousse bouillonnante de champagne,
sur la crête de cette avalanche marine qui menaçait
de s'écrouler et de se dissoudre en l'emportant, son
point d'appui disparaissant tout entier dans l'écume,
Kahèle, au faîte même de la dernière bulle, dansait
pareil à une ombre. Il bondit sur ses pieds et nagea
dans les airs, nouveau Mercure effleurant de la pointe
du pied une montagne qui baise le ciel, léger, vapo-
reux, avec je ne sais quelle suggestion d'ailes invisibles. Cette métamorphose ne dura qu'un moment.
Presque aussitôt, l'intrépide sautait sur la plage,
poursuivi par une vague hurlante qui lui mordait les
talons. Ce fut quelque chose de glorieux et de presque
incroyable. »

Kahèle de Hawaï, Kana-Ana de Tahiti, Hua-Manu

des îles Pomotou, voilà les héros de Stoddard. Ce n'est aucune de ces belles filles aux colliers de jasmin, ni elles toutes ensemble qui l'ont retenu et ramené dans les paradis des mers du Sud, mais des amitiés, amitiés de sauvages, plus dévouées, assure-t-il, que l'amour d'aucune femme, et dont il nous dit que le docteur, son compagnon de voyage, se scandalisa jusqu'à brouille complète. — Tant pis pour lui ! ajoute l'objet de ce courroux, sans condescendre à se justifier autrement et avec le calme parfait d'une bonne conscience.

Mais il est possible que le public américain, qui a, entre autres traits anglo-saxons, le préjugé de « la couleur », joint au goût d'une conclusion morale dans toute œuvre d'art, se soit scandalisé comme le docteur ; il est possible que ces partisans de la civilisation et du progrès, appliqués à tous selon les mêmes formules, il est possible que ces philanthropes, qui envoient aujourd'hui les nègres aux Universités et les Peaux-Rouges aux écoles industrielles, n'aient pas pardonné ses paradoxes à un amoureux déclaré de la barbarie. Est-elle, après tout, d'un bon Américain, cette tirade contre l'annexion possible de Hawaï par les États-Unis : « Quoi, voler à ce peuple si doux son droit d'aînesse et sa couronne ?... Le protéger, à la bonne heure ! Il a, certes, besoin qu'on le protège, ayant été à la merci des blancs sans scrupule, depuis les jours de ce vieux pirate de capitaine Cook. Celui-là a commencé, les baleiniers ont continué et les politiciens achèvent. C'est une histoire révoltante, mais les blancs n'agissent guère autrement dès qu'ils se trouvent en face de mœurs différentes des leurs. Oui, certes, Hawaï a besoin de protection, et l'Amérique est tout naturellement la marraine de l'endroit, mais l'annexer, jamais ! »

Stoddard va jusqu'à reprocher aux missionnaires de démoraliser ces païens innocents au lieu de les rendre meilleurs, et c'est le missionnaire protestant qu'il prend à partie, étant aussi catholique qu'on peut l'être avec une âme ingénue de panthéiste converti. Pas un brin de puritanisme ni de yankeeisme en lui. Voilà bien des raisons pour qu'il ne soit pas populaire !

L'exquise perfection de la forme qui distingue ses plus brèves fantaisies ne pouvait suffire à lui obtenir grâce dans un pays où « l'écriture artiste » est encore un mot dépourvu de sens, où le grand nombre n'a cure de l'expression pittoresque, portant souvent aux nues des auteurs dont le style ne compte pas. Howells qui, avec Henry James, occupe là-bas le premier rang comme critique aussi bien que comme romancier, eut beau placer Stoddard parmi les classiques, la gloire qu'il lui prédisait n'est pas venue.

Quand The prodigal in Tahiti parut d'abord dans une importante revue, the Atlantic Monthly, l'intérêt fut cependant très vif. On y sentit le caractère même de la vérité, on fut sensible à l'humour qui pétillait à chaque ligne, et le sujet était de ceux qui plaisent à un peuple aventureux. C'est, racontée par lui-même,

l'histoire de l'enfant prodigue, un fils de famille que
son caprice emporte, avec une poignée de dollars en
poche, dans le jardin du Pacifique où il se trouve être
de trop. Pas d'emploi : nul ne veut prendre de leçons
quelconques, nul n'a besoin d'un commis, et, lorsqu'il
se dit correspondant d'un journal, on lui répond :
« Prouvez-le ! » Ce qu'il n'est point en mesure de faire.
On représente, bien entendu, la colonie blanche.

Assez vite, il atteint le dernier degré du décou-
ragement et de la misère, errant la nuit par les rues
ou couchant en compagnie de tous les insectes de la
création dans des maisons inhabitées, avalant le
matin, au marché, une tasse de café avec une ou deux
cuillerées de sucre et de fourmis puisées dans une
vieille boîte à cigares, une croûte de pain par là-
dessus. Le reste du temps, il vit de bananes et remplit d'eau les creux de son estomac. Quelle différence
avec les délices de ce mauvais lieu poétique, les jardins de la reine Pomaré, dont Loti nous fait part !
Mais comment serait-on homme de cour avec des
bottes crevées et des habits en loques ? Les vils métiers
que le prodigue est réduit à faire l'humilient fort.
Un beau jour, la meilleure des inspirations lui vient ;
il s'éloigne de la ville, il marche droit devant lui et
trouve le paradis : « Oh ! être seul avec la nature !
Son silence est une religion, ses bruits sont une
musique délicieuse ! » Songeant ainsi, le vagabond
avance de plus en plus ; il a découvert sa vocation
véritable. Les indigènes qui, le soir, allument leurs

feux d'épluchures de noix de coco, l'accueillent,
l'obligent à partager un morceau de poisson et le
fruit de l'arbre à pain. Faut-il passer un gué ? Deux
épaules d'hercule se trouvent à point nommé dans
cette solitude pour le porter sur l'autre rive ; du seuil
de toutes les cases part une bienvenue cordiale :
Aloha ! Il n'a qu'à choisir la maison où il lui convient
de dormir ; une natte se déroulera comme d'elle-
même sur le sol à son intention. Le voilà qui reprend
sa belle confiance, un instant perdue, dans l'humanité.
Il redevient fier, car aucun sauvage n'est plus libre
que lui, personne n'a le droit de lui dire : « Pourquoi
vous tenez-vous là à ne rien faire ? » Il peut être aussi
paresseux qu'il lui plaît. Et toute sa vie, après cette
expérience, il lui restera le regret, l'aspiration secrète,
l'indéfinissable nostalgie de ce commerce passager
avec la plus séduisante de toutes les maîtresses : la
nature.

Ce fut alors sans doute qu'il noua l'amitié si poé-
tiquement exposée dans le plus important de ses
récits, *Chumming with a savage*, le seul peut-être où il y
ait trace d'arrangement et de composition. L'entrée
en matière de *Camaraderie d'un sauvage* est ravissante.
On croit pénétrer avec le voyageur dans cette vallée
heureuse où il se promet d'oublier le monde civilisé,
on croit sentir la fraîcheur de ce petit nuage de pluie
qui se dissipe en trois minutes après avoir arrosé les
bananiers de gouttelettes aussitôt séchées. Voici le
décor : à l'une des extrémités des deux abruptes

murailles parallèles recouvertes d'une tapisserie de
fougères, deux exquises chutes d'eau rivalisent de
blancheur et de légèreté ; à l'autre bout, la mer, la
vraie mer du Sud, se brise immense sur un récif.
Elle ride le courant placide de la rivière qui glisse en
silence jusqu'à elle, ayant quitté pour cet embrasse-
ment les bassins profonds au-dessus des cascades. Ce
paysage est animé par une figure digne de lui, digne
aussi de la statuaire antique : voyez-la, coiffée d'un
chapeau de feuillage, sommairement vêtue d'une
courte tunique blanc de neige, draperie sans sexe
d'où se dégage, bien plantée sur un corps svelte aux
parfaites proportions, une jolie tête souriante, une
tête de seize ans, éclairée par des yeux resplendissants
comme des étoiles. Kana-Ana est le rejeton d'une
race de chefs, c'est-à-dire qu'il appartient à une aris-
tocratie qui dépasse infiniment toutes les aristocraties
européennes, un chef en Polynésie n'ayant jamais été
autre chose, et son origine remontant aux premiers
âges de l'humanité, aux héros et aux dieux. Aussi sa
grandeur se trahit-elle par une noblesse de démarche
et d'allures qui se reconnaît tout de suite. Et Kana-
Ana s'attache à première vue à cet autre adolescent,
le voyageur européen, quoiqu'il ne sache que cinq ou
six phrases de sa langue. L'amitié polynésienne est
soudaine, expansive et généreuse. L'ayant regardé
cinq minutes d'un beau regard honnête et franc, il
place les deux mains sur ses genoux et lui déclare
qu'il est son meilleur ami, qu'il doit venir vivre chez

lui et ne plus le quitter. Montrant une hutte d'herbe séchée de l'autre côté de la rivière, il lui dit : « Voilà ma maison et la tienne ! »

Comment refuser quand, presque aussitôt, la mère et la grand'mère de l'ami implorent à leur tour, assurant par gestes à l'étranger qu'il a besoin de repos, qu'elles ne veulent pas de son argent, qu'elles l'aiment ; et quand cette affection spontanée se trouve reflétée sur les traits de deux cents individus à la peau basanée, des cannibales peut-être ; ils en ont les dents à coup sûr, mais des yeux si doux ! C'est ainsi que le voyageur, indifférent aux admonestations de ses camarades, demeure seul spécimen de la race blanche dans cette Arcadie. Pour son excuse, il n'a qu'une chose à dire, et elle suffit : l'île tout entière l'enchante ; ce monde en miniature, réunit toutes les beautés imaginables, et plus belle encore que le reste est la vallée où on l'aime comme on ne sait guère aimer en pays civilisé. L'ombre au tableau, c'est que tous ces braves gens n'ont qu'une idée en tête, le gorger de nourriture : poisson, taro, lait de chèvre... Le village se met en frais : on empile à sa porte des goyaves, des mangues, des oranges, qui semblent avoir absorbé toutes les rosées du ciel, des noix de coco, des citrons, des ignames qui ne croissent pourtant que bien loin de là ! Et la désolation se peint sur les visages parce qu'on est persuadé qu'il va mourir de faim. Il faudrait manger à toute heure pour satisfaire cette exigeante hospitalité. Dans l'in-

tervalle, ce sont des promenades sans fin en canot
sur mer ou sur la rivière, des bains dans les eaux
douces ou salées, des visites aux bois d'orangers qui
succèdent à de vastes étendues de goyaviers, et la
chasse aux chèvres, et ces heures de paresse, les plus
délicieuses peut-être, où il reste des heures couché à
regarder un banc de sable sur lequel un pavot sauvage salue sans relâche le vent. « Ce pavot me semblait
être le type même de la vie dans cette vallée tranquille. Vivre pour occuper un tout petit espace, fleurir,
mourir et puis l'oubli ! »

Mais peu à peu, la peur le prend de céder à
l'espèce de magie qui l'enlace de plus en plus ;
la même disposition aventureuse qui l'a poussé à
rompre avec la vie civilisée pour se jeter dans cette
solitude lui fait de nouveau désirer le retour vers ce
qu'il a fui. Ses parents le rappellent. Bref, il se
procure un canot et décide deux rameurs indigènes
à l'enlever en secret. Car le courage lui manque pour
faire part de sa décision à Kana-Ana. Celui-ci d'ailleurs, paraît la pressentir avec l'instinct contenu des
animaux fidèles. Il ne le quitte plus d'un pas. Afin
d'éviter des adieux déchirants, l'ingrat s'embarque à
l'aube tandis que son ami dort. Mais à peine est-il en
mer qu'il entend à travers le rugissement des eaux
un cri de véritable agonie. Il reconnaît la voix. C'est
Kana-Ana qui s'élance follement. Il a tout découvert,
il court, se précipite à la nage, répétant un seul nom
dans sa lutte violente contre la mer qui le repousse.

Éperdu, le fugitif presse les rameurs, car il sent que, s'il se laisse rattraper, jamais plus il ne s'échappera.

« Au fond du cœur, j'aurais voulu que les pagaies pussent se briser ou le canot se fendre ; et cependant, je les pressais toujours, et eux, stupides, me prenaient au mot. Bientôt nous tournâmes le cap, ce point embrumé que je regardais le matin par le trou qui représente la fenêtre de la case... Là nous perdions de vue cet abri de roseaux et tout un passé trop court ; mais ce n'était rien encore, nous perdions de vue ce petit dieu de la mer, Kana-Ana, secouant avec désespoir l'écume de sa chevelure ; et cela, c'était perdre tout. J'allai droit chez moi, je redevins civilisé ou à peu près. Comme l'enfant prodigue, j'avais fini par me lever pour retourner vers mon père. Je me jetai à son cou et je lui dis : « Mon père, si j'ai péché contre le ciel et contre vous, je ne m'en repens guère. Ne tuez aucun veau gras et reprenez votre anneau ; je ne le mérite en aucune façon, car je donnerais plus pour revoir en ce moment mon petit compagnon couleur de café, que pour toute chose au monde. Mon père, il déteste les affaires et je les déteste aussi. Il a été pétri du limon le plus pur et cuit au soleil du bon Dieu ; il est lui-même rayon de soleil à demi. Et, plus que personne ne l'aimera jamais, il a aimé votre enfant prodigue. »

La seconde partie de l'histoire s'intitule : *Comment j'ai converti mon cannibale.*

Une fois revenu à l'existence des villes l'enfant prodigue réconcilié, songeant toujours à son ami, imagine de s'acquitter envers lui en l'initiant à la civilisation américaine. « Je pouvais, en effet, lui apprendre à s'habiller, à dire aux gens des choses aimables, en les injuriant par derrière, à dormir pendant l'office, tout cela pour le bien de son âme ; mais en réalité, ce que je voulais, c'était le revoir. Il me manquait tant, lui et sa naïve habitude de montrer ses haines et ses préférences, avec sa confiance dans l'intuition pure, sa fidélité à ses amis. ses manières si différentes de ce qui a cours de l'autre côté de l'eau ! »

Kana-Ana, grâce à de puissantes influences, est donc enlevé à son innombrable famille et remis aux soins d'un capitaine qui le débarque à New-Nork. Hélas ! l'influence du cadre se fait aussitôt sentir. Il est cent fois moins intéressant que dans son pays natal : ce n'est plus qu'un petit noiraud à qui ses habits européens vont tout de travers. Il est mal à son aise, et ceux qui le reçoivent sont embarrassés de lui, par exemple, quand il prend pour des dieux les figures de Peaux-Rouges en bois peint qui, le long des rues de New-York, servent d'enseignes aux marchands de tabac, et s'agenouille devant elles. Dédaigneux du tub matinal, où il saute comme une truite dans une soucoupe, cet enfant du Pacifique plonge et barbote en se promenant, dans toute l'eau qu'il rencontre. Très fier du reste d'avoir attrapé quelques mots

d'anglais, comme *bonjour*, qu'il dit en pleine nuit,
et *eux*, qu'il applique aux dames. Il s'efforce d'épeler,
et, invariablement, quand on lui fait lire *god*,
prononce *dog*, tranformant ainsi Dieu en chien sans
aucune cérémonie. Grand scandale dans le monde
puritain qui l'entoure ! Son ami lui-même trouve
fatigant le travail d'initiation qu'il s'est imposé.
Il lui faut tout expliquer à Kana-Ana, sortir avec lui
en veillant à ce qu'il n'oublie pas sa chemise sous
son paletot, ou à ce qu'il ne la porte pas par-dessus
son pantalon, l'empêcher de répondre par le gracieux
salut d'*Aloha* (amour à toi) aux passants qui se
moquent de lui, car il prend leurs gros mots pour la
bienvenue du pays.

Quelque temps, il s'amuse du spectacle des rues,
mais cela dure peu ; il commence à tomber dans le
marasme et à réclamer l'île natale. Dans une maison
de pierre, il étouffe, la mer l'attire, mais elle est si
froide à New-York, et pas le plus petit cocotier !
A la fin, Kana-Ana ne fréquente plus que le
port où certains étalages de coquilles et de coraux
lui présentent un abrégé de l'Océanie ; il se croit
ensorcelé ; bref, il faut le renvoyer à son monde
auquel il racontera combien sont à plaindre et
mauvais les gens des grandes villes. Mais la joie qu'il
éprouve de revenir aux habitudes de sa libre enfance
est de courte durée, une réaction s'ensuit : l'aspiration vague vers ce qu'il a entrevu le saisit. Un
germe funeste est tombé dans cette terre vierge :

8

incapable de se laisser convertir à notre vie artificielle, il ne peut pas davantage retourner après cette
expérience au contentement facile et à la confiance
absolue, car il a appris à douter des choses et des
personnes, Pendant de longs jours, il s'agite possédé
d'un trouble étrange ; rien ne le console, ni ne le
distrait ; le problème social est trop lourd pour cet
esprit d'oiseau. Un soir que sa mélancolie nouvelle
touche au délire, il se jette dans sa pirogue et s'en
va droit devant lui sans savoir où. Peut-être pour
retourner vers la terre maudite dont l'attrait pervers
le poursuit et qui a gardé son ami, peut-être
pour fuir à jamais les visages humains auxquels
il ne croit plus ; quoi qu'il en soit, la mer, sa
première berceuse, berce son agonie; elle l'endort
dans son sein et ne rendra rien de lui, pas même un
cadavre, aux récifs de corail.

Au fond, le résultat de cette *camaraderie* impossible est la conversion de l'ami blanc à une foi
sauvage qui se résume en un article : voir c'est
croire. — Stoddard hérita de la confiance perdue par
Kana-Ana et ne s'en trouva pas toujours bien par la
suite.

Dans ces *Idylles du Sud* , il y a tout à la fois une
œuvre d'art et d'attachantes confidences psycholo-
giques, le mélange que Gœthe eût appelé : *Dichtung
und Wahrheit.* Peu importe qu'ici la fiction l'emporte
sur la vérité. Ce que l'auteur a voulu montrer, c'est
la mortelle blessure faite par le contact de la civi-

lisation à des créatures susceptibles et impression-
nables.

Cette idée fondamentale du livre se retrouve dans
My south sea show, l'aventure d'un conférencier-
explorateur quelconque qui rapporte de ses voyages
en Polynésie un certain fils de roi surnommé Zèbre
à cause des tatouages qui le couvrent, attestant son
rang illustre. Deux autres petits cannibales et une
cargaison d'objets curieux de leur pays complètent
un cadeau qui est reçu sans plaisir par de saintes
femmes, dans un intérieur austère, où la Bible
est lue régulièrement. Mais ces échantillons variés
doivent contribuer au succès de *lectures* annoncées
avec fracas dans la ville. Malheureusement, le soir
de la première, on trouve Zèbre étendu inanimé sur
le plancher d'une chambre où il s'est enivré d'eau de
Cologne. Cette orgie lui donne le goût de la boisson
sous toutes ses formes. Tandis que les *Midgets*,
ses compatriotes, remportent une série d'éclatants
succès, tandis qu'ils dansent leurs danses fantasti-
ques et chantent des chants d'amour, des chants de
guerre, des chants de deuil, qui, au gré du public
américain, font grand honneur à l'éducation qu'ils
ont reçue, le Zèbre boit sans interruption tout ce qui
lui tombe sous la main. Bientôt il n'est plus que
l'ombre de lui-même, mettant au défi l'art des
médecins et persuadé, quand de bonnes âmes prient
pour lui, qu'elles appellent la mort sur sa tête, car
prier pour quelqu'un dans les plaines de Pottobokee,

dont il est originaire, est, de toutes les formes de
vengeance, la plus terrible. Le Zèbre croit succomber
à une malédiction ; l'arc-en-ciel de tatouage dont il
est revêtu pâlit à vue d'œil, et un jour il murmure
des paroles funèbres dans un langage inconnu, car
les chefs ont un dialecte à eux, un vocabulaire que
le commun des mortels n'a jamais su apprendre.
C'est le signal du retour de son âme au pays natal,
tandis que le petit squelette zébré reste enfoui dans
un verger de la Nouvelle-Angleterre.

La transplantation n'est pas plus favorable à
Kahèle, Kahèle *the goer*, le marcheur, le nageur, le
guide incomparable qui conduit son maître par des
chemins de féerie à la *maison du Soleil* et vers la
poétique *chapelle des Palmes*, où deux bons prêtres
dévoués à un troupeau sauvage nous donnent de si
touchantes leçons de charité, puis sur la plage de
Meha, « dans la vallée de la solitude » habitée
par des amphibies ; « Kahèle, gentil caméléon dont
l'humeur prend la nuance de ce qui l'environne,
pieux à l'appel des cloches, enragé plus qu'aucun
danseur au signal lascif du hula-hula, versatile,
amusant, capable surtout de s'incarner dans chaque
rôle si bien qu'on ne sait jamais laquelle des mille
dispositions contradictoires, existantes en lui, est la
plus naturelle. »

Eh bien, il suffit que le caméléon vienne à San
Francisco pour emprunter des couleurs fâcheuses.
Cela commence par l'enthousiasme : Kahèle s'en-

flamme successivement ou à la fois pour tout : la
civilisation lui donne le vertige ; en sortant du
cirque, il a envie d'être clown ; le théâtre lui fait
prendre la résolution de devenir acteur ; toutes les
fois qu'il assiste à la messe, il se promet d'exercer le
saint ministère. Un jour, il va dans un quartier
suspect où l'on parle espagnol ; à partir de ce
moment, il répète en rêve : *yo amo*, et déclare que
les senoritas sont aussi belles que les plus belles
d'Hawaï. Quelque temps après, il disparaît en
emportant ce qu'il croit être la richesse, une liasse
poudreuse d'actions qui assurent à leur maître une
part plus ou moins chimérique dans des mines
d'argent au Mexique. Deux lignes datées de Santa
Cruz expliquent son projet : « Je suis parti avec
ma femme. Aloha ! »

La transplantation aboutit donc pour le sauvage à
l'ivrognerie, au vol, au vice, à la mort, et le seul
contact de l'homme blanc est un malheur pour lui.

Mais plus je lisais les *Idylles des mers du Sud*, plus
il me semblait que l'homme blanc devait gagner
au contraire à son intimité avec le sauvage, tant
m'apparaissait naïve et charmante la personnalité de
Charles Stoddard, poète et humoriste, si franchement
sentimental et si finement ironique, sauvage lui-
même, au moins à demi, car il l'a dit et répété :
« Tous les rites de la sauvagerie trouvent un écho
sympathique dans mon cœur. C'est comme si je me
rappelais quelque chose d'oublié depuis longtemps

8.

et de si cher! Il faut croire que l'esprit indompté de quelque ancêtre aborigène précipite le cours de mon sang. »

Imaginatif et *impressionnable*, ces deux épithètes, qu'il applique toujours à ses amis les insulaires, lui conviennent à merveille.

III

Quand j'arrivai à Washington, le désir de faire
connaissance avec le Capitole, la Maison blanche,
l'obélisque, ou même d'assister aux séances du sénat
et du congrès, était moins vif chez moi que celui de
rencontrer l'auteur des *South sea Idyls*. Mon premier
soin fut de lui envoyer un mot d'invitation et, l'ayant
vu, son œuvre me captiva davantage encore, car je
compris tout ce qu'il y avait mis de passion vraie.
L'adolescent qui alla de si bonne heure prendre à
Tahiti le mal de regret dont il ne guérira jamais, a
maintenant beaucoup de cheveux blancs, mais il sera
toujours jeune par la vivacité des sentiments, par le
besoin de se créer des idoles, quitte à découvrir le
lendemain, sans aucune amertume, qu'elles sont
d'argile. La France l'intéresse tout particulièrement,

il connaît ses gloires littéraires, il en parle avec chaleur et avec goût. J'admirai l'absence complète de
retour sur lui-même et de jalousie d'artiste dont il fit
preuve en exaltant *le Mariage de Loti*, en déclarant
que rien de plus parfait n'avait été écrit sur son île
bien-aimée. Ce fut presque en riant qu'il me conta
que l'édition bostonienne de ses *Idylles*, éparses
auparavant dans les *magazines*, avait eu le malheur
de passer inaperçue à la veille de la panique finan-
cière de 1873 ; d'autre part, un éditeur de Londres
lui avait dit avec dédain que jamais il n'imprimerait
ce livre sous un titre aussi déplaisant qui pouvait
faire redouter des vers ! De sorte qu'il dut le bap-
tiser de nouveau : *Croisières d'été dans les mers
du Sud*.

« J'ai fait cinq de ces croisières-là et, la dernière
fois, j'ai rendu visite à Rarahu. Je l'ai trouvée,
ajouta-t-il d'un ton de tendre ménagement, je l'ai
trouvée un peu fanée. » Le mot me parut doux, à
moi qui me rappelais une certaine photographie de
cette bacchante sur le retour.

Mais Charles Stoddard est de ceux qui ne frappe-
raient pas, fût-ce avec une fleur, une femme, fût-
elle simple sauvagesse. Il a eu l'occasion, au cours
de ses voyages, de connaître Adah Menken, qui lui
adressa des vers mélancoliques, et il est resté
convaincu que le corps sans défaut de ce *Mazeppa*
féminin logeait une âme profonde. Cette simplicité
d'enfant, cette bonté peinte sur toutes les lignes

d'un beau visage fatigué par la vie, cet abandon
génial dans la conversation, ce mélange qu'ont aussi,
paraît-il, les insulaires du Pacifique, de distinction
parfaite et d'étonnante spontanéité, tout cela m'expli-
qua dès la première rencontre l'appréciation de son
ami La Farge. Le tourment d'écrire n'existe pas pour
lui qui n'aima jamais que la rêverie nonchalante;
d'autant plus prodigue-t-il en causant les richesses
de son imagination. Je m'efforçai de découvrir ce
qui, dans les *Idylles*, était de l'autobiographie, et je
crus comprendre qu'il n'avait rien ou presque rien
ajouté aux souvenirs de jeunesse qui concernent
Kahèle. Je ne pus lui faire dire en revanche si vraiment le chasseur de perles des îles Pomotou, qui
portait en nageant une demi-douzaine d'œufs derrière
lui dans sa chevelure nattée, lui avait tout de bon,
devant une alternative de vie ou de mort, donné son
sang à boire en se coupant une artère.

— Ils sont capables de cela, capables de tout en
fait de dévouement, répondit-il. Un chrétien pour-
rait-il être meilleur que ces païens-là? Pourquoi
entreprendre de les changer, de les déformer en les
civilisant? On ne met pas de vin nouveau dans de
vieilles outres, et dans ces outres-là il ne faut mettre
aucun vin. Elles ne sont faites que pour contenir
l'eau pure des sources. Ils en ont pour si peu de
temps, les pauvres! Quand on se promène durant
ces nuits trop belles pour permettre le sommeil, on
entend une toux de mauvais augure dans les cases

devant lesquelles on passe, et il vous semble marcher sur des tombes à demi creusées ! »

Je lui rappelai les lignes qui terminent son *Enfant prodigue à Tahiti*, — quand il dit comment, du bateau qui l'emportait, lui apparut de loin l'île pâlissante, ces glorieux pics verdoyants qui s'effacent : « Les nuages les embrassaient de leur profond secret. Comme un mirage, Tahiti flottait sur le sein de la mer. Entre le ciel et l'eau s'étaient engloutis vallées, jardins, cascades, et les promontoires frangés de palmes, et ces fleurons aigus, s'élevant les uns au-dessus des autres, éternelle couronne de beauté. Et avec eux, la nation de guerriers et d'amoureux tombant comme la feuille, mais sans espoir d'être comme elle remplacée par d'autres feuilles. »

— Il faut absolument, me dit-il, que vous alliez à Tahiti, tandis qu'il en reste quelque chose.

Et il me persuada que c'était le voyage le plus facile, le plus rapide. De San Francisco, j'y serais en six jours. Qu'était-ce que cela ? Il en avait mis trente au moins, lui, la première fois, grâce à un gros temps qui l'avait poussé vers le Japon. Mais aujourd'hui, tout est simplifié...

— Vous n'y retournerez pas cependant ?

— Non, j'ai jeté l'ancre ici.

— Sans regrets ?

Il hésita :

— Peut-être n'est-il pas permis de s'abandonner toujours uniquement au plaisir de vivre,

Je me souvins alors qu'il était catholique, fervent comme tous les convertis, et, avec cette indiscrétion qui vous gagne quand on a quelque temps habité le pays de l'*interview*, j'osai lui demander comment avait été amenée cette conversion, en ajoutant, ce qui était manquer de respect, j'en conviens, à la religion et à lui-même :

— N'est-ce pas par amour du paganisme que vous avez cessé d'être protestant?

Il sourit et, comme si c'était là une question trop grave pour qu'il pût y répondre sur ce ton d'irrévérence, me dit seulement :

— Vous le saurez demain.

Le lendemain en effet, il m'envoya un petit volume qui n'augmente point son mérite littéraire, mais qui met à nu avec une singulière audace une conscience et un caractère. C'est intitulé : *un Cœur troublé*, et, sur la première page, l'auteur avait écrit de sa grande écriture lâche et légère, toute frémissante et si personnelle, la formule affectueuse des sauvages : *Aloha !*

Des récits de conversion on écarte d'ordinaire tout ce qui n'est pas de nature à produire l'édification ; ils tombent donc nécessairement sous la rubrique des livres de piété ; mais ici, les deux religions, protestante et catholique, sont mises en présence de la manière la plus piquante. On y voit aussi combien certaines âmes ont besoin de ce qui sous le nom de direction a été si souvent attaqué, combien l'austé-

rité un peu dure de la réforme est antipathique à
ceux qui ont choisi involontairement et irrésistible-
ment pour dieux l'amour et la beauté, combien le
catholicisme est artiste au contraire, quoi qu'on en
puisse dire. A en juger par l'effet que le protestantisme produisit sur Stoddard, il ne doit que médiocrement améliorer d'autres primitifs.

La peur le domina dès son enfance, la peur du
mal qu'il n'avait pas encore commis, et de son châtiment. La nuit, quand les lumières étaient éteintes,
il éprouvait des terreurs sans nom, car, songeait-il
avec épouvante, nous sommes tous pécheurs.

En face de la maison de ses parents, il y avait une
église où tous les matins entraient de nombreux
fidèles et d'où partait de belle musique. Il s'y glissa
un jour sans permission. Pour la première fois il vit
des cierges, des tableaux, des statues, une foule à
genoux ; mais, quand la procession des prêtres en
habits sacerdotaux, sortant de la sacristie, s'approcha
de l'autel, il prit la fuite épouvanté, car il avait rencontré ces costumes sur les images du terrible livre
qu'on lui donnait à lire le dimanche et dont les
récits de supplices avaient ajouté pour lui tant d'horreur à l'horreur quotidienne des ténèbres. C'était une
histoire protestante de l'Inquisition.

Les longs sermons de sa propre église ne lui plai-
saient guère cependant, et la Bible qu'il lisait sur la
recommandation expresse de sa mère jetait son
pauvre esprit d'enfant dans une confusion indicible.

On le confia quelque temps à son grand-père, un propriétaire rural de la Nouvelle-Angleterre qui habitait
non loin d'une école en renom où il commença ses
études. Ce grand-père était l'honnête homme par
excellence, mais le sang des puritains de Plymouth
coulait dans ses veines. Quoiqu'il fût incapable de
faire en ce monde aucun tort à personne, il envoyait
délibérément en enfer tous ceux dont la foi n'était
pas sienne. Son petit-fils fut conduit par lui aux
meetings du soir d'un évangéliste qui adjurait tout le
voisinage, par inspiration directe d'en haut, d'avoir
à changer de cœur. Il y avait sous la chaire un banc
qu'on appelait « le banc d'anxiété ». Ceux qui se
reconnaissaient pécheurs allaient s'y asseoir et deve-
naient l'objet de prières à haute voix que le petit
Charles trouvait très humiliantes. Un jour, ces mots
retentirent à son oreille : « Enfant, ne veux-tu pas
être sauvé ? Ne veux-tu pas être chrétien ? » Et on le
traîna de force sur le banc où d'innombrables voix
lui criaient : « Ne veux-tu pas être sauvé ? Voudrais-
tu mourir en cet instant, tout de suite, et brûler
à jamais ? » Il fallut l'emporter presque évanoui, et
il lui resta de cette expérience de sanctification
un commencement de maladie nerveuse. Il est
vrai qu'un peu plus tard il eut tout le temps de se
remettre chez son aïeul paternel qui était universa-
liste, c'est-à-dire persuadé que le salut sera octroyé
à l'humanité tout entière, quoi qu'elle fasse. Il en
résultait un certain relâchement et la plus aimable

tolérance. Les influences morbides qui avaient
menacé la santé du petit Charles Stoddard se dissi-
pèrent, mais il resta très préoccupé des causes qui
pouvaient amener une telle séparation spirituelle
entre ses deux grands-pères.

Il grandit, toujours obsédé par l'incertitude de
l'au-delà et le besoin de croire à quelque chose. Il se
servit du savoir acquis pour se mettre à la recherche
de la vérité, — chez les unitaires d'abord, qui lui
parurent borner leur culte à l'éloquence oratoire ;
chez les méthodistes, dont il haïssait les rugissements
de fauves ; la frénésie ne lui disait rien. Il trouvait
en revanche d'autres sectes bien pâles, bien froides,
bien dépourvues de symboles. Son goût délicat se
révoltait contre les vulgarités de l'armée du Salut ;
l'invitation, imprimée sur affiche, à rencontrer Jésus
de telle heure à telle heure, dans telle ou telle salle
publique, lui faisait l'effet d'un blasphème. L'église
épiscopale lui parut posséder en partie ce qui manquait aux autres, mais il lui sembla aussi que l'esprit
était absent de ces formes empruntées à un culte plus
ancien. Partout, il rencontrait des gens très honorables auxquels suffisait la permission de scruter les
Écritures, mais il n'était pas de ces gens-là et il souf-
frait, réduit à édifier un temple idéal dans le silence
et le recueillement de son cœur. Une femme, qu'il
prit à tort pour un ange, faillit l'entraîner dans les
avenues nuageuses du spiritisme. Ce fut une femme
encore qui lui désigna le prêtre auquel, un jour, il

demanda de compléter l'instruction religieuse qu'il
avait depuis longtemps ébauchée tout seul, attiré
qu'il était à l'église catholique par la beauté des
chants, la pompe des offices, l'antique poésie répandue dans tous les détails du culte. Son cœur troublé
avait enfin trouvé le repos ! La persécution ne fit que
stimuler une ferveur qui depuis ne s'est jamais
démentie : non qu'il fût persécuté par sa famille qui
respecta ses convictions, mais le monde, mais la
presse protestante ne lui épargnèrent aucune amertume. Il avait déjà quelque réputation dans les
lettres, et le scandale n'en fut que plus grand.

Repoussé, trahi, découragé, il ne trouva de secours
que dans l'Église, et non pas seulement des secours
spirituels ; les besoins de son intelligence furent compris. Ses nouveaux frères l'engagèrent à visiter Rome,
Jérusalem, et, sur son passage, il rencontra toujours
des amis. Le plus intéressant de tous l'attendait,
celui-là, dans sa chère Océanie. C'est le Père Damien,
dont il m'a parlé beaucoup et dont l'œuvre héroïque
lui inspira des pages émouvantes : *les Lépreux de
Molokaï*.

IV

« L'après-midi tirait à sa fin dans ce port des tropiques ; déjà la chaleur s'apaisait et l'aveuglante lumière était tempérée par l'humidité prochaine de la nuit. Encore un peu et le soleil s'enfoncerait silencieusement dans l'abîme des flots, encore un peu et le crépuscule bien court, mais exquis, baigné de splendeur l'espace d'une minute, se parerait d'étoiles tremblantes.

» Je fus arraché aux charmes de rêverie et de paix que vous versent les parfums du soir par un cri perçant ; on eût dit la protestation angoissée d'un cœur qui se brise. Et ce n'était pas une seule voix ; une autre, d'autres encore déchirèrent le silence jusqu'à ce qu'une clameur de désespoir sonnât au-dessus des maisonnettes basses qui

peuplaient le petit bois, entre l'endroit où je me
trouvais et le rivage. Non sans émotion, je courus
vers la mer et j'eus vite fait de rattraper une triste
procession de femmes en pleurs escortant quelques
malheureux que l'on conduisait en toute hâte à
l'esplanade de Honolulu. La mort mettait déjà sa
triste empreinte sur ces physionomies stupéfiées. Un
petit vapeur attendait la cargaison humaine qui
fut hissée à bord. Dans les quelques instants qui
s'écoulèrent entre le départ et la sortie du port, cette
même plainte lamentable se renouvela poussée par
des voix confondues d'hommes, de femmes et
d'enfants. Groupés à l'extrémité du quai, ceux
qui restaient tendaient les bras et se tordaient les
mains, tandis que des ruisseaux de larmes coulaient
sur les joues d'une pâleur de cendre.

« Les exilés, debout sur le pont, restèrent quelque
temps silencieux, puis leur agonie se fit jour et un
nouveau cri qui n'était pas de ce monde vibra sur la
mer tranquille : c'était leur adieu, un long adieu. Et
le soleil qui venait de toucher l'horizon parut s'arrêter, tandis que la mer se changeait en une grande
nappe enflammée. Des langues de feu se jouaient
parmi les petites vagues soulevées par la brise du
soir, et les larges rayons dardés de nuage en nuage
y allumaient une gloire qui finit par gagner tous les
pics de cette île adorable surmontée d'une couronne
d'or rougi. Les palmiers eux-mêmes se transformaient
en or, leurs panaches brillaient à chaque ondulation

rythmée dont ils accompagnaient la sourde mélodie du reflux au-dessous d'eux.

» Ainsi s'effaça, comme un atome sur la mer miroitante, cette barque infortunée. L'éclat du couchant est bref non moins qu'intense dans les régions tropicales ; l'irruption soudaine de la nuit jeta un voile sur ce tableau de deuil auquel, si fréquent qu'il soit, l'observateur le moins sympathique ne réussit jamais à s'habituer. Les ténèbres étaient venues, le silence qui les accompagne n'était rompu que par le clapotement de l'eau sous quelque rame passagère ou par le bris lointain des vagues contre un récif. Toujours cependant les affligés restaient couchés sur le pont d'où leurs yeux en pleurs avaient aperçu pour la dernière fois la forme presque évanouie des êtres aimés que, vivants, ils ne devaient plus revoir. Car ces âmes navrées, mais soumises, qui venaient d'être englouties dans la transfiguration d'un coucher de soleil, étaient des lépreux voués sans espérance au bannissement éternel et emportés dans la nuit vers cette île à peine distincte dont le rivage mélancolique est le seul refuge de ces otages de la mort, une île solitaire, silencieuse, sereine comme la terre même des rêves : Molokaï [1]. »

Une première fois déjà, vingt années auparavant, Charles Stoddard était allé à Molokaï. L'établisse-

---

1 Il y a en outre une espèce de succursale, l'hôpital de Kakaako, près d'Honolulu, dirigé par des sœurs Franciscaines et où sont traités les cas douteux avant l'exil définitif.

ment était alors beaucoup plus considérable qu'il ne
l'est aujourd'hui, car ceux qu'une loi rigoureuse,
mais nécessaire, oblige à l'habiter, s'éparpillaient
de tous côtés, propageant le mal. Les précautions
qui ont été prises depuis rendent très difficiles
ces visites des curieux. Le voyageur dut attendre
longtemps une permission du service de santé.
Pourvu enfin de ce passeport indispensable, il se
joignit aux médecins du gouvernement qui allaient
faire leur tournée professionnelle, et, à l'automne de
1884, le trio cingla vers Molokaï pour aborder au
port principal. Ils commencèrent ensuite la longue
et pénible ascension vers les falaises qui défendent
contre toute fuite et toute approche la colonie des
lépreux.

Au sommet d'un haut plateau herbu, fertile et
boisé, le surintendant de cette colonie se tient entre
le monde et ceux qui déjà ne lui appartiennent plus.
Dans sa demeure, une hospitalité toute patriarcale
est exercée. Après quoi la chevauchée continue à
travers d'admirables campagnes rendues mélancoliques par les ruines d'une nation qui tend à disparaître : murs écroulés, jardins déserts, enclos qui
indiquent des héritages que nul ne recueille plus.
C'est là, dans toutes ces îles mystérieuses, la dernière
trace des grandes traditions rappelées par les chants
du passé, les *meles* qu'entonne encore la voix chevro-
tante des vieillards, mais qui deviennent de plus en
plus rares, — terre d'héroïsme et de magie, sur

laquelle plane un arrêt définitif du destin, solitude
fertile et embaumée où l'on a la sensation de vivre
et d'agir en rêve. Une barrière rustique réveilla les
cavaliers, qui se trouvèrent soudain devant un précipice vertigineux à trois mille pieds dans les airs.
L'abîme au-dessous n'est qu'une cataracte de verdure
et de fleurs. Entre la mer bleue comme le ciel et le
ciel bleu comme la mer, ils se sentaient suspendus
parmi les broussailles d'une espèce de jungle qui
pliaient et ondoyaient sous leur poids. En bas, tout
en bas, si loin, une large langue de terre, sans arbres
et bordée de rochers que la mer frangeait d'écume,
supportait à une courte distance l'une de l'autre deux
poignées de maisonnettes blanches éparses sur des
taches de verdure qui, vues de près, sont des jardins.
Au centre de la péninsule, un petit cratère éteint
renferme dans sa coupe de lave un lac minuscule qui
s'élève et retombe avec la marée. Tel est le site de
l'établissement des lépreux. « Quelle dérision que
d'entrer dans la vallée de la mort et d'aborder la
gueule même de l'enfer, sous les guirlandes triom-
phales des lianes entrelacées et les cascades de feuillage qui se brisent à mille pieds plus bas en une
écume de fleurs ! » Non que le chemin soit doux :
on glisse à la file sur la pente en zigzags rapides
qui dessine l'arête tranchante de ce contrefort aérien,
et le plus favorisé est celui qui ferme la marche,
car il ne court pas le risque de recevoir sans relâche
une pluie de cailloux détachés. Des squelettes de

bêtes rappellent çà et là les accidents arrivés aux troupeaux qui sont quelquefois poussés sur cette voie presque à pic jusqu'au marché des lépreux. Enfin on débouche dans la plaine sans ombre, et bientôt on atteint Kalawao, le plus gros des deux villages.

Au premier aspect, Kalawao est un hameau prospère de cinq cents habitants. Si l'on ne regardait pas ceux-ci de trop près, on croirait d'abord avoir affaire à une communauté des plus joyeuses; de toutes les fenêtres, de tous les pas de portes part un cordial et vibrant *Aloha!* à l'adresse des visiteurs. Au bout de la rue, près de la mer, se trouve une petite chapelle, puis le cimetière envahi par une troupe de gamins aussi gais que les autres enfants de leur âge, mais tous couverts de cicatrices, avec des yeux hagards, des pieds et des mains saignants ou difformes. Ce sont des lépreux. D'autres accourent, car l'arrivée d'un étranger fait sensation à Kalawao; à mesure que leur nombre augmente dans le cimetière, il semble que chacun d'eux soit plus horrible que les précédents et que la décomposition de la chair ne puisse aller plus loin.

Alors s'ouvrit la porte de la chapelle, un jeune prêtre parut; sa vieille soutane montrait la corde, ses mains étaient durcies par le travail; mais il avait un air de santé, une physionomie ouverte et riante. C'était le Père Damien, l'exilé volontaire, le héros du devoir, le martyr désigné, car il savait à n'en pas douter quelle serait la fin de son sacrifice. Par une

9.

sorte de miracle, il avait alors résisté à onze années
d'apostolat, seul intact dans cet immonde troupeau.
De la meilleure grâce du monde, il met à la disposition des étrangers le peu qu'il possède, et se hâte de
les accompagner à l'hôpital, où il est l'auxiliaire le
plus zélé du médecin. Il connaît chaque cas particulier; à sa vue, tous ces pauvres visages expriment
la confiance et la joie. Le sourire est le dernier trait
qui s'efface de la figure d'un Hawaïen. Ce sourire est
naturellement chez lui aimable et ingénu, mais
l'affreuse maladie en détruit l'expression, le trans-
forme en un rictus abominable. Nous épargnerons à
nos lecteurs la description prolongée des divers effets
de la lèpre, telle qu'elle se manifeste chez ces malheureux gisant dans les dortoirs ou accroupis sous
les vérandas. Chose touchante, les moins malades
passent leur temps à soigner, à panser, à éventer, à
consoler ceux qui achèvent leur triste vie. Dans
l'intervalle de ces soins tout gratuits, ils jouent aux
cartes, s'amusent de quelque façon avec une insou-
ciance que ne trouble même pas le bruit du marteau
incessamment occupé à clouer des cercueils.

Avant que l'arrêt d'expulsion eût été promulgué,
alors que les lépreux restaient dans leurs villages
respectifs, ils étaient soignés de même par leurs amis
valides, ignorants de toute crainte, de toute répugnance. L'amour dans ces parages exceptionnels est
vraiment plus fort que la mort. C'était entre ces
doux et tendres fatalistes un perpétuel échange de

vêtements, une habitude gardée de fumer la même pipe, c'étaient des caresses dont personne n'avait l'air de soupçonner le danger.

Les lépreux relativement ingambes qui habitent les maisonnettes entourées de fleurs, sont accoutumés aux fréquentes visites de leur pasteur. Celui-ci trouve à travers ses occupations le temps de leur apporter de bonnes paroles et de petits présents. Depuis la messe matinale jusqu'au couvre-feu, le Père Damien travaille. Toutes ces demeures proprettes qui remplacent les huttes indigènes, il a aidé à les construire. Quarante enfants sont élevés sous sa direction immédiate; il baptise, enterre et marie (car le mariage est permis aux jeunes lépreux). Ses seuls devoirs de prêtre seraient suffisants pour remplir sa journée. Le dimanche et les jours fériés, il célèbre la messe dans les deux villages, Kalawao et Kaulapapa, courant de l'un à l'autre pour les vêpres, le sermon, le salut, le catéchisme. Stoddard fait un tableau émouvant de la grand'messe à Kalawao; il l'entendait d'une niche réservée près de l'autel et lui trouvait presque le caractère d'un *requiem*, tous les assistants étant condamnés et quasi morts déjà. Les pauvres petits enfants de chœur, si estropiés qu'ils fussent, s'acquittaient assez adroitement de leurs fonctions; les fidèles, très nombreux et parmi lesquels il y en avait qu'on aurait crus sortis de la corruption du tombeau, faisaient de leur mieux pour chanter. « Le grondement solennel de la mer

accompagnait ce solennel service et le long soupir
du vent était comme un soupir de sympathie. Impossible de ne pas penser aux lépreux dont parle
saint Luc, qui, se tenant à l'écart, élevaient la voix et
disaient : « Jésus notre maître, ayez pitié de nous! »

Presque jamais les deux amis, — le prêtre et
l'étranger étant devenus amis très vite, — n'avaient
le temps de se voir, car, après les offices, le Père
Damien devait vaquer aux affaires temporelles de son
peuple, préparer sa propre nourriture, nettoyer sa
maison, homme à tout faire par excellence : médecin de l'âme et du corps, magistrat, maître d'école,
charpentier, peintre, jardinier, cuisinier, fossoyeur
au besoin. Lors de son arrivée à Molokaï, il avait
eu tant de besogne que longtemps il coucha en plein
air sous un arbre. Les blancs de Honolulu ayant
envoyé du bois de charpente et un peu d'argent, il
se bâtit enfin la petite maison où Stoddard reçut
souvent la plus frugale hospitalité. Le repas préparé
par le bon Père était accompagné d'une pipe ou
d'une cigarette et l'on causait. Mais autrement il
fallait chercher le Père Damien à l'hôpital, au chevet
d'un moribond, ou parmi ses ouvriers, le marteau
à la main, leur donnant l'exemple. L'Angélus venait-
il à sonner, le travail était suspendu, tous s'age-
nouillaient, la tête découverte et, au milieu d'un
cercle recueilli, le prêtre récitait la prière, le bour-
donnement confus des voix lui répondant avec le
bruissement des feuilles de bananiers.

Un grand secours vint au Père Damien en la personne d'un confrère, le Père Albert, comme lui de la Société de Picpus, mais natif de Coutances, tandis qu'il était, lui, originaire de Belgique, parti de Louvain, sa patrie, pour les missions océaniennes dès l'âge de vingt-quatre ans. Le Père Albert, de son côté, avait porté l'Évangile dans l'archipel du nom de Pomoutou, qui forme entre Tahiti et les Gambier une longue traînée d'îlots madréporiques. Brisé par l'âge et la maladie, il reçut des médecins le conseil de s'en tenir aux îles Sandwich et alla se reposer chez les lépreux, dont la direction lui parut chose facile après ses luttes, parfois à main armée, contre les missionnaires mormons qui empoisonnaient son ancien troupeau des plus mauvaises doctrines. Le Père Damien n'obtenant jamais qu'à grand'peine du conseil de santé, la permission de rejoindre son confesseur dans une autre île, — car une fois établi à Molokaï on y reste, — se réjouit pour bien des raisons de ce voisinage inespéré.

Malheureusement, le séjour du Père Albert ne se prolongea pas au delà de cinq ou six ans. Les Pomoutou, délivrés des mormons, le rappelaient, et de nouveau le Père Damien se trouva seul. Le roi, qui cependant n'était pas catholique, lui envoya en gage d'estime la croix de commandeur de l'ordre de Kalakaua Ier. Ce fut un grand jour pour les lépreux, sinon pour leur pasteur, que ce hochet embarrassait plutôt. Des cris d'allégresse retentissaient dans l'air, les femmes pleuraient de joie. Ils sont expansifs et tendres, ces pauvres réprouvés. Rien de touchant, paraît-il, comme l'arrivée du bateau qui amène de temps en temps dans l'île un renfort de population. D'avance, tout le monde est excité jusqu'à la fièvre ; les moins malades courent au lieu du débarquement, qui à pied, qui à cheval, et ce sont des effusions de bienvenue répétée de maison en maison sur le passage du triste cortège.

Certes, le bon cœur de Charles Stoddard compatissait au sort des lépreux, mais il plaignait surtout ce prêtre, prisonnier volontaire entre le ciel et l'eau, presque sans correspondance avec le dehors, bien des gens ayant peur de la contagion que peut leur apporter une lettre. Souvent sa pensée alla chercher le solitaire pendant l'année qui suivit son voyage à Molokaï. Cette année n'était pas achevée quand le Père Damien écrivit incidemment, entre autres nouvelles, que les microbes s'étaient établis sur sa jambe gauche et son oreille. Déjà, et avec raison, il se déclarait perdu. Toutefois, il existait encore quand son ami publia le récit de son excursion à Molokaï, en le datant du jour de la Purification 1886 ; Stoddard était alors professeur à l'Université Notre-Dame (Indiana).

On ne peut s'étonner que le souvenir de cette visite dans un cercle nouveau de l'enfer ait hanté à plusieurs reprises son imagination. Une courte nouvelle, entre autres, *Joe de Lahaina*, nous ra-

mène d'une façon inoubliable au royaume de la
lèpre.

L'auteur avait été retenu par la tempête dans le
petit village de Lahaina, auquel une chanson indigène fait l'allusion suivante, à propos d'une jolie
fille : « Son haleine est plus douce que les vents
si doux qui soufflent sur la vigne en fleur de
Lahaina. » Au milieu d'une de ces vignes, il habitait une maison d'herbe bâtie sur le modèle d'une
meule de foin que des ouvertures quelconques per-
ceraient de quatre côtés, et là un jeune serviteur
soignait son ménage, c'est-à-dire qu'il lui épluchait
une banane ou une noix de coco tout en lui volant
son argent pour s'acheter des habits neufs, pecca-
dille dont il ne faisait d'ailleurs aucun mystère.
L'unique mérite de Joe était une beauté extraordinaire. Son maître, après avoir essayé d'éveiller en
lui la conscience absolument absente, le laissa sur
la plage où il l'avait trouvé. Quelques mois plus
tard, il visite Molokaï et est reconnu par un malheureux épouvantablement défiguré qui l'appelle d'une
voix gémissante : « Ami, bon ami, maître ! » Est-il
possible, serait-ce vraiment Joe l'effronté, l'indomp-
table, l'incorrigible, cet être humilié qui, ne pouvant approcher davantage du maître qu'il a tant
aimé et tant volé, s'agenouille devant la barrière
dressée entre eux et touche la poussière à ses pieds?
Oui! sa vie aura été joyeuse, passionnée, mais
courte; le mal a fondu sur lui avec une rapidité

si terrible qu'il peut s'attendre, plus heureux que
bien d'autres, à la mort prochaine. Et il languit
après Lahaina, et il évoque de chers souvenirs, et
il chante comme autrefois pour son maître qui, à
travers l'obscurité, ne distingue plus, Dieu merci,
cette figure, devenue pareille à celle d'un mons-
trueux reptile. Joe chante, un pied dans sa fosse
béante; d'autres voix lui répondent. La mer se
joint au concert, et le maître retrouvé profite des
ténèbres qui s'épaississent pour fuir, le cœur serré.

Mais où l'horreur de cette reine des épouvantes.
la lèpre, nous apparaît surtout, c'est à la fin de
l'esquisse intitulée : *les Danses de nuit à Waipio.*
Le massage hawaïen, qu'on appelle *lomi-lomi*, et
le *hula-hula*, défendu alors, mais toujours dansé en
secret, y sont peints avec verve. Puis, tout à coup,
en pleine description d'exercices chorégraphiques
qui pourraient porter le nom d'hystérie et qui
durent, sans que par miracle personne en meure,
depuis le lever de la lune jusqu'à l'aube, se trouve
rappelée, — contraste effroyable, — certaine fête
macabre à l'hôpital de Molokaï. Ce ne sont plus là
de belles jeunes filles tordant des hanches lascives
et battant l'air de leurs bras nus dans toutes les
attitudes de la séduction, mais des mutilés, des in-
firmes qui se rassemblent, une fois la nuit venue,
dans la chambre des morts éclairée pour la circons-
tance. Deux ou trois jeunes gens possédant quelques doigts de reste ont retrouvé des airs joyeux

sur leurs flûtes de bambou; des voix qui n'ont plus rien de musical s'élèvent en chœur, et les jambes paralysées à demi de s'agiter dans un croissant délire. La passion de la danse galvanise peu à peu ces misérables; un lépreux à demi aveugle saisit une femme au visage de Gorgone. Excités par leurs efforts mêmes, enivrés de l'odeur quasi cadavérique qui remplit la salle, les couples se livrent à un tournoiement vertigineux; ayant atteint le paroxysme de l'excitation, ils réclament à grands cris le *hula-hula* et en jouissent jusqu'à complet épuisement. C'est avant l'arrivée du Père Damien que fut dansée cette mémorable danse des morts. Son ami ne nous dit pas si le catholicisme a exorcisé la déesse impudique qui préside au *hula-hula* et à laquelle on offre encore de légers sacrifices; mais il affirme que les Hawaïens catholiques sont beaucoup plus pieux que les convertis protestants, trop souvent livrés à la direction d'un clergé indigène.

V

Charles Warren Stoddard a visité, nous l'avons
dit, d'autres terres que les îles de l'Océanie. Son
voyage en Orient a été publié sous le nom de
Mashallah! Il y raconte sa *fuite en Égypte*, et même
certain séjour à Paris au quartier Latin, où Bullier,
qu'il s'obstine à écrire et à prononcer Boullier,
tient un peu trop de place. Qu'on le ramène aux
mers du Sud ! C'est là seulement qu'il peut soutenir
la comparaison avec Loti; c'est là qu'il est tout de
bon chez lui : « O Hawaï ! Hawaï ! Cendrillon parmi
les peuples, poignée de cendres sur un foyer de
corail fructifiant sous le ciel et la rosée d'un été
éternel, comme vous êtes solitaire et comme vous
êtes belle ! Et comme ceux qui, vous ayant connue,
ont dû vous quitter, reviennent vite vous rapporter cet amour qui ne peut être qu'à vous ! »

Il faut lire sa *Croisière sur la mer de corail* avec un équipage que compose à lui tout seul Féfé, âgé de dix ans, et dont le nom est un diminutif d'éléphantiasis! Il faut lire surtout l'histoire de *Taboo*. Le tableau de la *fête Napoléon*, telle qu'elle eut lieu à Papeete le 15 août qui précéda la chute de l'empire, s'y ajoute au récit d'une rencontre fantastique avec le bouffon local, l'idiot sacré, espèce de Caliban qui apparaît, puis s'évanouit, dans l'arc-en-ciel d'une cascade. Il faut lire encore *Vie d'amour dans un lanai*, lequel lanai est l'équivalent hawaïen d'ajoupa, une tente de feuillage où règne le demi-jour verdâtre des grands bois et où s'abritent tous les rêves les plus indolents, les plus suaves, des rêves qui n'auraient rien de particulièrement éthéré s'ils n'étaient filtrés pour ainsi dire par cette fraîche, candide et toujours jeune imagination, idéalisés en outre par un merveilleux talent descriptif. Est-ce bien le mot? Stoddard ne décrit pas la nature, il l'évoque, il nous la fait voir et toucher, respirer et sentir, avec toutes ses vibrations de lumière, de couleur et de parfum.

Ce charmeur raconte son dernier pèlerinage à Hawaï dans un petit recueil de lettres : *Hawaiian life : Lazy letters from low latitudes*. Ce n'est pas là une œuvre d'art complète; mais on y trouve, comme autant de perles négligemment enfilées, des pages bien originales : celles par exemple qui sont consacrées à la prison de Honolulu, l'établisse-

ment le moins triste et le plus confortable du
monde. Nul ne la quitte sans aspirer à revenir « sur
le récif. »

Par habitude, on dit encore d'un condamné qui
subit sa peine : « Il est sur le récif », vu qu'autrefois cette peine consistait à scier le corail pour la
construction des maisons qui sont aujourd'hui en
pierre ou en briques. Honolulu a donc une prison
assez sévère en apparence, mais dans la cour de
laquelle les condamnés censés malades se diver-
tissent à l'ombre, tandis que leurs camarades font
semblant de travailler sur la route en costumes
mi-partie de deux couleurs, ce qui leur donne l'apparence d'un chœur d'opéra.

Le loustic de la prison, qui entretient une
constante gaieté parmi ses camarades, est un ancien
protégé de Stoddard. Jadis, ils allaient à la pêche
ensemble. Kane-Pihi s'appelait alors l'homme-pois-
son; il avait une façon à lui de plonger, immobile
comme un cadavre, jusqu'au fond des flots où il
jetait préalablement une poignée d'amorces. Les pois-
sons dévoraient cela tout en regardant avec curiosité
l'objet considérable tombé au milieu d'eux. Brusquement il enfonçait un coutelas dans le ventre du plus
gros et remontait à la surface dans une flaque de
sang. Et il recommençait plusieurs fois cet exercice.
Il l'eût continué indéfiniment et il eût vécu jusqu'au
bout comme les bêtes, innocent et heureux, si on l'eût
laissé à la nature; malheureusement, c'est ce que les

missionnaires ne veulent pas. Certain évangéliste ambulant arrivé à Honolulu fit, au moyen de meetings
sensationnels, beaucoup de conversions. L'homme-
poisson fut du nombre ; on lui persuada qu'il se
repentait, Dieu sait de quoi ! et il reçut le baptême,

« C'est mon idée, explique Stoddard, que la
modestie des Hawaïens et de toutes les races nues
est supprimée dès qu'on les glisse sous une couver-
ture. Ils endossent le vice comme un vêtement et
avec la connaissance du mal leur en vient le désir.
De sorte que Kane-Pihi, ayant pris des vêtements
étrangers, commença aussitôt à se corrompre. Muni
de quelque bribes d'anglais, il essaya de la ruse
dans les marchés, apprit à mentir un peu au besoin,
et à tricher de temps en temps. Jusque-là, quand il
avait pris ce qui n'était pas à lui, ce n'était nullement pour voler, mais parce qu'il en avait besoin ;
rencontrant l'objet, il mettait la main dessus, sans
se douter que ce fût un péché et prêt à laisser
prendre de même ce qui lui appartenait. Mais à présent, il y avait un nouveau plaisir à s'approprier
illicitement le bien d'autrui, et l'idée du secret
ajoutait à cet acte tout simple un attrait qui n'existait pas auparavant. Des expériences diverses éveil-
lèrent si bien l'esprit du nouveau baptisé qu'il
devint un des pires sacripans de la ville, un de ceux
sur lesquels la police avait l'œil, et sa brillante
carrière fut interrompue par une condamnation
qu'il prit fort légèrement, puis par une maladie qui,

en revanche, le prit d'une façon si sérieuse qu'il en mourut à la fleur de l'âge. »

Le portrait du roi Kalakaua se détache très vivant de ce ces notes au jour le jour. Stoddard l'avait rencontré sur le bateau qui, après sept années d'absence, le ramenait de Californie dans son île bien-aimée.

« Un roi de conte de fées, qui se fait tout à tous, également capable de tenir tête à de joyeux compagnons et de garder dans la salle du trône la majesté voulue. Kalakaua avait passé par beaucoup d'expériences et dès sa jeunesse s'était essayé à tout, même au journalisme en langue hawaïenne. Il lui restait la grâce languide, le fatalisme consolateur, les superstitions heureuses de sa race ; cela était bien dans son sang, et quarante voyages autour du monde n'auraient pas pu l'en dépouiller ; seulement il le montrait moins que ne le fait la majorité de son peuple, ayant mieux appris à déguiser sa vraie nature, capable, par exemple, de dire un jour à Henri Rochefort qu'il était le seul républicain de son royaume, et une autre fois, à Stoddard, que ce qui était avant tout nécessaire aux États-Unis, c'était un empereur. »

L'une des plus jolies, parmi les lettres écrites des basses latitudes, est intitulée : *le Drame au pays des rêves*. L'auteur adore le théâtre avec tout ce qui s'y rattache, à la façon de George Sand. Or, des nombreux théâtres qu'il a connus, celui de Hono-

lulu est le plus théâtral, parce qu'il est le moins
réel. Son directeur se nommait M. Protée (Mr Pro-
teus). Épave de mille aventures, il semble avoir été
digne de ce pseudonyme par ses métamorphoses ;
la dernière fit de lui un lépreux, ou réputé tel, et il
mourut à l'hôpital. Mais alors il était botaniste du
gouvernement et professeur en diverses branches,
tant sacrées que profanes. Quant aux acteurs, ils
avaient tous joué dans la vie des rôles plus extraordinaires que ceux qui leur étaient confiés sur les
planches. Pauvres pierres qui roulent, parties de
tous les coins de l'Amérique et de l'Europe, pour
échouer devant un parterre de Canaques ! Il est vrai
que les loges sont remplies d'uniformes chamarrés
de tous les pays, de toilettes du soir portées par des
dames et des cheffesses de toute couleur. Un tonnerre d'applaudissements accueille la version abrégée
de Shakspeare qui montre Juliette penchée vers
Roméo du haut d'un balcon entouré de palmes naturelles. On a pratiqué tant d'ouvertures pour cause
de chaleur que les papillons, de grands sphinx aux
yeux de rubis et aux ailes tachetées de gouttes de
sang, viennent de tous côtés se brûler à la rampe, à
moins qu'il ne faille ouvrir les parapluies si une
averse s'avise de tomber. Dehors, les marchandes de
fruits, les indigènes couchés sur l'herbe, font un
écho sympathique aux bravos des spectateurs.

Que de tableaux étranges, combien d'étonnantes
figures doivent passer et repasser dans la retraite

paisible où Charles Stoddard s'efforce aujourd'hui, sans y réussir tout à fait, je crois, d'oublier son premier rêve : l'adieu définitif à la famille humaine, la rupture de tous les liens qui l'attachaient au monde, l'étroite intimité avec la nature qui se livre sans réserve à qui lui appartient sans retour! Il ne réalise qu'à demi ce programme à l'université catholique de Washington, un véritable palais, situé hors la ville, près du parc de l'Asile pour les vieux soldats *(Soldiers'home)*, où les voitures circulent comme au bois de Boulogne. Deux cents étudiants suivent dans ce magnifique établissement les cours de professeurs ecclésiastiques au milieu desquels l'*Enfant prodigue de Tahiti* occupe une place exceptionnelle. On me dit que son cours de littérature est fait avec un charme, une grâce, une fantaisie, une liberté qui enthousiasment l'auditoire. Mais il est difficile d'imaginer cet amoureux passionné des mers du Sud emprisonné si peu que ce soit derrière de grands murs, astreint même faiblement à une règle quelconque, et je ne puis penser à lui dans cette incarnation dernière sans me rappeler les vers qui ouvrent la série de ses idylles en prose. En voici le sens, hélas, dépouillé de la magie du rythme et de la couleur :

LE COCOTIER

Jeté sur l'eau par une main distraite, — De jour en jour entraîné par les vents, — Je flottai en dérive jus-

qu'à l'arbre de corail — Dont les branches m'arrêtèrent.
— Le sable s'amassa autour de moi, — Je grandis lentement, — Nourri par le constant soleil et l'inconstante
rosée.

Les oiseaux marins, en bâtissant leurs nids contre ma
racine, — Regardent mon corps frêle sous sa gaine
d'écailles. — Je suis veuf à jamais dans cette solitude.
— Au sein de la mer indifférente tombent et se perdent
mes fruits inutiles. — Je végète sans joie, car nul
homme ne jouit — Des trésors que pour lui je porte.

Que me fait le baiser du matin? — Les âpres brises
me dérobent la vie qu'elles m'ont donnée. — Je mire
dans le flot mon ombre échevelée. — Sans relâche
s'abaisse et remonte ma crête fléchissante, — Tandis que
toutes mes fibres se raidissent et s'épuisent — A faire
signe aux navires qui tardent, — Aux navires qui ne
passent jamais.

Depuis longtemps, ces navires-là auraient dû lui
apporter le succès. Peut-être, cependant, a-t-il
mieux que ce qu'on entend bien souvent par ce
mot assez vulgaire : il a l'appréciation sympathique
de quelques esprits d'élite qui rangent les fantaisies
vagabondes de Stoddard parmi les plus délicieux
morceaux de littérature ayant paru en langue
anglaise.

10

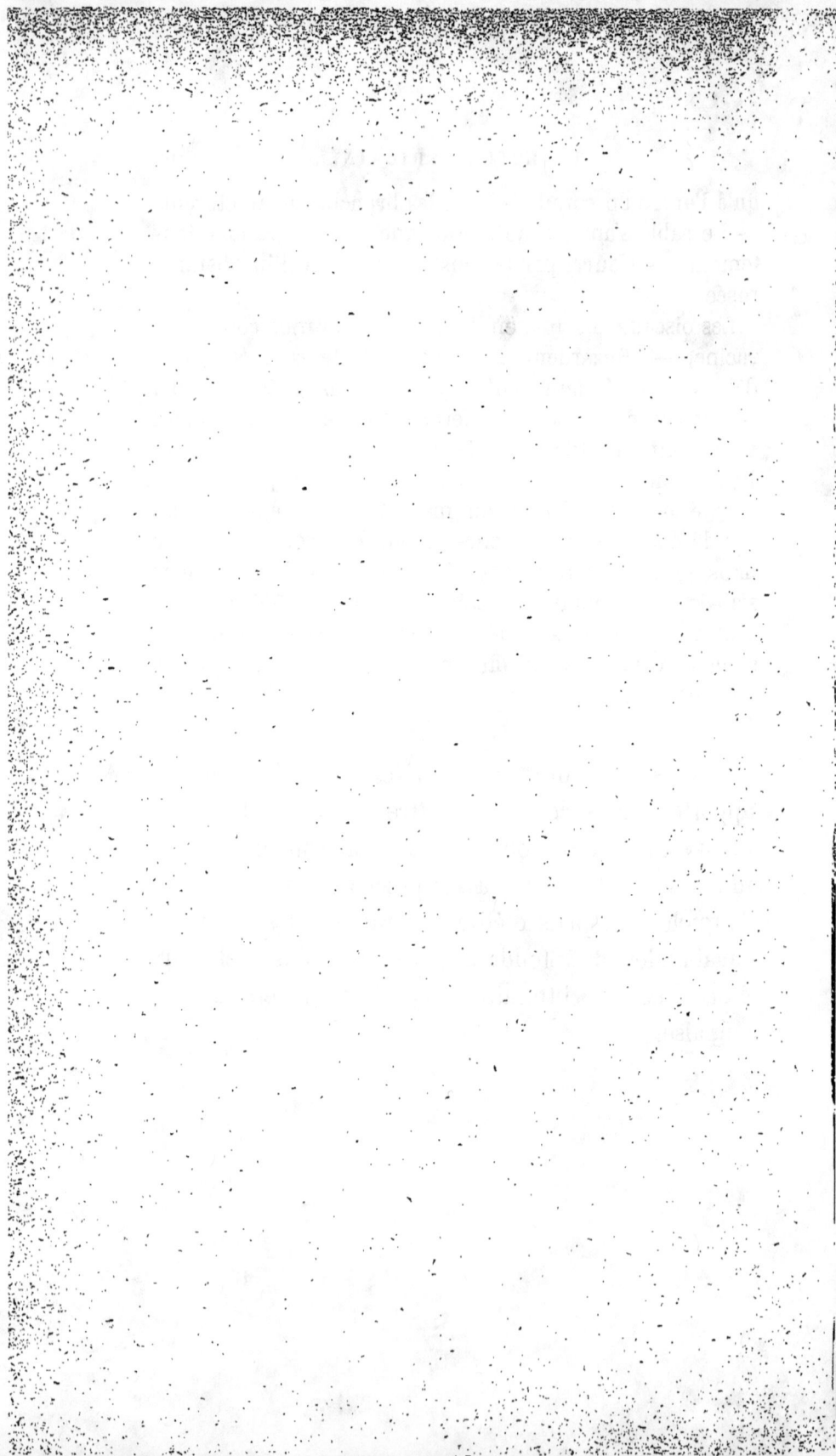

UN MUSICIEN POÈTE

SIDNEY LANIER

Deux génies planent sur la charmante ville de
Baltimore, couchée toute rose, sous un soleil qui est
déjà celui du Midi, au fond de l'immense baie dans
laquelle vient mourir une large rivière ; deux génies
poétiques, l'un plus célèbre encore à l'étranger que
dans sa patrie, tandis que l'autre est presque absolument inconnu en Europe. Leurs noms : Edgar Poe
et Sidney Lanier, l'Ahriman et l'Ormuzd de l'endroit,
le démon de perversité et l'ange de lumière ; celui-là
emporté par des passions morbides qui le condui-
sirent à l'ignominie, celui-ci fidèle au plus pur idéal
dans sa vie, comme dans son œuvre ; tous les deux
marqués par la fatalité, victimes d'une affreuse misère, tous les deux morts jeunes, presque au même
âge, après avoir longuement souffert d'un mal qui ne

pardonne pas. Ils sont à des degrés différents, avec
leurs dissemblances et leurs analogies, la gloire du
Sud américain qui ne peut, on le sait, se vanter
d'une littérature aussi riche que celle du Nord. Poe,
né à Boston, appartient à Baltimore par ses origines ;
Lanier, né à Macon (Géorgie), lui appartient par
adoption. Leurs tombeaux sont là : celui de Poe,
prétentieux et médiocre, dans l'étroit cimetière d'une
église presbytérienne, en pleine rue pour ainsi dire,
puisqu'une grille basse le sépare de Fayette Street,
jadis à la mode, mais devenue depuis un quartier
d'écoles et de petits magasins. L'auteur du *Ver
conquérant*, toujours poursuivi par le sort, ne peut
même dormir dans le calme son dernier sommeil.
Lanier, mieux partagé, repose sous les ombrages du
cimetière de Greenmount, où les amis les plus chers
qu'il eut à Baltimore, M. et madame Lawrence
Turnbull, lui ont fait place dans leur caveau
de famille. Comme me le dit d'une façon touchante
madame Turnbull elle-même : — « Ils sont là
côte à côte, notre ami le poète, qui a laissé
au monde ses belles pensées, et notre petit enfant,
grâce à qui les pensées d'autres poètes sont
répandues dans un cercle où sans doute il eût
exercé une noble influence si la mort l'eût
épargné. » C'est en effet au nom du petit Percy
Turnbull qu'a été faite cette donation qui chaque
année amène, pour traiter de la poésie, un nouveau
conférencier, choisi parmi les plus célèbres, à l'uni-

versité Johns Hopkins. Or, prononcer l'éloge de la
poésie, c'est encore indirectement parler de Sidney
Lanier ; quoi que l'on puisse penser de son œuvre,
il fut par excellence le poète, dans l'acception surhu-
maine de ce titre idéal, non pas seulement un savant
ciseleur de rimes, mais un être d'exception, pénétré
de « la sainteté du beau » et capable de réaliser ce
qu'il souhaite dans sa pièce de *Life and Song*, « que
la vie tout entière ne soit qu'un instrument de
musique où le cœur bat dans le roseau, vibrant de
joie, chantant ses peines, s'exprimant dans les
moindres actes, de sorte que la foule puisse dire :
« Pour lui, chanter c'est vivre tout haut ; travailler,
c'est chanter de ses mains. » — Et jamais chant plus
noble que la vie de Lanier ne s'éleva sous le ciel ;
elle montre, exemple rare aujourd'hui, le combat
d'une volonté invincible, souveraine, sûre d'elle-
même, contre les obstacles réunis, la misère, la
maladie, la mort, tenues en échec par une puissance
supérieure qui ne désarma que quand Dieu le
voulut.

Mon âme est comme la rame qui par moments —
Lutte et succombe sous la vague, — Puis brille de nouveau et balaye la mer. — A chaque seconde je renais
d'une nouvelle tombe.

Et maintenant, après tant d'efforts, il dort, accueilli
par l'amitié, sous un tertre vert, sans monument
d'aucune sorte dans le même champ où blanchissent

10.

les os de la beauté ambitieuse qui fut Elizabeth
Patterson Bonaparte et du citoyen généreux, bienfai-
teur de sa ville, qui par la fondation d'une grande
université immortalisa le nom de Johns Hopkins.

Rien ne reste à dire sur le mauvais génie dégradé,
orageux, désespéré, dont Arvède Barine a exposé,
avec sa maîtrise habituelle, les vices irrésistibles et
les sublimes hallucinations. Il va de soi que le bon
génie divinement enveloppé de vertu et de sérénité
dans des infortunes égales inspirera beaucoup moins
d'intérêt ; le Paradis semble fade au sortir de l'Enfer.
Aussi glisserai-je vite sur les aventures personnelles
de Sidney Lanier ; il me paraît nécessaire en revanche d'insister sur ses théories d'art, dont plus
d'un a profité sans le citer jamais. La tâche est difficile, car musique et poésie se trouvent dans son
œuvre si étroitement enlacées qu'il est impossible
de séparer nulle part la beauté de l'idée de celle du
son ; le livre curieux, mais très spécial, qu'il écrivit
sur la prosodie anglaise, renverse les barrières qui
séparent, au gré du vieux Lessing, la poésie de la
musique. De ces deux arts il fit un seul, et il y
excella, ce qui ne veut pas dire qu'il doive faire
école.

I

Ce fut à la Nouvelle-Orléans, il y a peu d'années,
que j'entendis pour la première fois, je l'avoue à ma
honte, le nom à demi français de Sidney Lanier.
Une de ses admiratrices, surprise de mon ignorance,
me fit lire les *Marais de Glynn*, qui évoquèrent à
mes yeux avec une force extraordinaire les paysages
tout nouveaux pour moi que je venais de traverser.
Je les revoyais, je les admirais, je les comprenais
mieux encore que la première fois, ces grands bois
de chênes verts aux lianes échevelées dont le crépuscule d'émeraude rejoint une plage de sable
précédant le marais. C'est là que l'inspiration est
venue à Sidney Lanier, là sur « la plage grise,
étincelante comme la ceinture même de l'aurore ».
Son âme « tout le jour avait bu dans les nefs de

la forêt l'âme du chêne », et maintenant, affermi
contre les hommes, le poète ose aborder « la longueur, la largeur, la majestueuse courbe des
immenses marais de Glynn ». Ils l'attirent, le fas-
cinent ; je ne crois pas qu'on ait jamais poussé
plus loin le choix des mots qui évoquent les visions
de la nature et qui sont en eux-mêmes musique,
couleur, parfums. Elle nous apparaît « sinueuse au
sud, et sinueuse au nord, cette zone de sable qui
relie la frange éblouissante du marais aux plis de
la terre. » Les lignes se déroulent comme le tissu
d'argent qui drape la sveltesse d'une vierge. S'éva-
nouissant, fuyant, reparaissant toujours, la plage
n'est plus enfin qu'une flaque de lumière vacillante.
« Qu'importe que derrière moi, à l'ouest, se dresse
la haute muraille des forêts? Le monde est à l'orient ;
combien amples le marais, et la mer, et le ciel !
Lieue sur lieue d'herbe drue, aux larges lames,
montant à ceinture d'homme, verte et de taille
uniforme, sans nuances et sans éclat. Elle s'étale à
loisir en une nappe unie jusqu'à la limite bleue. »

— Oh ! qu'est-ce qui se passe au loin dans le marais
et dans la mer terminale, — Que mon âme semble soudain affranchie — Du poids de la destinée, de la triste
discussion du mal, — Par la longueur, et la largeur et
la courbe des marais de Glynn? — Marais, combien candide et simple et libre et sans réserve — Te proclames-
tu devant le ciel et t'offres-tu à la mer ! — Plaines
tolérantes qui souffrez la mer, et la pluie et le soleil, —

Vous vous étendez, vous mesurez l'espace comme l'homme
universel qui puissamment a gagné — Dieu dans la
science, qui tire le bien de l'infinie douleur, des ténèbres la vision et d'une tache la pureté. — Ainsi que la
sarcelle bâtit discrètement sur le gazon aqueux, — Je
me bâtirai un nid sur la grandeur de Dieu, — Je m'en-
volerai dans la grandeur de Dieu comme la sarcelle
vole — Dans la liberté qui remplit tout l'espace entre le
marais et les cieux. — Par autant de racines que l'herbe
des marais en pousse dans le sol de Glynn, — Je plon-
gerai de tout cœur dans la grandeur de Dieu. — A la
grandeur de Dieu ressemble cette immensité—Des marais,
des généreux marais de Glynn. — Et la mer se prête
largement comme le marais : — Voyez, dans son abondance, la mer — Se répand. Bientôt ce sera le flux. —
Voyez, la grâce de la mer se répand alentour — Dans
tous les canaux compliqués qui se dirigent d'ici, de là,
— Partout, — Jusqu'à ce que les eaux aient inondé les
moindres ravins et les plus fins replis, — Et que le
marais soit sillonné d'un million de veines, — courant
comme des essences d'argent et de rose — Dans l'éclat
rosé et argenté du soir. — Adieu, seigneur soleil ! Les
ruisseaux débordent, d'innombrables rigoles se creu-
sent — Entre les brins d'herbe ; les lances des roseaux
s'agitent ; — Un frémissement d'ailes rapide bruit à
l'occident ; — Il passe, tout est tranquille, les courants
ont fait halte — Et la mer et le marais ne sont qu'un.
— Combien calme la plaine des eaux ! — La mer qui
monte est en extase, — La mer est au plus haut — Et il
fait nuit. — Et maintenant de l'Immensité de Dieu, les
eaux du sommeil — Rouleront sur les âmes des hommes.
— Mais qui révélera à notre intelligence éveillée — Les
formes qui nagent et les formes qui rampent — Sous
les eaux du sommeil ? — Je voudrais savoir ce qui nage

dessous quand survient la marée — Sur la longueur et la largeur des merveilleux marais de Glynn.

Traduire des vers est toujours à peu près impossible, mais c'est presque une profanation que de toucher à ceux-ci, qui sont tout de bon une suite de mélodies, mélodies suggestives, délicates, exquisement colorées, avec quelques maniérismes cependant qui défendent de comparer, comme on l'a fait, Sidney Lanier à Beethoven. Il est quand même un grand virtuose, et les chercheurs de nouveauté qui se sont évertués après lui à susciter des émotions musicales doivent reconnaître la supériorité de celui qui fut par profession le plus étonnant joueur de flûte de son époque. Ses poèmes sont naturellement saturés de mélodie ; voilà ce qui le distingue de tels de ses confrères qui essayent à grand effort d'introduire dans la poésie les procédes de la musique. Et il ne faut pas croire que Lanier s'en soit tenu au genre descriptif. Il sait tourner un sonnet :

L'OISEAU MOQUEUR

Superbe et seul sur le panache feuillu — Qui s'élève au-dessus de la masse des branches, — Il résumait les bois en chansons, — Imitant le cri de veille des faucons affamés, le mélancolique appel — Des colombes languissantes quand s'attardent leurs amants — Et tous ces jeux de la passion ailée qui jaillissent, tels qu'une rosée—A l'aurore dans les bocages et les taillis. — Tout ce que faisaient ou rêvaient les oiseaux, cet oiseau le

répétait, — Puis filant comme un trait vers le sol, il
s'élance — Sur l'herbe, saisit une sauterelle, en fait une
chanson — A mi-vol, regagne son perchoir, — se ran-
gorge et revient à son art. — Douce science, explique-moi
cette énigme : — Comment la mort d'un stupide insecte
peut-elle être — La vie de ce coquet Shakspeare là-
haut, — Sur l'arbre ?

Comme les bois de chênes verts et les marais du
Sud, l'oiseau moqueur, ce rossignol d'Amérique,
était pour moi une nouvelle connaissance. Je
confondis dans mes étonnements et mes admirations
le poète et la nature enchantée qu'il peignait, je
m'enfonçai avec délices dans les broussailles emmê-
lées et fleuries, dans les brumes étincelantes du rêve
poétique et du paysage réel, au point de ne plus
bien distinguer l'un de l'autre. Revenue en France,
je parlai à ceux de ses frères, les symbolistes que je
pouvais connaître, de ma rapide et très incomplète
découverte, espérant exciter leur sympathie et leur
curiosité, car il me semblait qu'un poète seul pouvait dignement parler au monde de Sidney Lanier.
Mais une parfaite indifférence accueillit la nouvelle.
Alors, voyant que personne ne s'occupait du chantre
des marais, je me dévouai faute de mieux; j'allai
le chercher moi-même et l'étudier de près à Baltimore, en m'aidant de la lumière jetée sur son
œuvre et sur sa vie par une femme distinguée qui
l'a connu dans l'intimité la plus étroite et qui a
bien voulu mettre à ma disposition ses souvenirs.

II

Cette matinée chez Mrs Turnbull fut intéressante
presque à l'égal d'une entrevue avec Sidney Lanier
en personne, tant sa mémoire reste vivante dans cet
intérieur éminemment esthétique où sont en honneur la musique et la poésie, et où la vie de toute
une famille est construite elle-même à la façon
d'une œuvre d'art. Le héros du roman de
Mrs Turnbull : *A Catholic Man,* n'est autre que
Sidney Lanier ; et le portrait scrupuleusement res-
semblant de cet « homme universel » m'a certes
été d'un grand secours. Le devoir de donner, à
ceux qui n'aiment pas assez et dont les pensées
rampent trop près de terre, le spectacle bienfaisant
et contagieux d'une existence plus haute et moins
aride, voilà pour ainsi dire la moralité de ce livre ;

c'est aussi le but de l'existence de Mrs Turnbull,
bien secondée par son mari. Une pensée de développement intellectuel incessant pour leurs quatre
enfants et pour eux-mêmes possède ces fidèles disciples du poète ; ils y ajoutent le culte d'un jeune
fils disparu, en souvenir de qui la mère a écrit
un autre livre : *Val Maria*, avec cette épigraphe :
Un petit enfant les conduira, opposant le bien que
peut faire une courte et innocente vie, fauchée
dans sa fleur, au mal commis par le plus grand des
conquérants qui a méconnu en lui-même l'image
de Dieu.

Ce joli hôtel de Park Avenue a quelque chose du
caractère d'un temple où rien de profane ni de vulgaire ne peut obtenir accès. Après avoir traversé les
pièces de réception, je suis introduite dans un salon
intime ouvrant sur une salle de musique, et dès le
seuil je rencontre celui que j'étais venue chercher,
le poète représenté par un sculpteur allemand,
Ephraïm Kayser, tel qu'il était en ses dernières
années. Le beau visage, aux traits réguliers et fiers,
est émacié tragiquement par la maladie, la barbe
fluviale ne dissimule pas le creux des joues, les
cheveux, rejetés en arrière sur un front imaginatif,
n'ont plus le mouvement de la santé ; le nez, toujours
accentué, est devenu plus aquilin encore, les yeux
grandis s'enfoncent dans l'orbite décharnée ; toute
cette physionomie ardente et nerveuse est d'une
spiritualité intense ; on dirait une tête d'ascète

11

expirant, un saint Jean-Baptiste prêchant dans le
désert. Par antithèse, Mrs Turnbull a placé non loin
de là un Lanier au corps glorieux passé à l'immor-
talité une fois pour toutes. Il apparaît dans le
tableau symbolique que cette Américaine amie des
arts a commandé à un peintre italien, Gatti, et où
sont groupés tous les génies du passé, du présent et
de l'avenir, ceux-ci perdus à demi dans les brumes
lointaines et comptant parmi eux des femmes en
grand nombre. Cette multitude d'élite, et de tous
les siècles, entoure une montagne que domine le
Christ, et de cette figure du Christ part la lumière
qui éclaire le tableau, répandue brillante sur les
personnages que Mrs Turnbull a fait placer chacun
au rang déterminé par ses préférences. Me montrant
une haute figure drapée qui marche en avant parmi
les poètes de premier ordre, elle me dit : « Voici
Sidney Lanier! » Et comme, tout admiratrice que je
sois des hymnes du marais, je hasardais quelques
objections timides, elle développa cette théorie que
ce qui exalte un homme est beaucoup moins ce
qu'il a fait que ce qu'il aspire à faire. Peu importe
qu'une vie ait été courte, une œuvre peu volumi-
neuse si cette œuvre et cette vie ont suffi à ouvrir
des voies nouvelles à la pensée humaine. Les vrais
poètes sont des initiateurs et des prophètes. Il arrive
que leurs visions, en avance des temps où ils
naissent, ne soient pas pleinement comprises,
fût-ce par eux-mêmes, mais force leur est de trans-

mettre au monde le message dont ils sont porteurs. La gloire vient plus tard.

Il en a été ainsi pour Lanier. Longtemps ses vers furent tournés en ridicule, déclarés inintelligibles parce qu'ils sortaient des formes reçues : déjà, cependant, vers la fin de sa vie, il avait acquis la preuve qu'il pouvait impunément oser, qu'on lui pardonnerait certaines innovations de facture et de rythme, qu'un groupe attentif commençait même à s'y intéresser. En octobre 1881, une réunion commémorative de professeurs et d'étudiants eut lieu à l'Université John Hopkins où furent prononcés d'éloquents discours. Six ans après, une fête encore plus solennelle réunit à Baltimore les délégués de beaucoup d'autres villes. Le buste en bronze de Lanier fut offert à l'Université; sur le piédestal taillé en marbre de Géorgie, se trouvait la flûte du poète et un rouleau de sa musique manuscrite. Ses propres paroles : *Ce temps-ci a besoin de cœur*, étaient tressées dans les cordes d'une lyre fleurie et force couronnes prodiguées en offrande. Nouveaux tributs non moins flatteurs, quand ensuite l'image du poète fut inaugurée à Macon, sa ville natale. Et de plus en plus sont suivies les lectures publiques de ses poèmes faites par sa femme, et une société s'est formée pour étudier son œuvre, ni plus ni moins que celle de Browning. Ouvrant le volume unique qui renferme les poèmes, un petit volume d'environ deux cent cinquante pages, Mrs Turnbull me lut les plus beaux avec une émotion communicative en y ajoutant de très précieux commentaires.

Elle me peignit la vie toute de mérite, de dignité, de privations fièrement cachées que Sidney Lanier avait menée à Baltimore; l'infinie délicatesse avec laquelle il esquivait les offres de service de quelques-amis ; son travail acharné pour gagner le pain de ses enfants dont il fut longtemps séparé, faute de pouvoir suffire aux besoins d'un ménage, séparé par conséquent aussi de la femme qu'il adorait. Et sur ses maigres et incertaines ressources, il lui fallait prélever de temps à autre de quoi se transporter au Texas, dans la Floride ou la Caroline, au soleil enfin, pour y ressaisir le souffle nécessaire. Tout en écrivant des vers quand le lui permettait un labeur rétribué, il apprenait sans relâche, dévoré du besoin de se tenir au courant de toutes les grandes questions contemporaines, très moderne dans ses curiosités, séduit par la science, épris en même temps de philosophie, d'histoire et de philologie, du vieil anglais surtout dont il pénétra les secrets, ce qui donne à sa langue une saveur particulière. A tout cela il apportait la hâte impatiente du condamné qui se sent pressé par la mort. Sans crainte et sans faiblesse cependant, il attendait qu'elle lui versât « le coup de l'étrier », heureux quand même par la musique et assez intrépide pour chanter l'*Obstacle* au lieu de le maudire :

Du chagrin, des ténèbres, des épines, du froid. — Ne te plains pas, ô cœur, car tout cela — Dirige les hasards de la volonté — Comme les rimes dirigent la fougue de l'art.

Je prononce, à propos de son poème le plus célèbre, *Sunrise*, le mot de panthéisme.

— Oui, me dit Mrs Turnbull, panthéiste, il l'était, ces deux vers l'attestent :

> *And I am one with all the kinsmen things*
> *That e'er my Father fathered.*

Et je suis un avec toutes les choses parentes — Dont jamais mon père fut le père.

Mais c'était un panthéisme chrétien.

Et, pour me le prouver, elle indique la dernière strophe du *Cristal*, lorsque, sur le coup de minuit, l'heure où la mort et la vérité se révèlent, le poète découvre que, chez toutes les plus grandes âmes, chez tous les plus grands génies, il y a quelque infir mité à excuser :

> Mais toi, ô souverain Prophète du temps, — mais toi ô poète des poètes, Langue de la sagesse, — Mais toi, ô homme le meilleur parmi les hommes, — Amour le meilleur entre les amours, — O vie parfaite, écrite en une œuvre parfaite, — De tous les hommes, l'ami, le prêtre, le serviteur, le roi, — Quel *si* ou quel *seulement*, quelle tache, quelle paille, — Quel défaut infime, quelle ombre de défaut, — Quel bruit colporté par la haine, — Quelle insinuation lâchée, quel manque de grâce, — Même sous l'étau de la torture, même dans le sommeil

ou dans la mort, — Oh! que trouverais-je à reprendre, à pardonner en toi, — Jésus, bon parangon, ô Christ de cristal?

Et en effet la philosophie à laquelle tournent de plus en plus nombre d'églises protestantes doit accepter cet aveu comme une profession de christianisme, accordant à Jésus d'être fils de Dieu infiniment plus qu'aucun autre des enfants de Dieu, puisque, enfants de Dieu, nous le sommes tous.

Au cours de la ballade si originale *les Arbres et le Maître*, ce panthéisme chrétien s'affirme plus naïvement. Dans les bois, le Maître s'en va épuisé, à bout de forces, et les olives ont des yeux pour lui et les petites feuilles grises lui témoignent de la tendresse, l'épine elle-même lui porte intérêt quand il entre dans les bois. Il sort des bois réconforté, content, réconcilié avec l'opprobre et la mort. On l'arrache à l'ombre des arbres et c'est sur un arbre qu'on l'immole quand il sort des bois. Cette image du ministère qu'exercent les bois à l'égard de Jésus, se laissant consoler par la nature dans son agonie, est nouvelle et touchante. Sidney Lanier était d'ailleurs détaché de toute théologie : il jugeait impies les disputes des hommes à propos de Dieu, sentant pour sa part qu'il n'y a pas de route qui ne conduise à lui. Dans la pièce intitulée *Remontrance*, il s'en prend aux églises qui disent, celle-ci : « La religion a les yeux bleus et les cheveux jaunes, elle est saxonne en tout, » et cette autre : « La religion a les yeux noirs et les cheveux comme l'aile d'un corbeau, tout le reste est mensonge. »

Rien d'un sectaire en lui : il n'est nullement dogmatique, et fustige volontiers l'*Opinion*, voleuse et meurtrière, se glissant partout, dans l'église, près du trône, au foyer, tendant la ciguë à Socrate, sauvant Barabbas pour frapper le Christ libérateur, jetant les vierges aux lions, les adolescents dans la fournaise, allumant les bûchers, soufflant la guerre civile : — Je t'adjure, lui dit-il,

Je t'adjure de me laisser libre de vivre avec amour et avec foi, — Libre de trouver par l'amour de l'amour — La chère présence de mon Seigneur dans les étoiles d'en haut.

Mrs Turnbull a trop de tact pour multiplier les anecdotes au sujet de Sidney Lanier; elle me le montre s'asseyant volontiers à l'heureux foyer où il eut toujours sa place, entrant un soir, sans être annoncé, dans la pièce où nous sommes, vers l'heure qu'on appelle entre chien et loup, pour surgir presque fantastiquement à côté d'elle et de son mari et leur dire de ces choses imprévues, profondes et charmantes dont il avait le secret, que l'on trouve dans sa correspondance, dans tout ce qui a été conservé de lui.

Par exemple, il disait qu'après les objets de première nécessité, à savoir une maison, une femme et des enfants, ce qu'il y a d'essentiel pour l'existence d'un *home*, d'un foyer, c'est la musique, plus

indispensable encore qu'un bon feu, vu qu'on a
toujours besoin d'elle, tandis qu'on peut se passer
de feu la moitié de l'année. Et sa jolie définition :
« La musique, c'est l'amour à la recherche d'un
mot. »

Ajoutons que pour lui l'amour était tout :

When life's all love't is life! — aught else, 't is naught.
Quand la vie est tout amour, c'est la vie! — Autrement
ce n'est rien.

Dans cette causerie avec une personne qui lui
fut dévouée, je recueillis, je crois, l'essence même
de la vie et de l'œuvre de Sidney Lanier. Depuis
j'ai lu l'excellente biographie écrite par William
Hayes Ward et la si remarquable, si abondante introduction aux poèmes de Sidney Lanier par le professeur Morgan Callaway, et les appréciations quelquefois contradictoires de certains critiques tant
anglais qu'américains, et quelques lettres touchantes
du poète à sa femme et ses amis. Si tout cela se
confond dans mon souvenir, je m'en excuse et,
renonçant à indiquer davantage les sources de la
biographie qui va suivre, je me borne à affirmer
qu'elle est fondée sur les documents les plus exacts.

II

Il faut d'abord, pour comprendre Sidney Lanier, écarter toutes les idées préconçues qu'on se fait en Europe d'un Américain. Il n'y a pas l'ombre de yankéisme chez ce fils de Cavaliers.

En remontant le plus loin possible dans sa généalogie, nous trouvons des musiciens : le premier, d'origine française, son nom l'indique, bien que la prononciation anglaise en ait fait *Lenire,* se réfugia huguenot en Angleterre et obtint par son talent la bienveillante protection de la reine Élisabeth. Pour la même raison, Nicolas Lanier fut en faveur auprès du roi Jacques et de Charles Ier. Musicien, il était peintre aussi et ami de Van Dyck, qui fit, dit-on, son portrait. L'aristocratique figure du poëte Sidney eût été digne du même honneur.

11.

Un autre Nicolas Lanier fut, sous Charles II, directeur d'une corporation de musiciens constituée pour le progrès de l'art et dans l'intérêt de l'enseignement. Quatre autres Lanier comptèrent parmi les membres de cette société. Enfin un sir John Lanier, major général, celui-là, à la bataille de la Boyne, laissa l'exemple d'une valeur militaire que son descendant d'Amérique put prendre pour modèle pendant la guerre de Sécession. Brave aussi à sa manière fut Thomas Lanier, qui émigra en 1716 et vint avec d'autres colons s'établir sur une concession de terres où s'élève aujourd'hui la ville de Richmond (Virginie). Le père du poète était avocat, marié à une Virginienne d'origine écossaise. Les qualités de ses aïeux semblent avoir fleuri avec une précoce exubérance chez le jeune Sidney. Sa première passion fut pour la musique. Sans leçons, il jouait de plusieurs instruments. Le violon l'absorbait d'une telle manière que son père, inquiet de le voir négliger pour ce qui lui semblait un simple passe-temps des études plus sérieuses, le lui interdit longtemps. Il se rejeta sur la flûte dont il obtenait des effets étrangement semblables à ceux du violon.

Vers quatorze ans, on le fit entrer dans une petite université de province où il n'eut pas de peine à se distinguer. Ce qui est plus étonnant, c'est qu'il ait trouvé le moyen d'y faire d'aussi bonnes études. Le violon restait cependant son unique plaisir, plaisir presque douloureux, car il lui arrivait après des heures d'étude solitaire de s'éveiller comme d'un évanouissement, brisé de fatigue, couché tout de son long sur le plancher de sa chambre. Il avait honte de lui-même, ses parents, pour mieux réprimer ses goûts, lui ayant persuadé que la musique était indigne des préférences d'un homme. Mais, plus tard, en l'élevant presque au rang de religion, il expia ce blasphème. Muni très jeune des diplômes nécessaires, Sidney devint répétiteur dans son université. Il ne savait pas alors quelle serait sa destinée en ce monde; un cahier de notes au crayon, antérieur à ses dix-huit ans, renferme les lignes suivantes où l'on voit qu'il avait l'orgueilleux sentiment du don spécial qu'il possédait et que l'espèce d'emphase qui a souvent été reprochée à ses écrits lui était naturelle, fût-ce vis-à-vis de lui-même :

« Le point que je voudrais éclaircir est celui-ci : par quelle méthode découvrirai-je à quoi je suis apte, comme préliminaire à la découverte de ce que la volonté de Dieu attend de moi, ou ce que sont au juste mes inclinations, comme prélude à la découverte de mes capacités ? Ce qui me rend surtout perplexe, c'est que le penchant instinctif de ma nature est vers la musique et pour cela j'ai le plus grand talent, je le dis sans m'en vanter, car Dieu me l'a donné, mais enfin j'ai un talent musical extraordinaire, et je sens que je pourrais m'élever aussi haut qu'aucun compositeur. Je ne parviens pas cependant à me persuader que je doive devenir

musicien parce que la musique semble peu de chose
en comparaison de tout ce que je pourrais faire.
Voici la question : Quel est le domaine de la musique dans l'économie de ce monde ? »

Le même cahier porte la confidence de grandes
ambitions littéraires. Mais la guerre ne lui laissa pas
le temps de se consulter. Elle l'emporta dans son
sanglant tourbillon; au premier signal de la lutte
entre le Nord et le Sud, Sidney s'engagea. Dès l'enfance, il s'était cru des goûts militaires. Avec l'en-
train de ses dix-neuf ans il entra dans un de ces
crack [1] régiments, où le dandysme des uniformes et
une disposition générale à la hâblerie avaient cours;
on ne voyait que le plaisir de l'action, il semblait
que tout dût se terminer vite et bien. Des deux côtés
sous ce rapport les illusions étaient égales et des
deux côtés on eut à en revenir. Fédéraux et Confé-
dérés rivalisèrent de bravoure et de ténacité. Cela
dura quatre ans, pendant lesquels Sidney, tout en
faisant son devoir, sentit croître en lui l'horreur
de la guerre dont il n'avait jamais, au temps de ses
fantaisies belliqueuses, soupçonné les abominables
détails. En 1864, il passa cinq mois dans les prisons
de Point Lookout. Là il traduisit en vers quelques
pièces de Herder et de Heine ; il eut tout le temps
aussi de préparer son roman symbolique de *Tiger
Lilies*, qui parut deux ans après et où l'on trouve

---

1. Crack n'a d'autre équivalent que chic.

les souvenirs d'une vie de simple soldat, car il n'avait
été que cela d'un bout à l'autre de la guerre, refusant de l'avancement à plusieurs reprises pour ne
pas quitter son jeune frère Clifford, engagé comme
lui. Clifford, à son tour, lui donna la même preuve
d'attachement. Une étroite intimité exista toujours
entre les deux frères, qui ont écrit en collaboration
des pièces humoristiques du genre que l'on appelle
plantation verse.

Dans sa prison comme dans les camps, Sidney
Lanier était réconforté par la musique ; tout le
temps, — et c'était un sujet d'amusement pour ses
camarades, — il porta sa flûte cachée sous ses vêtements ; elle l'aidait à ne pas sentir les privations et
à s'étourdir sur le mal qui commençait à le miner,
la consomption, contre laquelle il lutta quinze ans de
suite. Le régime des prisons aida au développement
de ce germe qu'il avait hérité de sa mère. Il était de
fait déjà condamné quand, au mois de février 1865,
il regagna sa Géorgie natale, forcé par la misère de
faire à pied la plus grande partie du chemin. A peine
rentré à Macon, une congestion pulmonaire le mit
aux portes du tombeau. Cette fois, cependant, deux
mois de séjour à Point Clear, dans la baie de
Mobile, parurent le remettre ; il vécut au grand air,
dans ces campagnes féeriques posées sur les eaux
comme un mirage et qu'embaument le jasmin, les
magnolias et les orangers. Ce fut peut-être là que,
devant un latanier « déchiré en musique » par le

vent du sud, il trouva la jolie expression de *grief melodious soul*, âme mélodieuse de douleur. Mais il ne s'agissait ni de rêver ni de chanter. Au lendemain de la défaite, tout le monde était ruiné ; Lanier, dès qu'il en eut la force, accepta, avec une bravoure supérieure encore à celle qu'il avait pu montrer sur les champs de bataille, une place de commis dans la ville manufacturière de Montgomery (Alabama). Peu après, il se rendit à New-York pour faire imprimer son roman des *Lys tigrés* trop hâtivement écrit et mauvais en somme, à quelques scènes près, mais où se manifeste déjà son tempérament poétique. On y trouve ce passage sur un sujet qu'il traita toujours avec la plus grande élévation :

« Je suis persuadé que l'amour est la seule corde de sauvetage que nous jette le ciel à nous, les naufragés, échoués dans la vie. Amour du prochain, amour de la femme, amour de Dieu, tous les trois sonnant comme des cloches dans un clocher et nous appelant à la prière qui est le travail. Selon qu'on aime plus ou moins, on est plus ou moins victorieux de la chair et de la mort, et plus nous aimons, plus nous sommes des dieux, car Dieu est amour et, si nous aimions comme il aime, nous serions semblables à lui. »

Cette idée de la toute-puissance de l'amour l'a toujours hanté.

« Par l'amour, et par l'amour seulement, peuvent être accomplies les grandes œuvres qui ne se bornent pas à abattre, mais qui créent ; l'amour, et l'amour seul, est vraiment constructeur en art. »

Elle sait comment il comprit l'amour de la femme, celle à qui fut dédié le poème des sources: *My Springs*.

Au cœur des montagnes de la vie, je connais — Deux sources qui d'un flot incessant — Versent sans relâche leurs ondes brillantes — Dans le lointain lac des rêves de mon âme. — Pas plus grandes que deux beaux yeux, elles gisent — Sous le ciel changeant — Et reflètent tout ce qui est de la vie et du temps, — Sereine et fine pantomime. .

Illuminées d'étoiles caressantes et d'aurores, — Ombragées de fougères, — Ainsi le ciel et la terre sanctifient à l'envi l'un de l'autre — Leurs cristallines profondeurs.

Toujours, quand la forme de l'Amour — Disparaît derrière les tempêtes déchaînées, — Je contemple mes deux sources et j'y vois — L'amour dans sa vérité.

Toujours quand la foi, — Sous le coup de la douleur, expire dans une trop grande amertume, — Je regarde mes deux sources et j'y retrouve — Une foi au sourire immortel.

Toujours, quand la charité et l'espérance — Condamnées aux ténèbres, y marchent à tâtons, — Je reviens à mes deux sources et j'y vois — Cette lumière qui rend libres les prisonniers.

Toujours, quand l'Art d'une aile capricieuse — S'enfuit où je ne l'entends plus chanter, — Mon œil plonge dans mes deux sources et j'y découvre — Un charme qui me le ramène.

Lorsque le travail faiblit, lorsque la gloire me manque de parole — Et que la timide récompense se refuse, —

J'ai recours à mes deux sources, — Et le ciel redevient accessible.

O amour, ô femme, ce sont tes yeux. — Du gris lumineux de ces sources — Coulent les ruisseaux — Qui nourrissent le lac de mes rêves et de ma vie. — Si grands, si purs, si passionnés, — Si pleins d'honneur et de sagesse, — Doux comme un souffle d'expirante violette, — Bien qu'intrépides devant la mort.

Remplis comme un colombier l'est de blondes colombes — De tous les amours d'épouse et de mère, — Amour des pauvres, amour du foyer, amour de la plus haute gloire, — Amour de savoir et d'entendre,

Amour pour ce que Dieu et l'homme — Dans l'art et dans la nature ont créé, — Amour féminin des dentelles légères, — Amour des broderies et des grâces souples, — Amour des bijoux, de toutes les petites choses — Qui composent le cercle de la large vie.

. . . .

Chers yeux, chers yeux, douceur si rarement complète — A la fois du ciel et de la terre, — Je m'émerveille que Dieu vous ait faits miens — Car c'est quand il me frappe [1] que vous brillez le plus.

Cette tendresse profonde, fut vouée, au mois de décembre 1867, à une charmante Géorgienne, miss Mary Day, par ce malade de vingt-cinq ans qui avait déjà dans son passé quatre ans de vie militaire, et seize mois d'un labeur de bureau incompatible avec ses goûts. Il était alors installé à la campagne et avait écrit une douzaine de poèmes qu'on n'eut pas tort de joindre ensuite à ses œuvres plus par-

---

1. Il y a dans le texte *frowns*, quand il fronce le sourcil.

faites ; ils montrent le progrès constant d'un génie
laborieux. Les souvenirs de la guerre l'inspiraient
et aussi les joies de la famille, joies et tristesses,
hélas, car dans ses *Rêves de Juin en Janvier* se
trouve une confession douloureuse. Pourquoi le poète
qui peut rêver la beauté, ne peut-il pas rêver du
pain ? Pourquoi peut-il créer en hiver juin tout
ardent et palpitant, le tirer de la froide matière
de son âme, sans parvenir à transformer cette
même matière en un pauvre pain d'un sou ? Le
miracle s'accomplit à la fin. La fortune lui vient
en dormant :

O ma douce, rêver c'est pouvoir ! — Et je te rêverai
du pain — Et je te rêverai des robes, des diamants —
Cher amour, pour vêtir tes grâces divines !... Venez,
renom, venez, prospérité, et baisez les pieds de mon
adorée.

Ceci veut dire qu'il était quelque peu encouragé
par des amis et par des éditeurs, ce qui l'aidait à
oublier qu'un mois après son mariage, il s'était
remis à cracher du sang et qu'il avait dû retourner chez son père étudier le droit pour le
seconder dans la pratique de sa profession. Si Lanier
n'eût pas alors mis en musique les vers bons ou
mauvais qu'il écrivait, il serait mort d'ennui. Au
printemps de 1870, son état s'aggrava tellement qu'il
lui fallut aller consulter les médecins de New-York.
Là il parut guérir ; il n'est pas difficile de comprendre
pourquoi. Il vivait dans un milieu conforme à ses

goûts, il pouvait se plonger dans les livres dont
Macon possédait un si maigre assortiment. Ce qu'il y
a peut-être de plus admirable en lui, c'est le parti
qu'il sut toujours tirer des occasions si rares qui lui
furent offertes pour élargir le cercle de ses connaissances infiniment variées.

A son gré, l'artiste devait être doublé d'un savant.
Parlant d'Edgar Poe, il dit : « Le malheur est qu'il
ne sut pas assez : il lui eût fallu savoir beaucoup plus
pour être un grand poète ». Lanier oublie qu'à un
grand poète l'intuition peut suffire. Si Poe n'eut pas,
comme lui, le souci de la vérité exacte et scientifique,
ni d'aucune vérité en somme, lui préférant en
poésie, il l'a dit lui-même, le plaisir, du moins
devinait-il ce qu'il ne savait pas, et la vie l'avait
instruit mieux que les livres. Quelques années
d'enfance passées en Angleterre avaient fait de lui un
Anglais ; il s'était assimilé la France et l'Italie sans
les avoir vues autrement que dans sa prodigieuse
imagination ; c'est la richesse de l'imagination qui
manque à Lanier ; voilà pourquoi il tient tant à
l'acquis. Faute de ressources cependant, il dut s'arra-
cher à ses études passionnément poursuivies, quitter
le climat intellectuel qui lui réussissait, retourner
en Géorgie ; là il se remit à tousser. On lui persuada
que sa santé se trouverait bien de l'air du Texas,
mais dans la ville à demi espagnole de San-
Antonio il se sentit, après avoir esquissé un tableau
coloré de l'endroit qui ressemblait si peu au foyer

littéraire de ses rêves, plus malade que jamais.
Pendant cet hiver de solitude il écrivait à sa
femme :

« Ce serait à croire que mon esprit chante le
chant du cygne avant sa dissolution. Toute la journée
il a nagé si vite dans le vaste espace des profondeurs subtiles, inexprimables, poussé par les vents
successifs d'une mélodie céleste ! L'essence même de
tous les chants, chants d'oiseaux, chants d'amour,
chants populaires, chants de l'âme, chants du corps,
a soufflé sur moi en brusques rafales, comme
l'haleine même de la passion... »

Sentant bien qu'il n'avait devant lui que de
courtes années de grâce, Sidney Lanier résolut de se
consacrer à ce qu'il adorait, la musique et la littérature. L'occasion se présentait pour lui d'entrer
comme première flûte dans l'orchestre des fameux
concerts Peabody à Baltimore [1]. Il écrivit alors à son
père, qui insistait pour qu'il continuât à demeurer
auprès de lui, cette pathétique supplication :

« Mon cher père, pensez combien, vingt ans de
suite, à travers la pauvreté, à travers la souffrance, à
travers la fatigue et la maladie, à travers l'atmosphère antipathique d'un collège illusoire et d'une
armée dénuée de tout, sans le moindre rapport
avec le monde des lettres, malgré, dis-je, toutes ces

---

1. On sait quelles admirables fondations fit en Amérique
M. George Peabody pour le développement des sciences et des
arts.

circonstances déprimantes et mille autres que je
pourrais énumérer, ces figures de la musique et de
la poésie sont restées dans mon cœur si fermement
que jamais je n'ai pu les bannir. Ne vous semble-t-il
pas, comme à moi, que j'aie le droit de m'enrôler
parmi les fidèles de ces deux arts sublimes, les ayant
suivis si longtemps et si humblement au milieu de
tant d'amertume ? »

Le père se rendit, consentant à tout ce que son
fils voudrait faire et l'aidant avec générosité dans la
faible mesure de ses moyens. Pendant six ans, Sidney
Lanier garda sa place dans les concerts Peabody ; en
même temps, il envoyait aux *Magazines* des vers qui
choquaient les idées routinières d'un public médiocrement artiste. Comme sa femme s'en inquiétait, doutant parfois de sa vocation, il lui écrivit dans le style
spontanément précieux et alambiqué qui était le sien :

« Je te ferai une confession de foi, te disant en
paroles à toi, mon moi le plus cher, ce que je ne
dis pas à mon moins cher moi, sauf par le sentiment.
Sache donc que ces déceptions étaient inévitables et
qu'il s'en produira d'autres jusqu'à ce que j'aie achevé
de livrer la bataille qui s'impose à tout grand artiste
depuis le commencement des temps... La philosophie
de mes déceptions est qu'il y a trop d'habileté (*clever-
ness*) entre moi et le public. » — Il énumère tous les
génies méconnus qui ont eu le même sort, puis il
reprend : — « Je t'écris ceci, parce que chaque jour
je me représente ma femme se représentant son mari

las, malheureux, découragé, et parce que je ne veux
pas que tu t'affliges sans motif. Sans doute, j'ai mes
peines très aiguës, plus aiguës momentanément que
je ne voudrais le laisser voir à personne ; cependant
je remercie Dieu qui permet qu'une connaissance
chaque jour croissante de lui et de moi-même me
fasse un firmament de bleu imperturbable dans lequel
se dissolvent très vite tous les nuages. J'ai voulu te
dire cela plusieurs fois déjà, mais il n'est pas facile
de s'amener à parler ainsi de soi, même à ce qu'on a
en soi de plus cher. N'aie donc pas de craintes ni
d'anxiétés à cause de moi ; considère toutes mes
épreuves simplement comme le témoignage que l'art
n'a pas d'ennemi plus impitoyable que ce qu'on
appelle le métier [1]. Peu importe que j'échoue ; l'échec
en cette affaire ne signifie pas grand'chose : « Que
mon nom soit flétri, que la France soit libre ! » disait
Danton. Ce qui, interprété pour mon compte, peut
se traduire : « Que mon nom périsse, la poésie est de
la bonne poésie et la musique est de la bonne
musique, et la beauté ne meurt pas et le cœur qui
en a besoin sait la trouver. »

Lanier était alors profondément plongé dans l'étude
de la littérature anglaise, serrant de près les textes
anglo-saxons. Son enthousiasme pour la pensée et les
formes des vieux bardes anglais se montre dans l'in-

---

1. Ce jugement de Lanier est satisfaisant pour ceux qui savent
l'abus qu'on fait en Angleterre et en Amérique du mot *clever-
ness,* résumant habileté et savoir-faire.

troduction au recueil d'anciennes ballades qu'il a
réunies pour la jeunesse et qui composent une partie
relativement intéressante de son œuvre en prose, bien
que ce ne soit, comme *The Boy's Froissart* et *The
Boy's Mabinogion*, qu'un travail d'éditeur. Il fit ainsi
un choix intelligent de nos anciennes chroniques françaises et des légendes galloises de la Table ronde qui,
en s'adressant aux enfants, avait pour but principal
de répandre en Amérique les principes d'une certaine
chevalerie nécessaire dans tout les temps et à tous
les pays.

Au milieu de ces travaux secondaires, quelquefois
bien indignes de lui, mais toujours relevés par la distinction qu'il y mettait—(nous le voyons au mois de
mai 1874, visiter la Floride avec mission de fournir
ce qu'il appelle un *Guide spiritualisé* à une compagnie de chemin de fer), — Lanier parle sans cesse
des deux ou trois heures qui lui manquent pour jeter
sur le papier les poèmes qui remplissent, jusqu'à lui
faire mal, sa tête et son cœur. Durant un séjour chez
son père, il écrivit cependant le fameux poème du
Blé (Corn) qui attira pour la première fois sur lui
l'attention générale.

Il avait été frappé de la désolation d'une certaine
partie de la Géorgie, autrefois consacrée à la culture
du coton, et sur ce thème apparemment vulgaire,
mais qu'il jugeait assez douloureux pour pouvoir être
poétique, fut brodée l'une de ses plus belles pièces.
C'est d'abord un paysage forestier : nous sommes au

fond des bois à travers lesquels tremblent et passent
fugitives des formes brillantes, évanouies aussitôt
dans la verdure, comme les étoiles de l'aube se
fondent dans le bleu. Les feuilles qui lui effleurent
la joue le caressent ainsi que des mains de femme,
les branches enlaçantes expriment en l'embrassant
une subtilité de puissante tendresse, les profondeurs
du taillis exhalent des bruits semblables aux battements d'un cœur. De tous les arbres sortent des
soupirs, les longs et profonds soupirs du printemps
captif qui cherche à s'échapper.

Et le poète prie avec les mousses, les fougères, les
fleurs sauvages qui se dérobent aux regards humains
comme des nonnes craintives, en exhalant vers le
ciel un parfum d'adoration. Il tressaille lorsque
viennent le surprendre des lambeaux de murmure
échappés à des âmes feuillues qu'on ne connaît pas.
Il erre lentement, avec des regards fureteurs qui
montent du miracle compliqué de l'herbe touffue
vers l'espace où s'entrelacent ciel et feuillage si étroitement que le bleu du ciel semble broché sur un ciel
de verdure. Et il arrive ainsi à la barrière en zigzags qui arrête l'irruption véhémente des ronces et
des sassafras s'élançant pour arrêter la marche de
la culture, opposant leurs rameaux et leurs épines
comme autant de piques contre l'armée du blé. Le
blé, c'est le maïs, qui porte en Amérique le nom
générique de *corn* (grain), ce grand maïs indien aux
épis si hauts et si drus qu'un homme pourrait se

cacher derrière eux. Sans faux ni faucille, le poète fait à perte de vue des moissons merveilleuses.

Précédant de beaucoup les premiers de sa troupe, un capitaine géant agite ses glaives formidables au plus vif de la bataille engagée contre le champ par la haie envahissante. Et c'est à lui que s'adresse le promeneur, c'est à cette tige lustrée qui n'avance ni ne parle, qui cependant est pour lui le type même de l'âme du poète conduisant l'avant-garde de son temps et entraînant les timides avec elle. Ame calme, mais haute, aux racines profondes, âme humble, mais riche en grâce et en générosité, âme remplie de douceur comme le sont ses longues veines d'une douceur empruntée aux quatre éléments sauvages et qui s'élève plus haut toujours, au-dessus des mortels, sans pour cela quitter la terre solide et vénérable qui lui a donné l'être.

Tu te tiens debout sur ta tombe future, brave et serein, aspirant d'un souffle ininterrompu la vie que tu puises dans la mort même. Le fruit que tu donnes écrit éloquemment ton épitaphe et tu es à toi-même un monument. Comme le poète, tu as construit ta propre force en distribuant une nourriture universelle tirée en proportions choisies du sol grossier et de l'air vagabond, des ténèbres de l'effrayante nuit et des cendres antiques dont la flamme disparue retrouve en toi une vie plus belle et une plus longue gloire, des blessures et des baumes de la tempête ou de l'accalmie, des débris, des ossements, des racines...

Dans ta vigoureuse substance tu as absorbé tout ce que

t'apportait la main des circonstances. Oui, dans ta verdure fraîche et consolatrice tu as filé l'éclat radieux d'un
blanc rayon tiré tout incandescent du soleil. Ainsi tu
fais agir mutuellement l'une sur l'autre la force de la
terre et la grâce du ciel, ainsi tu coules ensemble l'ancien
et le nouveau dans un moule plus noble, ainsi tu
réconcilies le froid et la chaleur, l'éclat et l'obscurité
et d'autres contraires.

Ainsi, lié par le sang à tout ce qu'il y a de haut et de
bas, tu joues dignement ton rôle de poète, prodiguant les
richesses de ton cœur tant de fois meurtri avec un zèle
égal pour nourrir le seigneur en son palais et la bête de
somme dans son étable, ayant pris à tous pour pouvoir à
tous donner.

Et alors le poète adjure son frère l'épi de regarder
plus loin, de l'autre côté de la vallée : au delà d'un
moulin qui s'écroule, une colline géorgienne découvre
au soleil sa tête aride et ses flancs labourés de cicatrices. Ses enfants l'ont abandonnée, ils la laissent
privée de soins sous les intempéries. Jadis, c'était
l'empire du coton hasardeux, prétexte au jeu et à
l'usure. Sous son règne, chaque champ devint un
tripot d'enfer, le cultivateur étant dupe de spécu-
lations aventureuses, esclaves des banquiers, jusqu'au
jour où, ruiné, il prit la fuite vers l'ouest, laissant
ses champs en friche. Puis, à la fin, Sidney Lanier
compare la montagne devenue stérile au roi Lear et
l'interpelle : « Toi que la divine Cordelia de l'année,
le printemps pitoyable, essaie vainement d'égayer
dans sa morne solitude, souverain découronné qu'au-

cun de ses sujets, homme ou bête, ne réclame, le
grand Dieu cependant transformera ton sort, il te
ramènera aux jours de ta royauté. Des moissons
dorées te couvriront par les soins de quelque cœur
hardi qui, épousant généreusement ta cause, te
soignera, te défendra avec les muscles des temps antiques et les ressources de l'art moderne. »

Dans cette pièce on trouve réunies les caractéristiques de la poésie de Lanier, l'amour délicat et
passionné de la nature, un amour qui pourrait rivaliser avec celui de Wordsworth, à la simplicité près,
une façon de personnifier tout ce qui est d'elle, les
feuilles, les nuages, les vents et jusqu'aux objets les
moins susceptibles de personnification qui, malgré
les absolues différences de méthode, rappelle Walt
Whitman, et enfin et avant tout un choix de mots
d'une justesse, d'une harmonie qu'aucun traducteur
ne pourra jamais rendre.

Ce qui fit la fortune de ce poème du *Blé* ne fut
probablement pas son seul mérite intrinsèque, mais
le choix d'un sujet qui répondait aux soucis du temps.
Quelques admirations particulières très éclairées et
très enthousiastes à la fois vinrent en outre récon-
forter l'auteur, celle surtout de Bayard Taylor, un
poète qui, s'il n'est pas connu en France, est célèbre
en Allemagne par sa traduction de *Faust*, et à qui des
idylles pensylvaniennes, d'intéressantes Orientales,
souvenirs de voyage ou échos du foyer, ont fait une
grande réputation dans sa patrie. Bayard Taylor,

l'homme de goût, au jugement cultivé, qui n'eut qu'une ambition, celle d'emmagasiner la plus grande provision d'expérience que puisse fournir ce monde, accorda d'emblée une estime et une sympathie qu'il ne prodiguait pas, au nouveau poète du Sud, et ce dernier y répondit par une confiance dont témoigne cette phrase navrante : « Je ne puis vous décrire dans quel désert, au sein de quelle famine j'ai vécu !... Peut-être savez-vous que, pour nous autres, de la jeune génération du Sud, presque toute la vie depuis la guerre a consisté à ne pas mourir. »

Sidney Lanier dut à Bayard Taylor d'être désigné pour écrire la cantate du centenaire des États-Unis (1776-1876). Dangereux honneur qui lui attira force déboires. On eut l'imprudence de la publier sans la musique. Ce fut un *tolle* général, l'orchestre n'étant pas là pour mêler la voix des vents et de la mer aux soupirs des Pèlerins que la *Mayflower* transporte vers leur nouvelle patrie, ni pour accompagner d'un quatuor maigre et désespéré dans le mode mineur les cris de misère qui indiquent le débarquement au milieu des horreurs du froid, de la fièvre, de la disette et des vengeances indiennes, ni pour hurler les vociférations de la terreur, de la colère et du crime déchaînées contre la colonie naissante, ni pour souligner le chuchotement sourd, intense et rapide de la patience et du travail, le *crescendo* de l'allégresse renaissante, le *pianissimo* de la prière, l'éclat du triomphe final. Tout cela fut déclaré grotesque, inin-

telligible, par le public américain moins formé
encore à la littérature artiste que nous ne pouvions
l'être en France il y a vingt ans. Lanier souffrit
cruellement de ces critiques, lui qui avait cru écrire
« quelque chose d'aussi simple et d'aussi candide
qu'une mélodie de Beethoven », s'étudiant, dit-il, à
exprimer les idées les plus larges d'une façon qui ne
pût blesser aucune âme moderne, et à concentrer
notamment dans un certain morceau, le chant de
l'Ange, « toutes les philosophies de l'Art, de la
Science, du Pouvoir, du Gouvernement, de la Foi et
de la Vie sociale ! »

Ici s'affirme cette confusion entre la musique et
la poésie que certains amateurs de complications
impossibles ont cherché depuis à acclimater chez
nous.

« J'ai adopté, dit-il, les trochées du premier
mouvement, parce qu'elles forcent à un mouvement
mesuré, sobre et méditatif de l'esprit, et aussi parce
qu'elles ne sont pas conformes au génie de notre
langue. Quand les difficultés cessent et que la terre
apparaît aux Pèlerins comme une unité distincte,
alors je retombe dans nos iambes natifs. »

M. Stéphane Mallarmé a certainement eu un précur-
seur en Amérique, et aussi Verlaine, et tous ceux qui
écrivent en vers des *symphonies*, des *variations*, des
romances sans paroles, des *cantilènes*, des *gammes*.
Sidney Lanier fut un des premiers créateurs de cet
art de rythmes et de syllabes qui doit participer des

deux arts à la fois, et chez lui c'est toujours la musique qui domine. Il le reconnaît lui-même :

« Quelque don que je puisse avoir, c'est un don musical, la poésie étant pour moi une simple tangente par laquelle je m'échappe quelquefois. Je pouvais jouer passablement de plusieurs instruments avant de savoir écrire d'une façon lisible et, depuis, tout le plus profond de ma vie a été rempli par la musique. »

Les railleries des philistins n'atteignirent jamais sa foi intense. Il affectait de dédaigner la critique de son temps, posant en principe que l'artiste doit humblement et amoureusement, sans amertume contre l'opposition qui lui est faite, produire ce qu'il y a de meilleur en lui. « La critique contemporaine n'a-t-elle pas crucifié Jésus, lapidé saint Étienne, traité saint Paul de fou, jugé Luther comme un criminel, torturé Galilée, chargé de chaînes Christophe Colomb, exilé Dante, tué Keats? Milton ne dut-il pas se contenter de cinq livres sterling pour le *Paradis perdu*, Shelley ne fut-il pas méprisé comme un chien immonde? Et combien de sarcasmes prodigués à Gluck, à Schubert, à Beethoven, à Berlioz, à Wagner ! » S'en remettant comme eux à la postérité, Sidney Lanier continuait de travailler, le plus souvent seul à Baltimore, jouant de la flûte aux concerts Peabody et produisant, quand il le pouvait, ses poèmes qui parurent réunis une première fois en 1877.

12.

Parmi eux se trouvent quelques-uns des plus célèbres : *le Blé, la Symphonie, Dans l'absence, Moralités des roses (Rose Morals), Prière spéciale (Special pleading)* et *Le Psaume de l'Ouest.* Ce *Psalm of the West* célèbre les noces de l'Adam vigoureux des terres nouvelles avec la Liberté, une seconde Ève qui derechef lui apporte la connaissance du bien et du mal. Toute l'histoire de la grande République, depuis ses commencements, entre dans un chant interminable pour lequel Sidney Lanier a forcé sa voix, s'élevant jusqu'au genre épique, mais tombant en même temps dans le genre ennuyeux.

Sa santé devenait de plus en plus mauvaise et, l'automne de cette année-là, les médecins lui dirent qu'il ne verrait pas le printemps suivant, s'il ne se décidait à aller chercher un climat chaud.

Au milieu de décembre, Lanier gagna donc Tempa en Floride, et il trouva un grand soulagement à vivre auprès de sa femme bien-aimée dans ce pays quasi tropical. Au mois d'avril, il retourna en Géorgie où les siens souhaitaient toujours de le retenir, mais la musique et les lettres le rappelaient à Baltimore ; il reprit sa place aux concerts Peabody et joua encore trois hivers de suite. En même temps, il faisait des conférences à un public restreint sur la poésie de l'époque d'Élisabeth. Grand succès, mais peu d'argent ; ceci le conduisit cependant à l'une des dernières et des plus grandes joies de sa vie. Le président Gilman lui offrit de le char-

ger d'une série de conférences sur la littérature
anglaise à l'Université Johns Hopkins. C'était le premier salaire fixe qu'il eût reçu depuis son mariage :
la sécurité qui s'ensuivit pour lui, le plaisir d'aborder un auditoire nombreux et bien préparé, sembla
galvaniser ce mourant. Il s'acquitta triomphalement
de sa tâche, et le cours excellent qu'il fit sur la prosodie durant l'hiver de 1877, parut en volume
l'année suivante, sous le titre de *The Science of
english verse.*

En traitant à fond le sujet de ce livre je m'expo-
serais au reproche que Lanier fit à presque tous les
critiques de son pays qui, faute de connaissances
spéciales, n'y avaient presque rien compris. Il parlait
des plus bienveillants avec indignation :

« Neuf sur dix, s'écriait-il, sont partis de cette
théorie générale qu'un livre sur la prosodie doit
être un recueil de règles pour faire des vers, et
cependant aucun d'eux n'irait s'imaginer qu'un livre
sur la géologie fût nécessairement une collection de
règles pour fabriquer des rochers !... Autant confondre tout de suite l'ouvrage de Huxley sur l'écre-
visse avec un manuel de cuisine ! »

Il s'étonnait avec grande raison de trouver chez
les gens qui écrivent une certaine appréhension du
danger d'en savoir trop sur les formes de l'art. Un
de ses amis, haut placé dans la littérature, lui avait
dit : « Quant à moi, je préfère continuer à écrire
des vers par instinct. — Quelle illusion ! réplique

le poëte. Quelle illusion de croire que nous fassions une chose instinctivement parce que nous la faisons sans système, sans école ! Mais il n'y a qu'à réfléchir une minute pour voir qu'il n'y a pas eu un seul vers écrit par instinct depuis le commencement du monde ! »

Le bon sens qui s'alliait chez Lanier à l'exubérance poétique se montre ici. Selon lui, et il a mille fois raison, le poëte qui craint qu'un excès de technique n'arrête chez lui la spontanéité, confesse sa propre faiblesse. Le vrai génie est toujours avide de formes nouvelles, il ne pense qu'à élargir son savoir, car en réalité l'artiste digne de ce nom ne travaille jamais dans l'espèce de transport, d'enivrement que suppose le public. Une partie considérable de son œuvre consiste dans la sélection des idées; elles se pressent en lui et il doit choisir. Au plus fort de l'inspiration il lui faut conserver le calme d'un dieu afin de rester jusqu'au bout maître de son art, sans être maîtrisé par lui. Les grands acteurs savent bien cela.

Fidèle à ses principes, Sidney Lanier, dans la *Science du vers anglais*, donne les aperçus les plus vastes et les plus complets de la forme poétique sans les ériger en loi, car, dit-il comme conclusion, — « pour l'artiste en vers il n'y a pas de loi, la perception et l'amour de la beauté constituent tout son équipement, et ce que j'ai exposé n'est fait que pour élargir cette perception, pour exalter cet amour. Il faut dans tous les cas en appeler à l'oreille, mais l'oreille doit être dans ce dessein cultivée autant que possible. »

Selon le jugement des versificateurs que j'ai pu consulter, la méthode présentée par Sidney Lanier pour régler scientifiquement les lois de la prosodie anglaise serait une trouvaille. En voici le résumé : Il remplace les signes et les chiffres conventionnels par des notes de musique. Une longue devient une noire et une brève devient une croche. Le système est singulièrement ingénieux, parce qu'il admet des pauses et des demi-pauses chaque fois que le sens et le sentiment de la phrase demandent un arrêt. Il scande les vers en mesures musicales de notes et de pauses rythmées, changeant le nombre de ces signes pour les adapter au nombre de syllabes, mais gardant la valeur de durée de chaque mesure. Le vers héroïque de cinq pieds, le pentamètre devient une phrase de cinq mesures à 3/8, et l'iambe, au lieu d'être une brève et une longue, devient une croche et une noire. Là où deux syllabes non accentuées se suivent, il met deux croches ou deux demi-croches ; là où la syllabe manque, il met une pause. J'ai vu un intelligent professeur, désireux de faire sentir aux Parisiens, dans un cours populaire, les nuances et le chant de la prononciation anglaise, goûter très fort cette méthode.

— Le vers, dit Sidney Lanier, dépend de la capacité de l'oreille pour saisir les nuances et le retour régulier de certains sons. La nuance de ces sons s'appelle diapason, la qualité s'appelle timbre, la durée s'appelle rythme. Or le rythme est une loi universelle qui régit toute la musique, qu'il s'agisse d'une phrase parlée, ou chantée, ou récitée, ou simplement exprimée par les battements de mains du nègre qui scande silencieusement un air de danse. Le rythme du vers n'est autre chose que la mesure d'une musique. L'intimité étroite existant entre les deux arts fait que le meilleur moyen d'expliquer un vers est de le réduire en notes musicales; la qualité ou nuance décidera du son, la mesure en sera le rythme. Ainsi scandés, bien des vers, harmonieux d'ailleurs, mais ne pouvant être comptés par longues et brèves, déclarés à cause de cela irréguliers ou mauvais, deviennent absolument corrects et d'une beauté très originale, la pause en arrêt donnant le pied qui semblait manquer et remplissant le vide fait instinctivement par le lecteur. Ces arrêts sont très fréquents chez les grands poètes et dans les ballades, dans les chansons populaires. Ils existent dans la conversation, où l'on s'arrête pour soupirer, pour sourire, pour s'étonner, pour s'indigner.

Tout ceci semblera intéressant et clair, même aux ignorants. Suivre l'auteur à travers les preuves qu'il accumule, rendre les divisions et les subdivisions de ses mesures et de ses dictées musicales serait difficile, mais je m'appuie, je le répète, sur l'opinion de juges très compétents pour admettre que sa façon de scander, — en ce qui concerne la pro-

sodie anglaise, — est infiniment plus simple et plus
poétique, tout en étant plus scientifique, que l'emploi des longues et des brèves latines ou des chiffres.

Ce n'est pas cependant l'avis de tous. M. Stedman,
l'un des critiques qui en Amérique ont le plus d'autorité, fait observer, en parlant des formules poétiques
de Poe comme de celles de Lanier, que ces formules
de poètes sont toujours modelées sur les capacités
de leur inventeur, et que Lanier, pour ne parler que
de lui, n'a pas échappé au danger de se laisser aller
à des improvisations de virtuose vagues, faciles et
rêveuses, à d'interminables *récitatifs*. Il l'accuse,
au milieu de grands éloges, d'avoir essayé de
rendre par des mots ce qui n'est possible qu'à la
gamme. Très probablement, comme le dit M. Stedman, Lanier aurait fini par appliquer non seulement
la mélodie, mais l'harmonie et le contrepoint aux
usages de la poésie, « les deux arts atteignant en lui
leur conjonction extrême ».

Il se surpassait toujours comme flûtiste, et cela
en dépit de la fièvre qui, au printemps de 1880,
l'avait saisi avec violence pour ne plus le quitter.
En vain essaya-t-on une fois encore du changement
de climat ; pendant un dernier et mortel hiver, il
réussit à poursuivre ses conférences, sa femme lui
servant de secrétaire, car il ne pouvait plus écrire.
Le thème qu'il se proposait était le roman anglais
et son développement, mais une tendance naturelle
à élargir les sujets fit qu'il traita en même temps du

développement de la personnalité humaine, montrant ses progrès depuis le drame antique où l'on peut déjà découvrir le germe de ce que nous appelons le roman, jusqu'à nos jours où l'exagération de l'identité personnelle, les différences entre homme et homme, la diversité, la complexité croissante du *moi*, ne pouvant plus être exprimées par les formes anciennes, se sont épanchées dans un genre nouveau. En guise d'illustration à cette enquête sur les raisons de la prépondérance actuelle du roman, enquête poursuivie d'Eschyle à George Eliot, à travers la Grèce, la Renaissance, Shakespeare, Richardson et Fielding, jusqu'à Dickens, jusqu'à la femme éminente qu'il considère comme le plus grand des romanciers modernes, Lanier lisait des passages choisis chez les différents écrivains ; et je ne crois pas qu'on ait jamais commenté avec plus de profondeur et plus de goût *Amos Barton* et *The Mill on the Floss, Daniel Deronda* et *Adam Bede*. Chose merveilleuse que ce poète, si prompt en apparence à se laisser absorber par les éléments extérieurs, soit en même temps un critique si fin, si pénétrant.

Ni vague ni indécision dans le fond de ses jugements ; et leur expression aussi est d'une netteté irréprochable, soit qu'il démontre l'inanité de la désignation de « roman expérimental » appliquée à l'œuvre de M. Zola, soit qu'il ose décocher ce trait au divin Emerson, « si sage qu'en trouvant la sagesse il se perd quelquefois lui-même », soit qu'il se dise invité par Swinburne, à un festin où les plats étaient d'or et d'argent, mais ne contenaient que du poivre, soit que, tout en rendant justice à l'influence vivifiante de Walt Whitman qui l'a toujours rafraîchi « à la façon d'un jet salé d'écume marine », il expose tout ce qu'il y a de *dandysme à rebours* dans la chemise ouverte et les bras musclés du colosse.

« Whitman, dit-il, est le boucher de la poésie, il nous sert de grandes tranches crues, et le cartilage avec, pour nourrir nos âmes. Autant que je puis m'en rendre compte, l'argument de Whitman paraît être celui-ci : puisque la Prairie est vaste, la débauche est par conséquent admirable et, le Mississipi étant très long, par conséquent aussi chaque Américain est un Dieu. »

Sidney Lanier devait faire cette année-là vingt conférences ; il en réduisit le nombre à douze, car sa faiblesse était devenue telle qu'on pouvait craindre chaque fois qu'il ne rendît le dernier soupir dans la voiture qui le ramenait chez lui. Sur son lit, il crayonnait cependant les dernières strophes de son chef-d'œuvre, la plus belle des hymnes du marais, évoquant ainsi, devant ses yeux qui allaient bientôt se fermer, le spectacle que lui avait tant de fois donné le lever du soleil *(Sunrise)* :

Dans mon sommeil je désirais leur présence, j'avais soif — Du chêne vert, du marais et de la mer, — Les petites feuilles vertes ne me laissaient pas dormir en

13

repos. — Un parfum s'éleva des marais. — Une invite à
la marche, vers les vastes horizons, — Mêlée à la folle
brise de la mer qui soufflait, — Vint entre les feuilles
ployées qui bruissaient, — Vint jusqu'aux portes du
sommeil. — Alors mes pensées, au fond du noir donjon
— Du château des captifs caché dans la ville du Sommeil, — Sursautèrent, s'assemblant par deux et par
trois. — Les portes du sommeil se mirent à trembler
— Ainsi que les lèvres d'une amante qui balbutie le
oui, — En frémissant de bonheur. — Les portes du
sommeil s'ouvrirent toutes grandes. — Je me suis
éveillé, je suis venu, mes bien-aimés, je n'ai pu
résister ; — Je suis venu avant l'aube, ô chênes verts,
mes bien-aimés, me cacher — Dans vos ombres
évangélisantes ; me voilà — Comme un amant en son
paradis ; le marais m'appartient et la mer est à moi.

Dis, arbre au corps d'homme, à l'écorce rugueuse, —
que mes bras embrassent dans la nuit, sais-tu — De
quelle source viennent ces larmes qui coulent à tes
pieds ? — Elles ne viennent pas de la raison, mais de
profondeurs plus inconséquentes. — La Raison ne pleure
pas. — Quelle logique de sympathie existe entre les
chers arbres, supérieurs à toute beauté, et la pluie de
nos yeux ?

O malignes feuilles vertes, mignonnes artistes ! vous
qui éclairez — Le fond terne de l'ombre de vos ombres
lumineuses qui massent — Sur le noir vague de la nuit
des dessins et des plans — Ainsi. — Oh ! si je savais,
si je pouvais savoir ! — Avec vos questions brodées sur
l'obscurité de la question de l'homme — Et vos silences
dessinés sur le silence de l'homme — Pendant que son
appel vers les morts, pour savoir, reste sans réponse, —
Sans réponse. — Ainsi vous m'avez tracé — Des dessins
dans la nuit de notre science — Oui, vous m'avez

enseigné — Que peut-être savons-nous un peu plus
que nous ne croyons savoir.

Vous qui soupirez, qui chuchotez, qui chantez dans
les orages, — Consciences qui semblez murmurer des
prières connues, — Consolatrices pour les passions qui
font pleurer, — Amicales, fraternelles, amoureuses
feuilles, — O versez sur moi, de vos ombrages où je
m'abrite, — Les vérités que vous recueillez des brises
qui me font souffrir — Pénétrez-moi de... — Ces senteurs des bois qui m'apportaient naguère un souffle
rapide, — Senteurs de la rive céleste au delà du fleuve
de la mort. — Apprenez-moi les termes du silence,
enseignez-moi — La passion de la patience. — Interro-
gez-moi, criblez-moi, — Et tandis que, suspendues,
vous tournez vers le ciel des myriades de mains, —
Priez pour moi des myriades de prières.

o o o • o • • • • • • • • • • • • •

Vénérable marais qui rampes près de la mer, — Vieux
nécromant, plongé dans l'Alchimie, — Toi qui distilles
le silence, — Vois — Ce que nos pères auraient donné
leur vie pour connaître. — Le dissolvant qui peut tout
dissoudre, — toi, — Tu l'as trouvé : car ce silence qui
remplit maintenant — La voûte éclairée de l'espace... —
Ceci résume tout : l'homme, la matière, le doute, la
disgrâce, — La mort, l'amour, le péché, la raison. —
Tout doit se trouver dans la claire solution du lointain
silence. — Trop claire : qui peut lire dans ce néant de
cristal ? — La nuit la plus noire nous donnerait plus
de lumière. — Pourtant de précieuses qualités de silence
planent — Autour de ces vastes bords, prêtes à servir.
— Ah ! si ton âme étouffe faute d'espace, — Si elle
souffre d'abaisser ses aspirations au niveau de celles
d'autrui — Par besoin de sympathie ; si tu désespères
de trouver — Un homme à l'esprit assez large, assez

libre de ressort — Pour comprendre le Nouveau de tes
paroles et de ton être, — C'est ici, c'est ici que tu peux
ouvrir ton cœur — Et le laisser s'épancher en liberté,
s'épancher en liberté — Devant l'étendue des marais,
dans la libre solitude de la mer.

Voici la marée haute : le marais, aux ruisseaux débor-
dants, — Reluit, labyrinthe limpide et plein de rêves.
— Chaque petite baie arrondie paraît dormir, enchantée,
— Et contient tout un poème d'étoiles du matin. Le
ciel — Brille faiblement éclairé par une seule voie
lactée, — Le marais en a dix agrafées sur son sein. —
Oh! si un son se produisait ! — Si un mouvement
venait mettre en jeu — Cet arc tendu de beauté et de
silence ! — Je crains, je crains de voir ce dôme de lueurs
diaphanes — Se briser comme une bulle trop gonflée
dans un songe. — Ce dôme de fragiles tissus d'espace et
de nuit — Trop chargé d'étoiles, trop rempli de lumière,
— Trop nourri de beauté et de silence, disparaître —
Ainsi qu'une image de rêve qui s'évapore, — Si le
moindre choc vient effleurer sa grâce, — Le moindre
bruit, le moindre geste.

Mais non, c'est fait, écoutez! Quelque part, là-bas,
mystère ! — Où ? Dans les feuilles ? Dans l'air ? Dans
mon cœur ? Un mouvement se perçoit ; — C'est un élan
de l'aurore, comme le reflet d'une ombre sur l'ombre.
— On le sent dans les feuilles : un léger bruissement
tumultueux — Passe à travers les bois ; les petits
oiseaux, se parlant doucement, — Se sont dit qu'on
attend le maître, puis ils se sont tus: — Mais mon
cœur et l'air et la terre frissonnent. — Voyez ce canard
sauvage qui vogue au tournant de la rivière, — Voyez,
le frémissement passionné — De l'attente fait onduler
les tiges — De l'herbe des marais, en vagues et en
ombres fugitives, — Et des ailes invisibles, d'un vol

rapide, d'un vol rapide viennent battre — Dans l'ombre
au-dessus de ma tête, ainsi que bat mon cœur ; et d'un
mouvement ferme et libre — Le reflux descend du
marais à la mer. — Disparaissez, petits ruisseaux, avec
vos brassées d'étoiles et de rêves ! Et un invisible gabier
hisse... La voile qui flotte joyeuse. — Regardez dans
l'Orient ! L'Orient s'est dévoilé, l'Orient a laissé paraître
— Une rougeur ; elle meurt, elle revit : elle meurt
avant que l'Occident — Ait pu la voir : non, elle reste,
elle dure : — Attention, doux ciel ! C'est l'Aurore !

Puis une vision de flamme à travers cette vision de rose
se déroule — Et monte jusqu'au zénith ; c'est un dôme
d'or mat — De la forme d'une ruche, qui s'élève de la
mer. — La ruche est d'or mat, mais oh ! l'Abeille, —
l'Abeille nourrie d'étoiles, l'Abeille faite de feu, — Tout
en or éblouissant est la grande Abeille, le soleil — Qui
va venir projeter ses rayons de la ruche sur la mer.

Et maintenant la rosée et le gris du matin — Vivront
leurs petites vies transparentes et modestes — Jusqu'à ce
que leurs âmes s'exhalent à l'approche du soleil ; —
Maintenant chaque mignonne sphère de rosée — Contient
toute l'image du matin reflétée — Comme dans la grande
sphère bleue du ciel ; avec ses autels illuminés, — Ar-
gentés jusqu'aux bords lointains de l'Océan, — Le marais
apparaît consacré — Au culte du matin. Paix à l'inter-
règne — De la Vierge Matin, mère suave et bénie, —
Dont la pensée tout entière est à la paix, à l'Enfant...

Artisan né dans la pourpre, Chaleur ouvrière, — Toi
qui sépares les atomes passionnés qui s'efforcent — Et
cherchent à s'entremêler dans la froide mort de l'unité,
hôte intime, — Convié au mariage des éléments, compagnon des publicains, — Roi sacré à la blouse de
flamme, qui flânes sur nos têtes — Par les cieux paresseux et qui cependant travailles sans cesse, — Toi, qui

de la forge du tonnerre et des battements — D'un cœur
d'homme es le grand moteur... — Artiste, dont la mer
là-bas nous montre les travaux, — Dans le vert du
rivage et les multiples bleus du large, — L'éclat des
perles, les nuances des coquilles et tous les tons — Devant
lesquels pâlit le teint des jeunes filles. Le lis et la rose
— Confessent ta puissance, et chaque flamme qui brûle
— Au sein virginal des pierres scintillantes, — Tout
vient de toi, tout vient de toi. —

Magicien des orages, soit que tu chasses les vents en
rondes éperdues — Ou que tu fasses voltiger les subtiles
essences polaires qui tourbillonnent — Autour de l'ai-
mant de la terre, toi dont le cœur est un ouragan —
Déchiré de disputes, bariolé de questions, souvent —
Divisé de part en part, et cependant toujours une sphère
lumineuse — Toujours l'artiste, toujours trop grand et
trop éclatant — Pour l'œil humain : Être multiple, —
Il me faut quitter la face du Soleil. — La vieille misère
s'éveille et s'agite, ses rides sont pleines de menaces; —
Le travailleur doit aller à sa besogne dans la terrible
ville, — Mais je ne crains pas, non je ne crains pas le
plus dur labeur, — Je suis fort de la force de mon seigneur le Soleil...

. . . .

Oh! jamais la houle de la mer — Du commerce ne
pourra te cacher, — Ni la fumée aux teintes d'enfer des
usines — Te cacher, — Ni les miasmes de la fange politique du jour — Te cacher. — A travers la nuit mon
cœur gardera ton image — Et le jour mon esprit ayant
éprouvé ton secours — Travaillera en paix à son art,
jusqu'à ce que là-haut, à tes côtés — Mon âme aille
flotter, Ami Soleil, — Quand la journée sera faite.

Inspiration inégale sans doute, variations décou-
sues sur un thème flottant, et çà et là trace de gali-

matias: mais quelle ampleur, quelle précision aussi,
bien souvent, dans les images ! Comme on reconnaît
l'observateur attentif et scrupuleux de la nature !
Ajouterai-je que la pensée de ce symboliste, encore
qu'elle soit exprimée en anglais, n'est jamais pour
nous inintelligible autant que peut l'être parfois celle
de ses confrères de France; et quel coup d'aile vers
des hauteurs où la plupart d'entre eux ne s'élèvent
jamais ! Sans parler de ce qui ne peut être rendu :
la beauté intrinsèque des mots que les plus habiles
sertisseurs de joyaux en ce genre — nous en avons
pourtant et de premier ordre — pourraient lui
envier.

Sa journée était faite, son âme délivrée allait,
selon le dernier vœu qu'elle exprima, monter vers le
soleil. Dans les montagnes de la Caroline, sous une
tente où l'on appliquait le système du campement,
préconisé en Amérique, à un état désespéré, il expira,
le 7 septembre 1881, entre les bras de sa femme
seule auprès de lui [1].

---

1. Le fidèle serviteur nègre de Lanier a prononcé inconsciem-
ment son oraison funèbre : « Dieu, dit-il, lui avait enseigné la
chose qu'il faisait. » Et Mrs Turnbull a commenté, dans un
petit poème in *Memoriam*, ces simples paroles.

III

Et maintenant Sidney Lanier aurait-il gagné à vivre davantage? N'a-t-il pas, dans sa carrière incomplète et brisée, donné tout ce qu'on pouvait attendre de lui? L'opinion sur ce point diffère du Nord au Sud; question de clocher. Le Nord n'admet pas qu'on oppose les Poe et les Lanier aux Longfellow, aux Whittier, aux Lowell, tandis que le Sud compare sans hésiter l'auteur de *Sunrise* et de *Corn* à Keats et à Tennyson. Ici l'exagération est manifeste.

Quoiqu'il puisse y avoir entre Tennyson et Lanier des traits de ressemblance en matière de technique, quoique le lyrisme de Lanier puisse rappeler quelquefois celui de Keats, il semble bien imprudent de prononcer avec le nom de ce mélodieux chanteur celui des grands poètes anglais. En revanche, Sidney

Lanier atteint souvent à la hauteur des grands poètes
américains et, de même que Walt Whitman, il est
beaucoup plus poète, dans le sens absolu de voyant,
de devin, de trouvère que certains astres réputés
de première grandeur. La différence, c'est que le
génie de ceux-ci brille d'un éclat fixe et soutenu,
tandis que le sien ne donne que des lueurs intermit-
tentes. Au moment où il s'élance le plus haut on
dirait qu'une flèche arrête brusquement son essor
et le fait retomber blessé. C'est en effet ainsi que la
maladie le frappait. On sait quelle lutte elle livrait
chez lui à la puissance de l'esprit, et rien n'est pathétique comme cette chute d'Icare. Mais il reste une
pluie diamantée de beaux vers, d'images grandioses
ou gracieuses, d'expressions trouvées dont on com-
poserait la plus exquise des anthologies. Le *Chant
de la Chattahoochee*, par exemple, peut passer pour
un chef-d'œuvre de poésie euphonique imitative.
La fuite de cette petite rivière géorgienne au nom
indien, la caresse de ses ondes aux herbes et aux
roseaux qui lui crient de rester, les tendres promesses
d'ombre que lui font les arbres inclinés au-dessus
d'elle, les prestiges des cailloux brillants comme des
gemmes qui veulent éblouir la fugitive, tout a la
grâce de la mélodie qu'en écrivant le poète musicien
se chantait à lui-même. Elle court cependant, la
Chattahoochee, les voix du devoir le réclament pour
travailler en bas, puis pour se confondre avec la mer.
Les champs desséchés brûlent, les moulins veulent

tourner, des milliers de fleurs attendent dans une impatience mortelle et, au delà de la plaine, l'océan appelle en maître, par-dessus les collines de Habersham, à travers les vallées de Hall.

Ici les adeptes de l'art pour l'art se récrieront, je suppose : — Quoi, une moralité dans la musique même! — Et il faut bien leur accorder que le didactisme est un des défauts de Lanier. Cet amoureux de toute beauté, *all beauty lover*, voit dans le bien le beau par excellence et ne peut s'empêcher de le chanter. Il a toujours soutenu que les intentions morales ne sauraient nuire à la valeur esthétique d'une œuvre; que l'art doit s'allier à une éthique très haute; que, loin de se contredire, ils concourent au même but. Lanier ajoutait même que, lorsqu'il y a lutte entre les deux genres de beauté, la beauté morale doit absolument l'emporter. Dans ses leçons faites à l'université Johns Hopkins, il y a ce passage caractéristique : « Qu'un sculpteur tire de son bloc de marbre la plus ravissante combinaison de formes qui ait jamais représenté la femme, si le moindre détail de cette beauté physique suggère une laideur morale, à moins, bien entendu, que la laideur morale ne s'exprime elle-même en vue d'un but moral, l'artiste peut aussi bien livrer son œuvre pour en faire des pavés, car le temps, dont les arrêts sont inexorablement moraux, ne l'acceptera pas. »

Quoi que l'on puisse penser de cette manière de voir, elle est au moins originale, le contraire ayant été si souvent ressassé avec ou sans conviction. Une autre originalité de Lanier, c'est le choix de ses sujets; il ne se sacrifia jamais aux fictions mythologiques, il n'emprunta rien à la fable, mais toutes les principales questions modernes, métaphysiques et sociales, ont trouvé place dans certains de ses poèmes. Et il y fait aussi entrer la science très largement, ce qui ne l'empêche pas de penser comme Verlaine.

> De la musique avant toute chose,
> De la musique encore et toujours.

C'est sous forme de *Symphonie* qu'il maudit le *mercantilisme*, après avoir longuement réfléchi sans doute au mal que produit dans le monde l'esprit de trafic :

> O trafic, trafic, que ne meurs-tu !
> Notre temps a besoin d'amour,

Et tous les instruments à cordes jettent le gémissement du malheureux qu'étrangle l'esprit des affaires. Personnifiés, selon un procédé dont le poète a l'habitude, la flûte aux notes veloutées, le cor franc et hardi, le hautbois ingénu, les sages bassons se répondent. Il y a une strophe plaintive et vibrante de la clarinette sur la vente des fleurs et la vente des femmes qui déguise un reproche au mariage d'argent.

> Écoutez, madame, si vous vendez j'achète. — Cœur pour cœur, l'affaire est faite. — Eh quoi, vous pleurez?...

Honte sur ceux-là. Je voudrais que l'amant s'écriât en toute humilité généreuse : O bien-aimée, — Je ne sais si ton cœur accueillera mon cœur, — Je ne demande pas que ton amour réponde à mon amour. — Quelque mot que prononce ta bouche adorée, — Je baiserai la réponse, que ce soit oui ou non, — Mais je sais que je t'aime et je te prie — De me laisser être ton chevalier jusqu'à mon dernier jour !

Cette *Symphonie* était une étude qui devait servir à son grand poème de *la Jacquerie*, une œuvre qu'il porta en lui toute sa vie sans parvenir à l'exécuter : la Jacquerie lui représentait la première apparition des appétits du peuple dans la civilisation moderne. « Les paysans apprirent des potentats du commerce flamand qu'un homme, sans être né grand seigneur, pouvait le devenir par la richesse; et le commerce surgit, renversant la chevalerie. Depuis quatre cents ans, il a pris possession du monde civilisé, contrôlé toute chose, interprété la Bible, guidé par ses maximes notre vie sociale et individuelle. L'oppression qu'il exerce sur l'existence morale de l'homme est devenue dix mille fois pire que toutes les tyrannies ensemble du système féodal. Donc c'est au tour du gentilhomme de se lever et de renverser le commerce. Il faut ressusciter la chevalerie, cette chevalerie que tout homme a dans le cœur à un certain degré, qui ne dépend pas de la naissance, mais qui est une révélation du Dieu de justice et qui implique la droiture, le mépris des vils succès. Voilà ce qui doit de nos jours inaugurer l'insurrection et brûler jusqu'à la dernière pierre des châteaux forts d'où le commerce part en guerre contre la conscience de la société. »

Il serait piquant que le combat commençât en Amérique !

Lanier ne va pas jusqu'à donner à l'art la morale pour but, mais les besoins de sa nature sont toujours d'accord avec elle, ces besoins et ces aspirations qu'il prête à l'humanité tout entière et qui s'exhalent dans les *Cris des rues*, cris poussés par de symboliques marchands qui descendent et remontent la rue en la remplissant de clameurs, sans que pour cela le soleil, la neige, la pluie interrompent leur cours, sans que le monde cesse de tourner. L'amour ne lui apparaît jamais sous forme de passion troublante, c'est une adoration agenouillée comme dans *Laus Mariæ*, *les Sources* ou *la Symphonie*. Ce qu'il peut y avoir de sensuel chez le poète est subtil, délicat, éthéré, une sensualité de sylphe. Et cependant la note virile sonne sous cette délicatesse et cette pureté.

Une pièce différente de toutes les autres, *la Vengeance de Hamish*, ballade vigoureuse dont le théâtre est en Écosse, atteste qu'il peut faire autre chose que remuer des idées morales ou peindre des paysages, qu'il est capable aussi de conduire fortement une action dramatique dans une langue claire accessible à tous; mais il revient vite à ses thèmes

préférés, à la nature aimée pour elle-même, sans
autre personnage que le poète qui se perd et se
confond en elle. Il s'associe « aux grands arbres
affables », « il pense les pensées que les lis parlent
en blanc », il « suce le miel de l'été avec les abeilles
jamais jalouses » et prend les coups du sort aussi
doucement qu'une calme matinée peut prendre
l'*Ondoiement du blé*. Voilà son état habituel :

> ... Terribles villes ne réclamez pas l'âme tremblante
> — Qui, incapable d'acheter, d'épargner ni de vendre —
> Se tient à l'écart de vos querelles complexes.

Regardez-le, étendu loin de tous les bruits, dans
un champ de trèfle.

> Dis-moi, cher trèfle, puisque mon âme est tienne, —
> Puisque je veux m'étudier tout un jour à faire de mes
> façons tes façons et ton usage le mien, — A chercher ton
> Dieu pour en faire mon Dieu, — A mourir à moi-même
> pour vivre en toi, — Voyons, cousin trèfle, vas-tu donc
> au marché avec tout ce rose et tout ce vert ? — A quoi
> bon tant de couleur et de grâce ? — Ne fusses-tu qu'un
> paquet de tiges brunes tavelées, — Les troupeaux incon-
> scients s'en nourriraient tout de même. — C'est que tu
> es poète... Trois feuilles instruis-moi !

Et voilà que les champs qui se déroulent jusqu'à
l'horizon prennent un sens de parabole. Les tiges
du trèfle, tout en couvrant l'espace, lui semblent
avoir, au lieu de fleurs, de nobles têtes d'hommes
à la face de poète, douce et pâle image des âmes de
tous les temps qui ont servi le monde dans l'art :

Dante, Keats, Chopin, Raphaël, Beethoven, Schubert, Shakspeare, Bach, Buddha, d'autres encore.
Il les enveloppe humblement de ses bras. Mais qu'est-
ce qui arrive?... Rien que le *cours des choses* à
figure de bœuf broutant sur le flanc de la montagne,
le *cours des choses* qui veut avoir son herbe, que la
terre soit ronde ou plate et qui a son herbe même si
les empires s'écroulent, si les religions s'éteignent,
— le bœuf placide et indifférent qui paît sur les
montagnes, dans les vallées du temps. Et sa langue,
comme une faucille, tranche la tête des poètes :
Dante, Chopin, Shakspeare, il n'en fait qu'une bou-
chée. Puis il avance d'un pas dans les champs de
l'avenir. C'est fini, les poètes ont joué leur rôle. Et
c'est là tout, ce bœuf?... Après tant de travail, de
pleurs, de sueurs sanglantes, après avoir brûlé, aimé,
souffert?... — C'est tout. Dieu a ses desseins : ce
pâturage est à lui et le marché de l'artiste c'est le cœur
de l'homme, et le salaire de l'artiste c'est le peu de
bien qu'il peut faire à l'homme. Pourquoi se tour-
menter à chercher vainement les fins ? « La fin des
fins se perd dans le commencement de Dieu. »

Ce bœuf, cours des choses, qui broute le trèfle
poète, est une imagination de panthéiste bien bizarre:
ce qui me semble intéressant, c'est que le panthéisme de Lanier soit aussi solidement doublé d'individualisme. Dispersé, perdu tout à l'heure dans les
éléments extérieurs, il se retrouve tout à coup lui-
même pour chanter l'*Individualité* en ayant soin

de donner au mot le sens de responsabilité, contrairement à ceux qui veulent que le poète vibre à tous les vents.

L'art est redoutable parce qu'il est libre. — L'artiste tremble sur le plan — Où les hommes reconnaîtront sa propre image. — Qui fait un tableau ou une chanson, les fait, lui, et non pas un autre, ni Dieu, ni homme!... — Chaque artiste, don de terreur, est maître de sa volonté.

Qu'eût dit de cela le pauvre Edgar Poe, esclave de la sensation, visionnaire éperdu dont l'horrible névrose fut la muse? Comment eût-il jugé ce chevalier de la volonté *utilisant* la poésie pour combattre tous les maux de son temps et de son pays : l'agnosticisme, l'intolérance, la brutalité, le trafic? Sans doute, il l'eût blâmé de gâter sa musique en y mêlant des leçons, et nous serions là-dessus d'accord avec lui. Il eût raillé en sa personne l'équilibre imperturbable, la métaphysique, le didactisme, tout ce qu'il abhorrait, mais chez tous les deux néanmoins la poésie fut *une passion, non pas un but*, et le poète d'*Ulalume* eût reconnu, malgré les différences, un frère, dans le chantre de *la Chattahoochee*.

Ils se partagent les sympathies de Baltimore, Edgar Poe et Sidney Lanier, l'élu et le maudit, celui-ci dépassant l'autre de toute la sombre grandeur de sa folie, de ses révoltes et de son œuvre, celui-là nous laissant, avec le bienfaisant exemple de la plus noble vie, qui en elle-même est un poème, l'impres-

sion du pionnier qui meurt en abordant des régions
nouvelles. D'autres, après lui, exploiteront ce qu'il
n'a pu qu'entrevoir, esquiveront les périls de la
découverte, et substitueront peut-être leur gloire à
la sienne comme Améric fit pour Colomb.

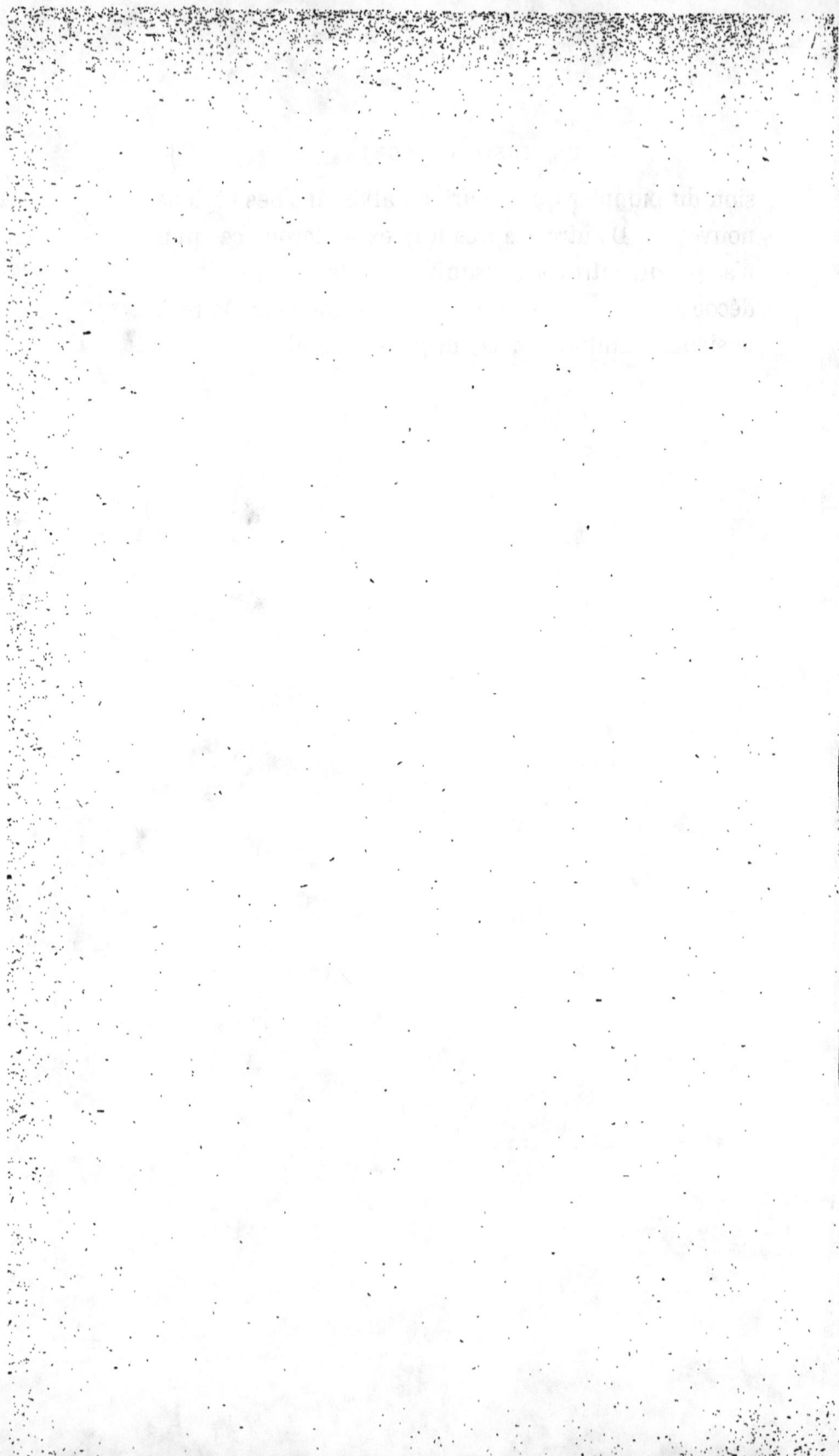

DANS L'ARKANSAS

Les souvenirs que j'ai gardés de l'Ouest et du Nouveau Sud sont inséparables pour moi de celui des récits d'Octave Thanet. Ce n'est qu'après avoir visité le pays moi-même, que j'ai pu me rendre compte de la minutieuse fidélité dans la description des choses et des gens qui fait de chacune de ces courtes nouvelles un petit chef-d'œuvre d'honnête et piquant réalisme. Mais longtemps auparavant, à Paris, sans en connaître encore le cadre, ni les personnages qui les avaient inspirées, je sentais bien ce qu'elles offrent de vraiment supérieur, cette palpitation chaude, large et sincère de vie vraiment humaine qui les remplit d'un bout à l'autre.

Le volume intitulé *Stories of a Western town* m'avait servi de guide et de compagnon dans des

excursions dont le point de départ fut Chicago. Je
m'étais si bien pénétrée de son contenu que chacune
des villes en formation plus ou moins avancée où
me conduisaient les hasards du voyage, avait pour
moi, à première vue, un aspect familier. Il faut dire
qu'elles ne diffèrent pas beaucoup entre elles, mais
le type qui me restait dans l'esprit était l'inoubliable
ville de l'Ouest peinte par Octave Thanet. Je recon-
naissais tout : la pluie de feuilles mortes qu'un vent
âpre soulève sur l'horrible trottoir en planches, tandis
que la chaussée de macadam et de boue desséchée
brille sous le givre qui l'argente ; les basses rangées
de maisons d'ouvriers, la plus haute à deux étages,
maisons de bois proprement badigeonnées en différentes couleurs, avec le genre de luxe que procure
un déploiement de géraniums derrière l'étroite
fenêtre ; les rues plus élégantes, pavées en briques ;
les bâtiments *substantiels* de l'endroit, spécimens de
la renaissance américaine à l'instar de Richardson,
dont la haute façade, les cintres, les meneaux, les
décorations de terre cuite, feraient croire à autant
d'édifices publics, bien qu'ils soient pour la plupart
des manufactures ou des magasins ; les gigantesques
cheminées d'usines, les noires fabriques, la cathédrale
pseudo-gothique ; le collège plus ancien que le reste,
avec sa coupole de bois perchée au faîte « comme
un petit chapeau sur un gros homme », le monument
commémoratif de la guerre, et les écoles imposant
avec ostentation la magnificence de leurs tourelles,

de leurs balcons, de leurs fenêtres ornées ou ventrues,
le tout symbolique d'une florissante culture intellectuelle. Enfin le chemin de fer qui circule sans façon
par les rues où il est loisible à chacun de se garer,
et les *cars* électriques qui se succèdent incessamment
avec la sonnerie grêle, le jaillissement d'étincelles
du *trolley*.

Les passants étaient souvent aussi pour moi de
vieilles connaissances ; je mettais des noms sur tous
les visages.

Cette jeune femme maigre par exemple, aux
pommettes un peu hautes, au menton carré, au long
visage énergique, c'est Tilly Louder *(Mother Emeri-
tus)*, qui gagne sa vie en écrivant à la machine. Elles
sont une légion de *type-writers ;* Tilly est employée
dans une grande maison de commerce, employée
modèle, ambitieuse, déterminée à parvenir, menant
tambour battant, avec les meilleures intentions, une
mère qui lui fait la cuisine. Mrs Louder, la mère,
a posé pour l'un des plus sympathiques portraits
d'Octave Thanet : l'âme irlandaise, débordante de
générosité, enfiévrée d'exaltation, brille dans ses
yeux encore si beaux, quoique depuis un demi-siècle
ils aient pleuré de sympathie et pétillé d'enthousiasme sur les chagrins et sur les joies d'autrui.
Servante volontaire de tous ses voisins, elle marie
celle-ci, enterre celui-là, préside à la naissance du
baby d'en face, raccommode les bas de l'étudiant
d'à côté dont elle ne sait même pas le nom, garde

les enfants de l'ouvrière d'en haut, aide la femme
du restaurant d'en bas, guette les cas de diphtérie
et de petite vérole pour se précipiter au chevet du
patient, prêtant ses conseils, ses bras, son dévouement infatigable à tous les locataires de la grande
maison dont elle est l'ange gardien. Elle finit par
briguer l'emploi de garde-malade dans certaine ferme
où naturellement on manque de domestiques : par
tout l'Ouest les domestiques sont plus difficiles à
trouver que les mines d'or. Son but est d'assurer au
fermier, un homme influent, les loisirs nécessaires
pour mener à bien une souscription en faveur de
ces pauvres Russes ; un article de journal sur les
horreurs de la faim lui a montré sa voie. Il faut dire
que les villes de l'Ouest ne procèdent que par sous-
criptions ; c'est pour un cyclone, pour un incendie,
pour le choléra, pour un désastre quelconque souvent
très éloigné ; l'argent roule avec magnificence ; il
suffit qu'une personne entreprenante se mêle de
demander et d'organiser : « Je suis trop ignorante
et trop pauvre, je ne suis rien, — dit Mrs Louder, —
mais je peux décharger du gros ouvrage qui les
détourne des pauvres Russes les gens capables de
les aider. » Grand cœur naïf, toujours ému ! Je gage
qu'il bat sous les crêpes noirs de cette veuve, là-bas,
au port majestueux ; toutes les Irlandaises ont un
port de reine. Si Mrs Louders a l'air triste, c'est que
sa fille, pour assurer son repos, veut la contraindre
à déménager, et qu'elle mourra d'ennui quand il

ne lui sera plus permis de se tuer à rendre service.
Ah ! ces jeunes Américaines, maîtresses d'école,
employées de bureaux, femmes d'affaires, actives et
résolues autant que des garçons, comme elles sont
maîtresses au logis, comme auprès d'elles s'efface la
personnalité de leur bonne femme de mère !

Encore un Irlandais de la plus belle eau, ce jeune
homme aux yeux bleus étincelants frangés de noir,
et dont la bouche mobile révèle un orateur, même
quand elle se tait *(Tommy and Thomas)*. Orateur, il
l'était à l'école, il l'est aux rangs inférieurs de la
politique locale, il le sera au Congrès, voire même
au Sénat, hier le petit Tommy dont le père tient un
estaminet *(saloon)*, demain Thomas Fitzmaurice,
d'assez fière mine pour pouvoir très vraisemblablement revendiquer un ancêtre qui fut fait vicomte par
le roi Jacques, en attendant que la famine chassât
d'Irlande ses descendants appauvris. Vantard ?
Mon Dieu, oui ! Que serait l'Ouest sans la blague
(bragging) ?

Je ne me laisserai pas prendre à l'élégance de cette
belle personne qui passe auprès de moi. Elle a tout
simplement commencé par être cuisinière ; *help*, ou
hired girl, comme on dit. Mais les cuisinières là-bas
ont parfois le goût de la lecture, apprennent la tenue
des livres, la sténographie, et deviennent des employées d'une autre sorte, gagnant assez d'argent
pour élever leurs frères et sœurs, sans avoir le temps
de penser au mariage jusqu'au jour où elles consen-

tent à mettre presque maternellement leur supériorité au service d'un brave garçon un peu rêveur, en
dérive dans ce pays qui n'est pas celui du rêve ;
telle est l'histoire d'Alma Brown, retenant au bord
du précipice le trop confiant Nelson (*The Face of
Failure*).

Un petit homme sec, à l'air autoritaire et pressé,
écrit-il sur son calepin tout en marchant ? Aussitôt
il me représente M. Armorer, le président des chemins de fer de la ville, prenant en note — pour ne
pas l'oublier — que sa fille se marie. Elle se marie
même un peu contre son gré ; il voudrait, dans son
égoïsme paternel, qu'elle eût ce goût déclaré pour
le célibat qui distingue aujourd'hui tant d'Américaines. Horatio Armorer est un enfant gâté de la
fortune ; fils d'un ministre presbytérien qui a fouetté
ses fils, pour leur inculquer des principes, si souvent
et si fort que l'effet de ces corrections a été de leur
faire prendre le nom même des principes en horreur,
il est devenu très vite millionnaire comme on le
devient quand on n'est pas retardé par trop de
scrupules ; en ce moment il prémédite une bonne
mesure administrative : supprimer par économie les
conducteurs de *cars* électriques, au risque d'écraser
chaque année quelques enfants de plus. L'embarras,
c'est que son futur gendre est le maire de la ville,
le grand fabricant de meubles, Harry Lossing, qui,
lui, a des principes très arrêtés et se croit tenu de
veiller à la sûreté des marmots lorsqu'ils vont seuls

au Kindergarten, risquât-il pour cela de perdre la
fiancée de son choix. Mais celle-ci, qu'une éducation
perfectionnée a pénétrée des idées nouvelles qui
consistent à faire passer les intérêts publics avant
tout, même avant les intérêts d'un père, approuve
les motifs de Lossing et, si surveillée qu'elle soit
(la surveillance, en Amérique, n'est jamais que
relative), trouve moyen de se fiancer avec lui durant
le trajet de haut en bas d'un ascenseur ; ce qui
force Armorer à effacer de ses memoranda la ligne :
« M'opposer au mariage de ma fille. »

Cette histoire est vivement contée ; mais la plus
belle dans sa précision et sa sobriété, que n'eût
point désavouée un maître tel que Maupassant, c'est
l'*Obsession de Kurt Lieders*. Elle roule sur l'entêtement que met à se tuer un vieil ouvrier allemand,
sorti par entêtement aussi de chez son patron, le
grand fabricant de meubles d'art, autour duquel
tournent tous ces récits. Kurt Lieders est depuis
trente ans l'employé le plus estimé de la fabrique,
mais il a voulu rompre, et, ayant rompu, il ne peut
plus supporter l'existence : la mort aux rats, le
rasoir, la corde, tout lui est bon, il essaye de tout.
Sa femme, attentive à déjouer cette monomanie de
suicide, l'a ligotté pour qu'il ne recommençât pas,
sans pouvoir obtenir de lui cependant la promesse
qu'il renonce à son noir dessein. Tout ce que lui
accorde ce désespéré, c'est de ne rien tenter contre
lui-même le jour anniversaire de leur mariage, et la

14

vieille Thekla profite de cette trève pour le réconci-
lier avec son patron. Elle, que son mari méprise
comme incapable de rien comprendre en dehors du
ménage, elle a su découvrir un secret, c'est qu'il
tient moins à se tuer qu'à retourner à l'atelier.
A travers les brouillards de son épaisse cervelle,
Thekla Lieders a perçu aussi cette chose profonde
que nous avons tous tant de mal à admettre,
savoir, que les êtres affectueux ne sont pas les seuls
ici-bas qui aient besoin d'affection, que certaines
âmes mal faites et moroses peuvent avoir le désir
passionné des sentiments mêmes qu'elles repoussent.
Vieille, laide, lourde d'esprit, elle adore son Kurt,
toujours tremblante devant lui, et cet amour lui
fait trouver un subterfuge habile.

Le mot de Kurt Lieders, en apprenant la bonne
nouvelle qui l'arrache à la mort, est caractéristique :
« Eh bien, je croyais le patron plus fort que ça!
Céder à une femme! » Mais intérieurement, il
reconnaît que toute sa vie il a été injuste envers
cette humble compagne, et son acceptation finale des
menottes qu'elle lui met moralement, en le forçant à se rendre, me semble une merveille d'émotion contenue. C'est le tour qu'il faudrait pouvoir
traduire, c'est le jargon comique d'allemand-améri-
cain à travers lequel perce une âme qui n'est pas
de l'Ouest des États-Unis, une âme d'artiste. La
maison Lossing doit à Kurt sa réputation pour les
meubles de style; artisan laborieux, contremaître

inflexible, il est artiste quand même. Aucun sculpteur n'apporta jamais plus d'enthousiasme et de probité dans la composition d'une statue que cet ébéniste dans celle d'un bahut. Le vieil Allemand têtu a en lui de l'homme de génie, avec tous les caprices et toutes les bizarreries qui accompagnent certains dons.

De même le pauvre missionnaire si ridicule de cet autre récit touchant et drôle à la fois : *Une Providence assistée*, est un saint malgré sa grotesque apparence. Assurément son sermon ne vaut rien; il s'imagine persuader son auditoire en criant jusqu'à devenir cramoisi; il brait en chantant comme l'âne de Balaam; mais il s'est dépouillé pour les pauvres, il a risqué sa vie pour les malades, on l'a vu dans une épidémie enterrer les morts de ses mains, le fossoyeur ayant succombé. Maintenant il ne demanderait pas mieux que de reprendre à ses moments perdus son ancien métier, celui de charpentier, pour exonérer ses paroissiens du salaire qu'ils ont de la peine à lui payer. Et la Providence, dont il est l'instrument actif, le récompense à la fin. Un des gros bonnets de la ville, que son discours plein de platitudes a excédé, jette par mégarde dans la bourse de quête, au lieu de deux billets de cinq dollars préparés à cet effet, les deux billets de cent dollars qu'il avait mis dans une autre poche pour acheter un couple de chiens de race.

La beauté des choses les plus modestes, voilà

ce qu'Octave Thanet met en lumière tout naturellement, sans s'y efforcer ; il la découvre avec 'les yeux
de la bonté, une bonté pleine de malice d'ailleurs,
gaie, robuste, où se glisse je ne sais quelle pointe
de gaminerie. Optimiste ? Peut-être. Il est si bien
portant ! Préoccupé de la morale ? Fort peu. Son
œuvre est morale comme tout ce qui est foncière-
ment sain, mais il ne prêche ni ne disserte. Nous
ne répéterons pas de lui comme nous avons eu le
malheur de le dire un jour de Rudyard Kipling :
« Il a de l'humour et même de l'esprit! », ce qui a
soulevé contre nous la critique anglaise, si chatouil-
leuse qu'elle a cru l'humour insulté par ce simple
mot qui signifiait simplement : « L'esprit est plus
rare que l'humour en Angleterre. » Il est beaucoup
moins rare en Amérique, et Octave Thanet a de
l'esprit autant que s'il était né Français. De fait, il
a du sang français dans les veines, et aussi l'émotion rapide, communicative, un grain de bel enthousiasme irlandais qui, mitigé par les fortes qualités
anglo-saxonnes, n'est pas pour nuire à un écrivain.

Je continue à parler de lui au masculin parce que
ma première impression en le lisant fut que j'avais
affaire à un homme. Cette netteté imperturbable
dans les idées et dans le style, ce tour bref, alerte,
ce sens pratique aiguisé, cet intérêt porté et prêté à
tout ce qui n'est pas l'amour — quoique l'amour
ne soit pas absent de ses récits, mais subordonné
comme dans la vie à tant d'autres choses terre à

terre bien souvent, — tout cela ne me faisait nullement pressentir une femme. Et quelle connaissance
des affaires d'argent, des dessous de la politique,
quelle horreur des sentimentalités, même philanthropiques, quelle énergie pour indiquer les dangers
du socialisme sous les belles phrases et les utopies
séductrices, quel clair bon sens! Et pas la moindre
revendication des droits de la femme! Non, ce ne
pouvait être là qu'un jeune homme de joyeuse
humeur, armé en guerre contre tous les engoue-
ments et toutes les poses qui sont trop souvent
l'apanage du beau sexe en Amérique. Avec stupeur
j'appris la vérité : Octave Thanet était le pseudonyme de miss Alice French, qui habite une partie
de l'année Davenport (Iowa), et l'hiver, une plantation à Clover Bend (Arkansas).

Elle décrit fidèlement la vie autour d'elle. Cette
ville de l'Ouest c'est Davenport; les histoires du
Trans-Mississipi se placent toutes aux environs de
Clover Bend. Il y en a d'excellentes, *Otto the Knight*
par exemple, cette aventure d'un précoce anarchiste
d'origine allemande, un gamin élevé au milieu des
« Chevaliers du Travail », et qui applique les théories dont on l'a bercé en essayant de faire sauter le
moulin neuf de la plantation où il n'a jamais reçu
que des marques de bienveillance. Il échoue dans
sa coupable tentative, et ce lui est au fond un grand
soulagement; mais le maître charpentier Dake, qui
a enlevé la bombe au péril de sa vie, est griè-

14.

vcmement blessé. Un brave homme, ce Dake, et
dont l'histoire est assez commune en Amérique :
celle du jeune artisan venu d'Angleterre chercher
fortune dans le Nouveau Monde et s'amourachant
au débarqué d'une jolie Yankee ambitieuse et vulgaire qui s'est frottée tout juste assez d'instruction
superficielle et malfaisante, à l'école dite supérieure,
pour mépriser un mari dont elle est incapable de
comprendre les aspirations morales. Le divorce
s'ensuit. Victime de sa femme, Dake l'est ensuite des
trade-unions. La société secrète, dont il s'est retiré
après en avoir fait partie, ne lui pardonne pas sa
défection; elle le poursuit de tant de vengeances
diverses qu'on peut très vraisemblablement lui
imputer l'attentat de la fin ; et l'avis de l'auteur,
par la bouche de tous les personnages sensés du
récit, est que l'association des « Chevaliers du Travail, » comme beaucoup d'autres de même sorte,
a fait assez de mal pour qu'on laisse sans scrupule
un crime de plus à son compte. Réactionnaire à sa
façon, Octave Thanet est le détracteur résolu des
grévistes, des grèves et de ces organisations du
travail qui lui paraissent la pire des tyrannies.
Pourquoi un bon ouvrier chômerait-il parce
qu'une douzaine de mauvaises têtes se montent à
tort et à travers ? Elle met volontiers en scène le
patron honnête et juste qui favorise l'effort indi-
viduel et fait participer tout son monde aux bénéfices, mais « l'élévation des classes laborieuses »

s'arrêtera là, si on l'écoute. L'enfant qu'elle nous
montre, presque innocemment criminel, perverti par
des gens qui s'en tiendront volontiers aux discours, tandis que lui, dans sa logique juvénile, va
droit à l'action, n'est pas incorrigible; il sera au
contraire initié par le mal même qu'il a commis
au bien qu'on ne lui avait pas enseigné : la
terreur, le remords, le besoin d'avouer entrent en
lui, éveillent sa conscience et le sauvent. Ceux-là
mêmes qu'il a offensés prennent pitié de sa détresse
et le préservent des poursuites de la justice. L'an-
goisse de cette pauvre petite âme écrasée sous le
poids d'une responsabilité, que seul un scélérat
arrivé à l'âge d'homme serait de force à porter, est
poignante. *Otto le Chevalier* doit passer pour une
œuvre utile, tout autre mérite à part. Elle aura
peut-être arrêté plus d'un ouvrier en dérive, car son
auteur est populaire, quoiqu'il ne flatte aucune
passion d'en bas et conserve jusque dans le dialecte
une mesure, un respect de sa plume, qui semblent
le recommander aux délicats.

L'absence complète de préjugés et de parti pris
lui fait des amis partout. Il est vrai qu'Octave
Thanet blâme, dans *Otto the Knight*, les anar-
chistes, même vertueux et désintéressés, qui donnent
tout ce qu'ils gagnent aux frères et amis, mais
aussi comme elle dénoncera, dans *Trusty n° 49*,
les camps de condamnés, les effroyables travaux
forcés de l'Arkansas! Tout le système des prisons

dans cet État n'est qu'une affaire d'extorsion :
le conseil, les commissaires, les entrepreneurs, les
gardiens pressent et harcèlent le condamné pour
faire sortir tout ce qu'il peut rapporter, très souvent jusqu'à ce que mort s'ensuive. Le directeur,
qui parfois est le dernier des hommes, exerce de
fait un pouvoir illimité, et la brutalité des officiers
subalternes ne cède que devant l'argent. Un criminel riche se moque de la prison : il se fait
envoyer chez des parents ou des amis qui le louent,
comme c'est l'usage, pour un travail quelconque
sur leurs plantations, tandis qu'en réalité il se promène à cheval et se carre dans des habits de
bourgeois. Les pauvres, au contraire, sont livrés
comme instruments de travail au premier venu qui
paye pour les avoir et entend rentrer dans sa
dépense. S'ils succombent, tant pis! il en vient
d'autres. Les miasmes des marais, le manque de
nourriture, les coups de nerf de bœuf, la faim, de
hideux châtiments, tout cela est exposé en détail
par un membre du jury qui a été jadis à ce régime.
Intrépidement il livre sa propre histoire, que tout
le monde ignore, pour qu'on épargne le même
supplice à un meurtrier plus intéressant que
n'était intéressante sa défunte victime, car dans
une querelle de tripot le volé vaut encore mieux
que le voleur : « Mon opinion, dit formellement
l'ancien condamné, redevenu un honorable citoyen,
c'est qu'étant donné l'état actuel des prisons de

l'Arkansas, si vous ne découvrez pas que l'accusé est innocent, il vaut mieux le trouver tout de suite assez coupable pour être pendu ! »

Un mot de ce genre lancé à propos peut suggérer des réformes.

Octave Thanet est capable d'audaces ; et ce n'est pas la moindre, quoi qu'on en puisse penser hors des pays à esclaves, que ce jugement porté sur les nègres dans *Sist'Chaney's black silk* :

« Les gens du Nord voulaient tous pendant la guerre que les nègres fussent des anges ; après la guerre, quand ils eurent fait connaissance avec eux, ils les ont mis plus bas que terre. En réalité, on en rencontre de bons et de mauvais, tout comme parmi les blancs ; mais quand une femme de couleur se mêle d'être bonne, rien de meilleur n'existe au monde. »

Et Octave Thanet nous le démontre par l'histoire de la grande baigneuse de Hot Springs, les eaux à la mode de l'Arkansas. Dosier gagne en massant les dames riches de quoi satisfaire les fantaisies de sa sœur infirme. Auparavant, elle avait donné jusqu'au dernier sou de ses économies pour tirer de prison un mari qui depuis est mort ; maintenant, une paralytique est devenue, prétend-elle, sa consolation en ce monde, elle se dévoue avec passion à la pauvre Chaney. Or celle-ci, non contente de tout ce qu'on fait pour elle, rêve l'impossible ; elle a une idée fixe sur son lit de douleur, posséder une robe de soie noire comme celle que s'est

donnée Dosier la seule fois de sa vie où l'excellente
créature ait pensé à elle-même. Chaney se meurt et elle
regrette la vie. En vain sa sœur, un pilier de l'Église,
cherche-t-elle à lui prouver que le Seigneur l'aime
et qu'il a ses voies, en vain lui parle-t-elle de
l'autre monde où les élus ont des robes blanches
radieuses.

— J'aimerais mieux une robe de soie noire,
répète Chaney en révolte déclarée contre l'Esprit.

Alors une idée lumineuse vient à Dosier; elle
promet à la moribonde le plus bel enterrement que
jamais une personne de couleur ait eu à Hot
Springs. Et elle touche juste : les nègres ont la
passion des funérailles pompeuses.

— Tu auras un sermon, un grand service, et tu
porteras à l'église une robe de soie noire, la mienne.

— Enterrer cette belle robe ! Ta seule belle robe !
Ce serait un péché.

Mais la joie danse dans ses yeux presque éteints.
On se souviendra donc d'elle autrement que comme
d'une pauvre négresse condamnée à l'immobilité sur
son grabat ; on l'aura vue une fois magnifiquement
parée. Elle meurt, réconciliée avec son sort, espérant bien que le bon Dieu la laissera sortir de temps
en temps du paradis ; alors elle viendra secouer le
rosier à la fenêtre de sa sœur... dans leur belle
robe de soie, sans doute. Pauvre Chaney ! quel
dommage qu'elle n'ait pu assister à son enterrement
de gala ! Qui sait ? Peut-être l'a-t-elle vu !

Les histoires nègres d'Octave Thanet ne sont pas
toujours aussi touchantes, bien loin de là. Leur caractère habituel est une inexprimable drôlerie. Dans
la *Cuisine ensorcelée*, par exemple, elle montre
comment l'odieuse conjuration d'un sorcier met une
cuisinière fort habile jusque-là, n'ayant jamais servi,
comme elle se plait à le répéter, que « la qualité »,
la met, dis-je, dans l'impossibilité de faire un bon
plat : la pâte ne veut pas lever, le pain ne veut pas
cuire, le lait tourne, la vaisselle se casse rien qu'en
la regardant ; il y a eu des lézards envoyés, de ces
lézards qui apportent avec eux tous les maux :
récoltes perdues, plats brûlés, maladies du bétail,
brouilles entre amis, rixes, feux de cheminée... cela
va parfois jusqu'à la mort ! Mais la passion longtemps
malheureuse d'un jeune chevalier du plus beau
noir, fendeur de bois et dresseur de chevaux, pour
une jolie négresse du nom de Ginevra, en patois
Jenny Ver, a raison du terrible enchantement. A travers mille périls peut-être imaginaires, il délivre la
cuisine, et sa récompense ne se fait pas attendre.
La belle a une manière d'éducation, elle a été en
service dans la ville voisine, et le pauvre Jerry ne
sait, lui, ni lire ni écrire ; de plus, il a des jambes
qui paraissent désossées tant il les contorsionne et
les entrelace d'une façon dangereuse pour son équilibre, tout en se tordant les épaules et en faisant
avec la tête un plongeon facétieux. Jenny Ver n'a
jamais pu le regarder sans rire, mais tout en

riant elle lui permettra à la fin de « lui tenir
compagnie ».

Le *Premier Maire* a une portée plus sérieuse. Nous
avons là l'image ressemblante d'un « fils de ses
œuvres », meneur d'hommes par la puissance de
l'argent, le tableau de sa grandeur et de sa déca-
dence. Au milieu d'un village à peine éclos, sur le
bord du Mississipi, se dresse d'abord un hôtel, aux
fenêtres innombrables et, plus haut encore que
l'hôtel, d'énormes bâtiments de brique, moulin et
magasin, au faîte desquels flotte un drapeau rouge
portant le nom d'Atherton. C'est le nom du maire,
le premier maire de la ville, toujours réélu avec
enthousiasme pendant une longue suite d'années, un
individu puissant et vulgaire tout à la fois, un
spéculateur hardi dont la fortune commencée dans
le trafic avec les sauvages s'est continuée dans des
affaires colossales de toute sorte, et dont les poings
sont de force à répondre aux horions de quelques
fâcheux qui lui reprochent de les avoir ruinés pour
s'enrichir à leurs dépens. Cœur chaud et généreux
avec cela, oublieux des offenses, il est capable de se
jeter à l'eau pour sauver un ennemi; en temps de
choléra, sa maison devient un hôpital; il a débarrassé
le pays des bandits qui le pillaient, payant pour
cela de sa personne, le revolver au poing, puis
payant de sa bourse un jury, un bourreau et la
corde; il a fondé des écoles, lui à qui sa première
femme, une institutrice primaire, a enseigné tout ce

qu'il sait; il dotera peu à peu la ville grandissante
d'un parc, d'un cimetière, de plusieurs monuments
publics, et alimentera toutes les églises quoiqu'il
n'en fréquente aucune. Le journal est à lui, les
chèques de Florence qu'il a lancés valent partout
de l'or, bien que Florence ne soit peut-être qu'un
mirage vaguement désigné dans le Nebraska. Si l'on
croit fort peu en Florence, on croit en Atherthon
qui, par des moyens douteux, atteint des fins admirables. Toute cette prospérité a des bases fragiles,
en somme. Il suffit d'un désastre financier, d'une
série de mauvaises chances, après tant de coups
heureux, pour que la fortune de la ville s'écroule
avec celle du potentat. Aussitôt, l'engouement qu'il
inspirait se change en horreur, il devient le bouc
émissaire chargé de toutes les responsabilités. La
populace, idolâtre hier, furieuse aujourd'hui, assaille
son bureau, prête à le lapider. Il lui fait face,
empêche toute violence de la part de ses derniers
défenseurs et, sous une grêle de pierres, d'immon-
dices, d'œufs pourris, de charognes, il oppose aux
cris de vengeance et de mort un visage intrépide.

Atherton a été le chef, le dieu de cette multitude
enragée ; il sait encore se faire écouter d'elle ; inaccessible à la peur, il est inconsolable seulement
d'avoir entraîné dans sa chute tout ce qui était son
œuvre et son orgueil. Pour ce qui le regarde, il ne
veut être protégé que par lui-même. L'apoplexie
vient à son secours dans une lutte inégale ; c'est

comme l'intervention d'un jugement de Dieu. Et le nom d'Atherton, désormais abhorré, est retiré à la ville qu'il avait d'abord faite grande et ensuite ruinée.

Nous connaissons ces revirements de l'opinion publique. Tels brasseurs d'affaires du Nouveau Monde subissent le sort de nos rois, et les révolutions ont les mêmes causes, passent par les mêmes phases. Là-bas comme ici, la popularité ne repose ni sur le véritable mérite personnel ni même sur de sérieux service rendus ; tout dépend du succès ou d'un échec : choléra, cyclone, disette, voilà les crimes étrangers à sa volonté qui décident de la chute d'un *leader*, quand l'heure est venue.

Ce récit des vicissitudes d'Atherton, homme et ville, a presque une valeur historique. Il semble que pour tracer ces pages vigoureuses il faut être homme, de même qu'il faut être mère pour disposer des trésors de tendresse qui débordent dans l'*Hypothèque sur Jeffy*, cette nouvelle édition du problème que trancha jadis le jugement de Salomon. Octave Thanet n'est pourtant ni l'un ni l'autre, pas plus qu'elle n'est catholique, quoiqu'elle ait peint d'un pinceau vraiment orthodoxe et bien informé jusqu'au scrupule l'inoubliable figure de ce bon pasteur, si simple et si charitable, le *Père Quinaillon*. Mais elle possède le don qui permet d'être cela et autre chose encore, d'être tout à la fois, parce que, grâce à lui, on peut tout comprendre et tout sentir, le don, — rare à ce degré, — d'une large sympathie.

Peut-être ce que je viens de dire d'elle et de son œuvre suffit-il à expliquer le désir que j'eus de la connaître davantage dans un moment où je cherchais à me renseigner sur les femmes éminentes qu'a produites l'Amérique. Au cours de la correspondance qui s'établit entre nous, je découvris un côté nouveau de son talent, une verve épistolaire délicieuse, jaillissant de source, sans aucun apprêt. Elles sont là sous mes yeux, ces jolies lettres si vives, si spontanées, avec leur belle écriture franche, égale et sans sexe, plutôt virile, tantôt courant sur une petite feuille d'azur pâle timbrée d'argent au nom de Clover Bend, tantôt jetée sur le grand format d'apparence commerciale portant :

F. W. TUCKER AND CO.

PLANTERS AND PLANTATIONS SUPPLIES

CLOVER BEND, ARKANSAS;

parfois aussi en caractères d'imprimerie par l'intermédiaire de la machine dont elle use d'habitude pour la composition de ses romans. La triple personnalité d'Octave Thanet est là : femme du monde, écrivain et planteur. La plus courte et la dernière de ces lettres me disait : « Je viendrai à votre rencontre jusqu'au débarcadère de Memphis. Vous me reconnaîtrez, j'aurai une robe de drap vert et je tiendrai une rose à la main. »

En même temps elle me rassurait gaiement sur le péril de mourir de faim dans le pays sauvage où j'allais pénétrer :

« La glace nous arrive par bateau, chaque semaine,
la viande et l'épicerie viennent en gros de Saint-
Louis. Le marais *(swamp)* que vous aurez à traverser,
quelque peu à la nage, n'est pas malsain en cette
saison... »

Assurance nécessaire, car le nom de Minturn, qui
est la station télégraphique de la Courbe du Trèfle
(Clover Bend) m'était apparu comme une corruption
de Minturnes à travers un nuage de miasmes délé-
tères, et je prévoyais, par une association d'idées
assez naturelle, que la fièvre romaine avait dû
émigrer dans l'Arkansas. Mais j'aurais, je crois,
bravé la fièvre, tant était grand mon désir d'entrer
dans ce nouveau Sud dont le vieux Sud, où je
me trouvais alors, me disait bien entendu beaucoup
de mal, puisque ses fils, ruinés par la guerre, ont
été forcés de céder la place aux Yankees destruc-
teurs des anciennes coutumes. Ces critiques mêmes
exaltaient ma curiosité. Après avoir goûté infiniment l'élégance native, les grandes manières, les
traditions quasi aristocratiques des planteurs louisia-
nais dans l'État du Pélican, j'avais hâte de juger
l'œuvre de reconstitution accomplie depuis la fin de
la guerre, par des novateurs venus du Nord, dans
les solitudes plus ou moins dévastées de l'État de
l'Ours.

La saison n'était guère avancée, mais je me rappelais justement cette description tentatrice : « Il y a
peu de spectacles plus beaux que celui d'une forêt de

l'Arkansas à la fin de février; je veux dire une forêt
dans ces fonds de rivière où chaque ravin est un
fourré de cyprès. Les épines de la ronce-bambou
dessinent des hachures vertes, pareilles aux ombres
d'une eau-forte, entre les grands arbres, au-dessus
du sol humide. Nues encore sont les branches, mais
des baies d'écarlate flambent sur les rameaux vio-
lâtres, la canne est d'un vert plus frais; déjà des
bourgeons rougeoyants décorent les érables, et vous
voyez maints rubans d'herbes aquatiques, brillantes
comme l'émeraude, flotter à la surface des mares, là
où les fougères croissent et se balancent, tandis que
les plus jolies mousses teignent de couleurs incomparablement vives et tendres l'écorce pâle des sycomores, des chênes blancs et des gommiers. Ces
colonnes d'argent ne brillent que davantage sous
leur couronne cendrée, avec l'arrière-plan de gris, de
pourpre et de laque aux nuances insaisissables pla-
quées contre l'horizon par l'embrouillement des tiges
et des ramilles. Quel effet de magnificence bizarre
et délicate produisent la mousse et l'eau, et les
arbres étincelants ! Les morts parmi ceux-ci sont
d'une blancheur spectrale... Non, ce n'est pas là une
vraie forêt, c'est une enluminure de missel en deux
tons argent et vert. Si beau que cela soit pourtant,
il y a quelque chose de sinistre et de fantastique dans
cette beauté, dans ces flaques d'eau assombries, mas-
quées par d'inextricables broussailles, — dans ces
grands arbres qui poussent si drus, si épais, et qui

continuent de pousser ainsi du même élan, avec la
même épaisseur, sur des espaces incalculés, — dans
les ombres et les buées qui tiennent lieu de feuillage,
dans les taches rouges qui marquent les racines
des cyprès et qui mettent aux gommiers comme une
ceinture, suggérant l'idée que chaque coup de hache
en a tiré du sang. Il ne serait pas difficile d'évoquer
un diable ou deux du moyen âge derrière les mons-
trueuses excroissances que forment les genoux des
cyprès. Et à travers cette forêt enchantée se déroule
une route fort rude, sinueuse, à cause de la rivière
qu'elle côtoie, car les rougeurs, là-bas, à droite, sont
les branches des saules qui marquent le cours de la
rivière Noire... »

Or la rivière Noire lèche et creuse, jusqu'à y
former une baie, les luxuriantes épaisseurs de trèfle
blanc sauvage qui ont donné leur nom à Clover Bend
et c'était à Clover Bend qu'on m'invitait de si pres-
sante façon. Une idée fixe s'empara de moi : aller
guetter dans ce lieu aux aspects si différents des
aspects européens, l'éveil magique d'un printemps
inconnu, l'éclosion des lis blancs et jaunes dans ces
brakes dont l'eau noirâtre sert de miroir aux cyprès
« qui avec leurs courtes branches attachées à une
haute colonne ressemblent à quelque plante géante
plutôt qu'à un arbre », voir les affreux genoux eux-
mêmes, ces genoux pointus qui hérissent le maré-
cage « se colorer de rose sous le coup de brosse du
renouveau, se transformer en cônes de satin aurore,

en petites tentes que les fées apparemment dressent pour leur usage parmi les lis », apprendre ce que peuvent être ces arbustes aux noms entendus pour la première fois, le *dog-wood*, le *red-bud*, le *buckeye*, le *sassafras*, faire connaissance enfin avec cette nature étrange où rien, pas un oiseau, pas un brin d'herbe ne ressemble à la nôtre. Grâce au pinceau de ce maître peintre, Octave Thanet, j'avais déjà entrevu tout cela dans *Knitters in the sun*, dans *Expiation*, le seul roman de longue haleine qu'elle ait produit, un roman dramatique où sont racontées les sanglantes prouesses et la destruction finale des *Graybacks*, des guérillas, ce fléau de l'Arkansas, au lendemain de la guerre.

Je m'embarquai donc sur un des superbes vapeurs qui remontent le Mississipi et, après quatre jours d'un voyage que j'ai raconté ailleurs, j'atteignis Memphis, où m'attendaient la robe verte et la rose jaune portées l'une et l'autre par une jeune femme blonde qu'accompagnait une autre jeune femme brune; c'étaient les deux dames de Clover Bend escortées de leur associé le colonel Tucker: F. W. Tucker and Co. Et je ne crois pas que des gens qui se voient pour la première fois aient jamais aussi vivement ressenti l'impression d'être de vieux amis

Nous nous attardâmes fort peu à Memphis, les routes que nous avions à parcourir en voiture n'étant pas de celles où l'on aime à s'engager la nuit. Je me rappelle que ma première surprise, plus tard en retrouvant la France, fut la beauté des routes et le manque d'énergie qu'exprimaient les visages. Sans doute je me reportais en faisant cette réflexion aux chemins submergés de l'Arkansas et à la physiono- mie résolue du colonel Tucker dont l'établissement à Clover Bend remonte aux temps héroïques pour ainsi dire.

De Memphis à Portia cependant nous voyageâmes par le chemin de fer qui aboutit à Kansas City. J'avais pris en naviguant sur le Mississipi, l'habitude des paysages inondés qui feraient croire à un récent déluge, si l'on ne savait que ces eaux printanières laissent chaque année en se retirant les riches ter- rains d'alluvion plus fertiles que jamais. Sur tout le parcours du train ce fut la même tristesse indicible : des bois de cyprès, les hauts cyprès si différents des nôtres et qui, l'hiver, perdent leurs feuilles, surgis- sant de l'eau où baignent leurs racines ; de misérables cabanes hissées sur des espèces d'échasses, des planches jetées partout en guise de ponts pour rendre les communications moins malaisées. Tout cela sèche en été, les rivières et les bayous se déga- gent de cette nappe d'eau qui les relie et les confond entre eux, les détails du paysage, absolument noyés aujourd'hui, deviennent distincts. Ce qui est déjà facile à reconnaître, c'est la splendeur forestière de la végétation qui résiste à l'abus non seulement de la cognée, mais de la torche. D'ordinaire les bûche- rons se bornent pour aller plus vite en besogne

à une entaille profonde autour du pied de l'arbre,
puis on laisse le supplicié mourir d'épuisement;
quand cela ne va pas assez vite on a recours au feu.
Presque jamais on ne retire les souches qui noircies,
mutilées, sortent de l'eau stagnante en donnant l'idée
lugubre d'un massacre récent, d'une espèce de char-
nier végétal.

Tout le long de la rivière Saint-Francis se poursuit une grande exploitation de bois. Les cases
mobiles sont transportées ici ou là, pour la durée de
tel ou tel défrichement, puis elles vont se poser
ailleurs. C'est comme un camp levé à mesure que la
victoire de l'homme sur la nature est accomplie.
Mais la nature se défend au bord de la Saint-Francis
River, car les ours, traqués et presque détruits ailleurs, fréquentent encore ces parages.

A la petite station de Portia nous attend une
charrette découverte, haut perchée sur ses roues et
crottée pourtant beaucoup au-dessus de l'essieu. On
ne peut avoir de voiture propre avec des routes
pareilles; le sol en est limoneux, sans une pierre,
entrecoupé de flaques d'eau profondes où les chevaux du pays, patients et robustes, enfoncent jusqu'au poitrail. Plus d'une fois, en franchissant ces
espèces de gués, nous sommes éclaboussés des pieds
à la tête; mais le colonel conduit d'une main ferme,
et nous passons comme le vent par les bois et les
plantations de coton, devant les pâturages remplis
de vaches et de chevaux. De loin en loin s'élève le

long du chemin quelque maison typique du Sud, en
planches, avec un auvent avancé sur la galerie d'en
bas que partage une autre galerie transversale. Ce
courant d'air entretient la fraîcheur en été. Si la
cabane a un petit clocher, soyez sûr que c'est une
église dont la communauté est trop pauvre, trop peu
nombreuse, pour pouvoir à elle seule nourrir un
pasteur; mais il y a le *circuit preacher*, le prédicateur ambulant qui vient par intervalles, au cours de
ses laborieuses tournées, apporter la parole évangélique. Le reste du temps, les fidèles se rassemblent
confiants dans la parole du Seigneur : « Partout où
vous serez quelques-uns assemblés en mon nom, je
serai avec vous. »

— Il en est de même à Clover Bend, m'explique
Octave Thanet. Les blancs parmi nos tenanciers sont
tous méthodistes; ils ont une petite école où mon
amie va enseigner souvent, et c'est dans l'école qu'a
lieu le culte. Les nègres sont baptistes. Nous avons
au printemps beaucoup de baptêmes dans la rivière
Noire. Si le temps le permet, vous en verrez, mais
on ne peut exposer ces pauvres gens à prendre une
fluxion de poitrine! Ce qui vous amuserait, c'est un
mariage. Le mariage nègre est célébré à domicile
par un de leurs ministres. Celui-ci, les mains dans
ses poches, leur dit que l'état où ils vont entrer est
un bon état honoré dans le ciel et sur la terre. La
mariée pudique ne s'est pas demandé si elle a le droit
de mettre une robe blanche et de s'attacher autour

de la tête le ruban virginal bleu et argent. Je vous
parle des dernières noces auxquelles nous ayons
assisté. L'époux portait un habit beaucoup trop
court de taille dont on lui avait fait cadeau, une
paire de gants de cheval usés au bout des doigts, autre
cadeau. Le couple s'assit sur deux chaises dans le premier compartiment de la case; on fit asseoir les principaux invités sur les lits, le reste se tenait debout, et on
procéda ensuite à la cérémonie. Ensuite tout le monde
passe dans la pièce voisine pour manger le dindon
traditionnel et des sucreries. Les nègres réellement
pieux ne dansent pas en ces occasions, eussent-ils
déjà beaucoup d'enfants de provenances diverses.

Et Octave Thanet rit de son rire si gai, si com-
municatif, en racontant ces choses choquantes, sans
ombre de pruderie.

De son côté, le colonel me parle très simplement
de son installation à Clover Bend, il y a vingt-cinq
ans environ. Officier de l'armée fédérale, il se rendit
acquéreur, pour la moitié, de la plantation qui avait
appartenu à un major confédéré. L'autre moitié fut
achetée par le colonel Allen, de Davenport. Dans ce
temps-là, les arbres de Clover Bend auraient pu
raconter des histoires récentes de pendus. Sous prétexte de servir la cause expirante du Sud, les *Graybacks*, des déserteurs pour la plupart, avaient longtemps incendié, pillé, tué sans merci. Il y eut contre
eux des représailles terribles, et les propriétaires
coalisés finirent par purger le pays de ces bandits.

Où trouver ensuite des ouvriers? Après l'émancipation, les anciens esclaves s'étaient dispersés; on était
réduit aux services éventuels des rudes travailleurs
du Missouri, qui, vers l'époque de la cueille du
coton, passent avec toute leur famille, — les petits
enfants à califourchon dans une sangle, sur la han-
che de la mère. Ils vont ainsi droit à l'extrême Sud
où la récolte commence plus tôt, puis ils remontent, se louant ici ou là; quelquefois les mêmes
reviennent plusieurs années de suite. La besogne se
faisait tant bien que mal par leurs mains, mais,
l'heure de la paye venue, c'étaient des menaces de
coups de couteau pour obtenir plus que le prix convenu, et le propriétaire était contraint de répondre
le revolver au poing. Il est bon d'avoir fait la
guerre avant de s'occuper d'agriculture dans des
conditions semblables. Le colonel Tucker, si énergique qu'il fût, sut acquérir la réputation d'un
homme juste et bon. Sous son règne, beaucoup de
choses changèrent, comme me l'avaient dit avec
amertume les partisans de l'ancien régime. On ne se
grise plus tous les samedis, les enfants blancs et
noirs vont à l'école, les hommes trouvent avantage à
placer leurs économies dans un store (magasin) bien
approvisionné et fort prospère; ils participent aux
bénéfices, apportent leur coton à éplucher au *gin* et
leurs marchandises à l'embarcadère du bateau à
vapeur, qui dessert d'importantes scieries, au nombre
de cinq entre Newport et Portia.

Le planteur nouveau style, sans accepter toutes les responsabilités bonnes et mauvaises, inséparables de l'esclavage, qui faisaient du maître comme le chef plus ou moins humain, plus ou moins aimé d'une grande famille, accomplit certainement beaucoup de bien dans le sens moderne du mot. Il pousse au progrès ; la philanthropie ne lui est pas étrangère, quoiqu'il ait l'esprit pratique. Avant tout, il donne l'exemple ; sur cette énorme plantation, c'est lui qui travaille le plus. Aujourd'hui, ses tenanciers sont nombreux et font d'assez bonnes affaires. Pour la récolte du coton, les femmes, les enfants peuvent gagner un dollar par jour s'ils sont habiles à ramasser des deux mains à la fois. Il n'y a pas de besogne qui donne moins de peine. Un bon ouvrier à Clover Bend gagne de soixante-dix à quatre-vingt cents (sous) par jour.

Huit milles de course, pénible pour les chevaux, très intéressante en revanche pour l'étrangère qu'ils emportent à travers un si curieux inconnu. — Tout en causant, nous atteignons Clover Bend où l'opposition des maisons de bois peint, propres et solides, et de certaines *log-houses* d'autrefois, qui abritent encore quelques nègres, me fait sentir tout de suite les différences entre l'ancien et le nouveau Sud. L'aspect général est celui d'un petit village irrégulièrement éparpillé sur de grandes distances, au bord de la rivière, entre les vastes enclos bordés de barrières droites ou en zigzags *(snake fences)* et la forêt sans

bornes. Au bord de l'eau se dresse le bâtiment le
plus important de l'endroit, le *store*, contigu au
cotton gin que révèle sa noire cheminée. On m'a
montré en passant le *meeting house*, école et temple
à la fois; on m'indique comme une relique du passé
le grand chêne vert séculaire à l'ombre duquel Espagnols et Français se réunissaient pour trafiquer avant
que nous eussions renoncé à nos immenses posses-
sions du Sud, dont ni Louis XV ni même Napoléon
ne semblent avoir apprécié l'étendue.

A peu de distance l'une de l'autre, du côté défri-
ché, sont les deux maisons bourgeoises de l'endroit,
la demeure du colonel, très jolie, peinte en vert pâle,
avec un balcon couronnant tout le rez-de-chaussée.
Dans le bow-window sourient des visages d'enfants.
La seconde maison est celle de la famille à laquelle
mes compagnes appartiennent, l'une par le sang et
l'autre par les liens d'une étroite amitié. Sur la construction primitive, élevée d'un étage, ont été greffés
quelques embellissements discrets, une véranda où
grimpent des lianes et aux piliers de laquelle s'attache
une toile métallique destinée à tenir en respect un
fléau local : les mouches. L'extérieur est rustique
autant qu'il convient au cadre environnant, mais à
peine a-t-on passé le seuil qu'on se sent au milieu
de tous les raffinements du confort, de toutes les
recherches esthétiques que l'on pourrait rencontrer
dans un pseudo-cottage de la campagne anglaise.
Le salon est rempli non seulement de jolis meubles,

mais de ces mille riens qui donnent de la vie aux
murs et révèlent la présence de femmes distinguées ;
partout ce sont des toiles peintes à gais ramages,
des livres bien choisis, de bonnes gravures, des
photographies de l'endroit prises par les dames de
Clover Bend qui excellent dans cet art, comme dans
tous les autres, y compris les ouvrages d'aiguille et
la cuisine, ce qui n'est pas précisément américain.

Le lendemain de mon arrivée, nous visitons les
deux écoles, celle des enfants de couleur d'abord, où
la classe est faite par un jeune instituteur mulâtre,
au teint très peu foncé, aux cheveux longs, à la
barbe presque blonde. Il a d'assez nombreux élèves
des deux sexes ; deux ou trois grands garçons
l'aident à maintenir l'ordre. Les plus petits parmi les
enfants sont d'abord interrogés devant moi ; ils
apprennent à prononcer et à épeler correctement
d'après la méthode Frœbel. Aucune timidité,
l'air vif et intelligent. Les petites filles surtout
m'amusent ; elles roulent des yeux étincelants
comme des perles de jais sous leurs petites tresses
laineuses hérissées sur la tête en manière de cornes.
Leurs aînées sont moins dégourdies ; il y en a de
très grasses qui auraient grand besoin de corsets.
Interrogées sur la géographie, quelques-unes font
preuve de mémoire, d'autres se bornent à ricaner,
les paupières obstinément baissées. Une odeur de
bergerie où domineraient les moutons noirs règne

dans la chambre. Du haut de la plate-forme, où l'on est toujours poussé de gré ou de force dès que l'on visite une école quelconque en Amérique, je dis aux enfants que je parlerai d'eux et de leurs progrès à Paris.

— Et Paris, ajoute le colonel qui m'accompagne, cela veut dire la France.

Un *cheer* s'élève, tandis que mes yeux se mouillent sottement, je ne sais pas au juste pourquoi.

— Dites-leur quelques mots de français, me demande le maître d'école. Ce sera la seule fois de leur vie qu'ils entendront votre langue.

Et je reprends du fond du cœur : « Soyez reconnaissants à vos maîtres qui font tant pour vous. Aimez-les. Que Dieu vous bénisse ! »

Nouveau *cheer* que je m'efforcerai de mériter ensuite par une distribution de poupées aux petites filles. Et les garçons y prendront le plus vif intérêt sans mélange d'envie ; mais aucun d'entre eux, ni fille ni garçon, ne saura que le grand mérite de ces poupées rustiques, achetées au *store* de Clover Bend, est d'avoir été habillées par les doigts de fée d'Octave Thanet le romancier.

De l'école de couleur située un peu à l'écart, nous revenons — par ces chemins le long desquels se balancèrent force pendus à l'époque des guérillas, incendiaires de moulins sous prétexte de patriotisme, — nous revenons, dis-je, vers l'école blanche. Là un instituteur jauni et décharné par la fièvre semble

avoir à peine la force de présider une leçon de lecture. Cette fois je me garde de prendre la parole ; le
colonel se met à raconter devant moi mon voyage en
traçant toutes mes pérégrinations sur la carte, afin de
faire bien sentir aux écoliers quel honneur c'est pour
eux de recevoir une visiteuse venue de si loin.
Ils écoutent bouche béante, frappés de stupeur, mais
personne n'est aussi stupéfait que moi-même.
En l'entendant détailler de prétendues prouesses,
auxquelles je n'avais pas eu le temps de songer
jusque-là, je me sens terrifiée par ma propre entreprise.

L'instituteur, très poli et très doux, ne réussit pas
à faire parader ses élèves comme l'a si bien fait son
collègue mulâtre.

— L'autre a sur celui-ci un double avantage,
m'explique ensuite le colonel, il est bien portant et
moins pauvre. Songez qu'avec le peu qu'il gagne, ce
malheureux doit nourrir sa femme et six enfants...
Oui, un enfant de plus tous les ans ! Comment vou-
lez-vous qu'il s'en tire ?

J'aimerais à faire connaissance avec le prédicateur
ambulant, mais il est en tournée ; il ne revient guère
à Clover Bend que toutes les trois semaines, tant son
circuit est étendu. Le dimanche, mes amis lisent la
Bible chacun chez soi, et se réunissent pour chanter
des hymnes au piano. Le colonel s'y distingue. Et les
hymnes sont suivies, à mon intention, de mélodies
nègres d'une pénétrante mélancolie. J'entends encore

les voix grêles et hautes des enfants chanter cet air
célèbre, palpitant de regrets, qui valent ceux de
Mignon pour une autre terre où fleurit aussi l'oran-
ger : *I's gwine to Dixie...*

Les nègres m'intéressent de plus en plus ici où
j'ai tant d'occasions de les étudier, non pas transformés à la hâte par des influences civilisatrices,
mais dans leur état naturel que modifie tout doucement la suggestion au travail, à l'ordre et à l'économie donnée par des propriétaires qui ne sont plus
des *maîtres*.

Le contraste entre les colons blancs et noirs me
frappe tous les jours. Les premiers sont de grands
gaillards maigres et hâves, tannés comme le cuir de
leurs bottes d'égoutiers, les joues creuses, les traits
allongés, le teint terreux et la physionomie morne,
effet de la fièvre probablement. Les *chills* (frissons)
s'attrapent avec une extrême facilité dans l'Arkansas ;
il suffit de s'asseoir sur le sol détrempé, de garder
des vêtements humides. Le feutre à larges bords
rabattu sur les yeux, ils circulent beaucoup à cheval
et s'offrent en guise de récréation une halte dans le
store, quoiqu'on n'y vende aucune espèce de liqueur,
rien que les boissons les plus anodines ; mais c'est
quelque chose que de fumer ensemble les pieds sur
le grand poêle, dût-on causer fort peu, car ils sont
taciturnes, tristes comme le sol même auquel ils
sont attachés et dont ils ont pris la couleur limo-
neuse.

Le nègre, lui, est moins bon travailleur, infiniment plus gai, en revanche, porté à l'optimisme, très inconstant, capable de déguerpir d'un jour à l'autre avec toute sa famille, quitte à revenir vite ; mais, blancs ou noirs, les colons sont sans exception d'honnêtes gens. Rien n'est fermé à Clover Bend, et on n'a jamais entendu parler de vols. Pour ce qui concerne le nègre, il faut s'entendre. Le pauvre diable est capable quelquefois de chiper un poulet, mais il ne prendrait pas autre chose ; il gardera peut-être un sou ramassé sur la route, mais il rapportera fidèlement, si par hasard il la trouve, une liasse de billets de banque. Vivre sans plaisirs lui serait impossible ; il aime les réunions, les danses, les jeux ; l'hiver un festival s'organise dans telle ou telle case, et les affaires s'y concilient avec les amusements de toute sorte, car ceux qui reçoivent vendent à leurs hôtes des bonbons et des gâteaux.

Il ne faudrait pas trop approfondir la question de régularité des familles. Lorsqu'ils veulent se marier, le parjure et la bigamie ne coûtent guère à la plupart des nègres, Ils trichent sur l'âge légal du consentement, en toute innocence, car presque jamais les nègres ne savent leur âge. Ils oublient qu'ils ont laissé çà et là une ou plusieurs femmes. Lorsqu'on y réfléchit, ceci n'a rien de très surprenant au pays du divorce. La charmante actrice Lilian Russel a bien divorcé cinq

fois ! Mais pareille formalité coûte de l'argent, et
un pauvre tenancier de l'Arkansas n'en a guère.
Il se borne donc à former de nouveaux liens, sans
faire rompre judiciairement les anciens. L'idée de
se passer de la cérémonie du mariage ne lui
viendrait jamais : icisa conscience commencerait à
s'éveiller.

Le plus beau des nègres de Clover Bend est un vieillard au profil aquilin, à la barbe grise, que l'on pourrait prendre pour un Arabe. Oncle Nels (c'est l'abré-
viation de Nelson) a grand air sous ses haillons et
le feutre informe qui le coiffe ; une gravité habituelle
le distingue de ceux de sa race, dont il m'a paru
cependant être sous d'autres rapports la personnification très curieuse. Aucune apparence chez lui de
sens moral : il s'accuse avec beaucoup de calme
d'avoir été mauvais esclave, pas précisément paresseux, non, mais *mean*, vil, capable d'actions fort
basses. Si l'on veut en avoir la preuve, il pourra
montrer les cicatrices dont son pauvre dos est
labouré. Bigame d'ailleurs, et doublement puisqu'il
a épousé au cours de sa vie quatre femmes dont
une seule est morte. Sans s'expliquer sur l'abandon
des autres, il donne la raison suivante à sa rupture
avec la seconde : « Je me suis éveillé un matin
avant elle, dit-il en son jargon, et je l'ai regardée
pendant qu'elle dormait. Elle était si noire sur
l'oreiller que je n'ai pas pu y tenir. Je suis parti et
ne suis jamais revenu. »

Cet homme, hardi et prompt comme on le voit, dans ses résolutions les plus sérieuses, est craintif pourtant comme tous les esclaves. Son rêve fut longtemps de visiter une fois la grande ville de Memphis. Le jour où il eut économisé assez d'argent pour cela, il partit, si transporté de joie qu'il cria de loin à sa femme, la dernière, celle que finalement il préfère à sa « femme principale » : — « Adieu Jane, je ne sais pas du tout si je reviendrai, tant je vais m'amuser dans la grande ville!... » — Mais à peine fut-il seul dans le *car* que son enthousiasme s'apaisa ; des compagnons blancs étaient montés, un peu trop en train, faisant tapage. La peur le prit ; comment allaient-ils traiter le pauvre nègre ? Intimidé il se glisse dans un coin, près du conducteur, nommant son maître pour se recommander à la protection de l'autorité ; puis, une fois à Memphis, le mouvement, le bruit des rues l'impressionnent tellement qu'il revient le lendemain même, l'oreille basse, éperdu, tout honteux, rapportant intact l'argent qu'il n'a pas su dépenser.

Leurs mœurs faciles n'empêchent pas les nègres d'être pieux. Le dimanche ils vont régulièrement à l'église baptiste, partant de bonne heure en procession, quitte à n'avoir de service que dans l'après-midi. L'intervalle d'attente est rempli par de longues conversations à la porte de la grande cabane où chacun a le droit de prêcher, hommes et femmes ; parmi ces dernières, il y en a d'élo-

quentes. Orateur ou oratrice s'excite en parlant et
communique à son auditoire une émotion convul-
sive, pour ainsi dire, qui produit des réveils
spirituels inattendus. La religion s'attrape ainsi
ni plus ni moins que la rougeole ou une attaque de
nerfs. Même à l'état de calme, en admettant que ces
êtres sensitifs y soient jamais, la discussion religieuse est leur plaisir favori. Les citations bibliques
leur viennent à la bouche avec une facilité, une
abondance vraiment prodigieuses. Il suffit pour se
donner ce spectacle de formuler devant eux quelque
hérésie, comme par exemple : « Adam ne fut pas
le premier homme. Dieu en avait créé d'autres
avant lui. » Aussitôt ils prennent feu, les textes se
précipitent. Jamais une faute de mémoire, même
chez ceux qui ne savent pas lire ; et rien pour eux
n'est symbolique. Ils tiennent non seulement à la
lettre, mais au détail précis ; ils voient Dieu tirer
Ève de la côte d'Adam avec l'aide d'un couteau
semblable au leur. Ils catégorisent le serpent dans
une des espèces qu'ils connaissent : à Clover Bend,
c'est le serpent à sonnettes. Le plus ignorant des
nègres est capable de raisonner avec subtilité. Ce
qui m'afflige, c'est le mépris inconscient qu'ils ont
de leur propre couleur, l'aspiration générale vers des
teintes claires. Le préposé au bûcher nous dit par
exemple :

— Je n'épouserai jamais une de ces vilaines
noiraudes, mais une jolie petite femme brune,

brown, qui aura des cheveux frisés longs comme ça !

Et il montrait la longueur de sa main.

Deux nègres se disputent sur la beauté de leurs enfants :

— Il veut faire croire, s'écrie l'un d'eux en haussant les épaules, que son petit est plus beau que le mien, quand il est noir comme la cheminée !

Lui-même semblait barbouillé de suie.

Comment les pauvres négresses ne se croiraient-elles pas grandies et glorifiées par le caprice d'un blanc, si court et si brutal que ce caprice puisse être ?

Le temps s'écoule très vite à Clover Bend malgré la monotonie des journées, au point de vue des événements du moins, car les ressources d'esprit sont d'une infinie variété. Mais enfin rien n'arrive jamais. C'est toujours le même va-et-vient de troupeaux de vaches dont on reconnaît le propriétaire à leur oreille fendue ou à quelqu'autre signe ; celles du Texas, très méchantes, ont souvent les cornes sciées ; toujours le même passage silencieux (car l'épaisseur de la boue amortit tous les bruits) d'une charrette attelée de mules ; elle glisse comme une ombre chinoise conduite par le nègre qui s'y tient debout, si comique dans ses longs habits d'hiver dépenaillés et son couvre-chef en forme de champignon.

Voici cependant le facteur à cheval ; il accourt de

Minturn à franc étrier, avec les lettres ou les dépêches, et prend au *store* le courrier quotidien. Le store est aussi le bureau de poste, le centre de toutes les affaires, de toutes les rencontres. Des chevaux sont toujours attachés à sa porte. De temps en temps, un transport de bois de charpente filant sur la rivière Noire s'y arrête, ou bien c'est le petit vapeur qui circule de Newport à Portia. Il s'annonce par un coup de sifflet strident qui se prolonge parmi les saules, et un moment d'animation extraordinaire s'ensuit, l'équipage débarquant en toute hâte pour renouveler ses provisions ; car on trouve au *store* les objets les plus hétérogènes : du porc salé, des œufs, des jambons, de la mercerie, des tricots, des chaussures, des peaux fraîchement tannées de lynx, d'opossum et de rat musqué, des jouets d'enfant, de la graisse pour les roues, bref tout ce dont peut avoir besoin un homme qui, pratiquant la tempérance, ne s'attend pas à la vente de boissons fermentées. Il en était autrement, paraît-il, au temps du vieux Sud.

Une autre distraction à laquelle on est assez souvent convié, c'est le domptage d'un cheval, spectacle affreux presque autant qu'une course de taureaux. L'un de ces chevaux originaires du Nouveau-Mexique, qui restent sauvages, paissant en liberté dans la savane, est poursuivi et attrapé au lasso pour être présenté à un acquéreur quel-

conque. A grand'peine le dresseur nègre réussit à
l'amener, rétif et furieux, au bout d'une longe.
La malheureuse bête rue et se défend ; il faut
que celui qui la tient suive tous ses mouvements
avec une extraordinaire souplesse. Elle se jette sur
les barrières, se roule, arrive enfin trempée de
sueur, de boue et de sang devant le public dont
nous faisons partie ; j'ai vu un cheval qui, dans
sa rage, s'était coupé la langue ; parfois il arrive
que dans cette lutte il se casse le cou et qu'on ne
l'ait que mort.

Je fais compliment à l'un des *horses breakers*
nègres, de son adresse et de son courage, quoique
tout mon intérêt soit, je l'avoue, pour le cheval
martyrisé. Il rit à belles dents.

— N'avez-vous jamais été blessé ?

— Si fait, on l'est très souvent. Je suis resté une
fois trois mois sans pouvoir marcher.

— Vous recommencez pourtant ?

Il rit de plus belle. C'est chez lui une vocation.

Les enfants de mes amis sont accourus très excités ;
les petites filles grimpent sur la barrière pour mieux
voir ; un petit garçon de sept ans reste avec les
hommes près du cheval, les mains dans ses poches,
intrépide. Ses parents le laissent aller, confiants en
sa sagesse ; puisqu'il doit être un homme, qu'il fasse
à ses risques un double apprentissage de bravoure et
de prudence. Telle est l'éducation américaine. Enfin
les nouveaux acquéreurs emmènent leur cheval, à

16

moitié mort pourrait-on croire. Il leur donnera
pourtant encore, chemin faisant, beaucoup de fil à
retordre; mais personne ne le brutalisera inutilement;
les chevaux sont toujours traités en compagnons
dans les pays primitifs. Chaque fois qu'il tombe, on
le caresse, on le flatte, on cherche à lui faire comprendre qu'on ne lui veut pas de mal, on amène
auprès de lui ses pareils rompus au harnais et dont
l'exemple est supposé devoir l'impressionner favora-
blement; demain on l'attellera côte à côte avec une
mule placide qui lui servira de maîtresse d'école et
qu'il étonnera par ses fantaisies.

Les repas peuvent bien compter aussi à Clover
Bend parmi les incidents mémorables de la journée ;
j'avais deviné d'après les écrits d'Octave Thanet qu'elle
tenait la gastronomie en honneur. Elle a même, luxe
rare en Amérique, une cave toute française. Sa cuisine, si elle a été jadis maléficiée, a triomphé des
enchantements. Il en sort toute sorte de friandises
locales. C'est la saison des cailles, très différentes des
nôtres, deux fois plus grosses et d'un tout autre goût,
succulentes à leur manière. Elles précèdent de peu les
bécasses. Et la salle à manger se recommande à mon
attention non pas seulement par la bonne chère, mais
encore par la légende qui s'y rattache. Elle possède en
effet un revenant. Si vous vous informez de son nom,
vous apprendrez que c'est le spectre du régulateur.

Le régulateur de Clover Bend était un homme de
bonne volonté qui, ayant entendu dire à l'église que

Dieu appelle chacun de nous à le servir, se demanda
quel service il pouvait rendre au Tout-Puissant,
n'étant rien que bon forgeron. Et une voix lui dit :
« On peut forcer les gens à se bien conduire, si
on ne sait pas le leur prêcher. » Son parti fut pris
aussitôt. Il se fit régulateur, et, certes, il ne fut pas
le seul de son emploi au temps de la destruction des
Graybacks, mais jamais personne n'exerça cet emploi
avec autant de zèle. Il rossait les gens qu'il rencontrait
ivres, il rossait les nègres fainéants qui ne gagnent
pas leur salaire, il rossa un avare qui refusait
l'aumône à tous les pauvres, il rossa un mari qui
battait sa femme ; tous les mauvais sujets, tous les
voleurs sentirent le poids de son bras. Le résultat de
ses efforts fut que les individus qu'il cherchait ainsi
à convertir ne lui en surent aucun gré et qu'un jour
il reçut une balle dans la tête. J'ai vu l'endroit où
était tombé, au moment le plus brillant de sa carrière,
le régulateur de Clover Bend. Il fut transporté dans
la pièce qui est devenue ensuite une salle à manger.
Au jour anniversaire du meurtre, et d'autres fois
aussi, la porte de cette chambre s'ouvre brusquement
sans que personne y touche, et, chose merveilleuse,
elle reste ouverte le temps de laisser défiler le funèbre
cortège qui rapporta une victime du devoir. Après
quoi elle se renferme. Tous les habitants ont assisté
à ce prodige, mais il devient plus rare depuis que la
vieille serrure, un peu lâche, a été remplacée par une
serrure neuve.

Après le lunch a lieu notre promenade quotidienne :
on ne peut se promener qu'en voiture ou à cheval,
vu l'état du sol ; même pour échanger une visite avec
nos proches voisins, nous devons suivre le *sidewalk*
en planches, le long trottoir mobile. La petite
charrette qui nous porte s'enfonce sous bois à travers
flaques d'eau et fossés dans des endroits où jamais
ne s'aventureraient les chevaux européens. Ceux-ci
n'ont pas l'air de se douter qu'il faille de préférence
suivre des routes tracées, ils passent philosophi-
quement partout en imprimant au léger véhicule
un mouvement de bateau. Nous roulons ainsi dans
des forêts qui tantôt semblent vierges et tantôt me
donnent l'impression d'avoir été brutalement pro-
fanées. La main-d'œuvre est trop chère pour qu'on
songe à les exploiter avec méthode ; des squelettes
carbonisés à demi, encore debout cependant, lèvent
leurs grands bras lamentables au milieu de la masse
serrée des chênes blancs et noirs, des chênes à feuille
de saule, des frênes, des sycomores, des cyprès qui,
comme ces derniers, font peau neuve. Près de la
lisière, j'ai remarqué aussi des ormes d'une beauté
singulière. Tous ces arbres sont des géants ; ils
poussent en hauteur, trop près les uns des autres
pour pouvoir étendre largement leurs branches ; des
lianes robustes les relient entre eux. Mes amies me
disent qu'il n'y a pas de parfum plus pénétrant que
celui de la vigne sauvage quand elle est en fleur.
Beaucoup de gommiers : leur bois sert à fabriquer

des meubles d'un très joli ton, tandis que la gomme qu'ils distillent fournit ces vilains bâtons à chiquer dont les enfants raffolent en Amérique, et non seulement les enfants, mais la plupart des gens du commun. Dans les *cars*, dans les chemins de fer, j'ai partout remarqué ce mouvement automatique de la mâchoire qui indique l'habitude de chiquer; c'est une chique inoffensive. J'admets que cette substitution ait quelquefois aidé les hommes à perdre l'habitude du tabac, mais quelle peut être l'excuse des femmes? Quoi qu'il en soit, la *chewing gum* est préconisée dans tous les journaux, sur tous les murs, à grand renfort de réclame.

Oublions ce produit vulgaire devant les arbres dont il sort et qui ont le droit d'exister par leur seule beauté. Mêlés à d'autres essences, ils encadrent l'étang, le large bayou, canal naturel où se déverse le trop-plein de la rivière Noire. Cette nappe d'eau, embroussaillée de *briar*, de *cane*, et d'*elbowbrush*, sommeille lourdement dans ce que je ne puis appeler que la jungle, le nom de fourré ne suggérant rien d'assez grandiose, On est embarrassé pour décrire ces accidents de l'Arkansas, le *ridge*, la chaîne basse qui alterne avec la platitude des marais, comme s'élève une crête entre deux sillons, le *slash*, l'incision, la taillade que fait un cours d'eau dans le gâchis des terres, le *brake* qui n'est *brake* qu'à la condition de se trouver dans un fond rempli d'eau; en s'élevant, il perd son caractère et son nom. Un *brake* de cyprès

16.

est le principal trait de la physionomie de l'Arkansas.
Des troncs déracinés flottent dans l'eau noire chargée
de plantes aquatiques, et les harponneurs sautent de
l'un à l'autre pour former des radeaux que l'on amène
au rivage non sans risque ; c'est un métier dangereux
pour qui ne sait pas nager.

L'étang de Clover Bend me rappelle plus d'une
histoire racontée par Octave Thanet : la rencontre
nez à nez de deux petits enfants avec un ours, — ours
débonnaire et savant échappé de sa ménagerie
ambulante ; l'aventure vraie de la pauvre petite fille
perdue la nuit dans ces grands bois et qui, ayant
pris le bayou pour la rivière, est retrouvée par
miracle sur un des troncs flottants dont les branches
pointent en l'air comme des javelots. Toute la population la cherchait avec des torches en remplissant le bois de cris désespérés, et elle, pendant
ce temps, avait eu la présence d'esprit, si petite
qu'elle fût, d'ôter sa robe pour ne pas la mouiller ni
la salir.

On se livre dans les bois de l'Arkansas à des
chasses au sanglier qui provoquent d'ardents steeple-
chase. Nous ne rencontrons pas de sangliers, mais des
cochons par centaines, maigres, à demi sauvages et
pourtant apprivoisés par la faim. Ils galopent avec une
vitesse prodigieuse derrière la voiture dans l'espoir
que nous leur jetterons quelque victuaille. Chaque
jour l'individu attaché à leur service fait entendre
un appel qui les convie au repas, grâce auquel on

peut en attraper quand vient le temps de les en-
graisser ou de les vendre. Les petits sont très drôles,
d'une effronterie singulière et luisants comme du satin.
On dit que les vautours les enlèvent assez souvent
à défaut de bêtes mortes, mais celles-ci ne leur
manquent guère, car tous les animaux défunts de la
plantation sont immédiatement traînés dans les bois
où bientôt on n'en trouve plus que les ossements
blanchis. Les vautours de l'Arkansas, les *buzzards*,
font partie intégrante du paysage et contribuent à
son aspect mélancolique. Il y en a toujours dans le
ciel un couple au moins, qui, les ailes éployées,
guettent la mort ; ils veillent à la salubrité publique :
ce sont les grands balayeurs de l'air.

En cherchant bien, on trouve autre chose que des
beautés naturelles à Clover Bend ; la plantation
possède aussi des monuments : par exemple, à l'endroit où se forme le grand bayou, on me montre, du
côté des marais, une sorte de levée qui, à en croire
la tradition, n'est l'œuvre ni des Espagnols, ni des
Français, mais qui remonte à cette race préhistorique
dont les *mounds*, monticules, sont dispersés dans
toute la vallée. Deux de ces tertres, qui sont des
sépultures indiennes, ont été fouillés, livrant des pote-
ries nombreuses, des perles, de la peinture de guerre,
des débris de toute sorte, collectionnés depuis dans
un coin du *store*. Un homme, venu on ne savait d'où,
s'intéressa beaucoup il y a quelques années aux
mounds. Tout son temps était consacré à des fouilles

dont il gardait le secret avec un soin jaloux. Il ne communiquait avec personne et semblait misérable. En mourant, il révéla son nom, le nom d'une bonne famille de l'État de New-York.

Le grand spectacle de la journée c'est le coucher du soleil sur la Black River qui peu à peu mérite tout de bon l'épithète de noire, après avoir reflété l'embrasement du ciel et brûlé de toutes les nuances de la pourpre et de l'or. Moirée d'abord de feux ardents et de colorations d'opale, la rivière semble ensuite se figer ; sa surface sans un pli, unie comme une glace où se mirent les sycomores et les cyprès, devient pareille à de l'encre ; sa courbe indolente s'endort, tout s'éteint, sauf quelques grandes flaques d'eau stagnante qui brillent encore dans l'herbe. Cependant les troupeaux paissent parmi les cannes, et le crépuscule tombe lentement. Nous ne verrons plus rien jusqu'à ce que le clair de lune, répandant une lumière aussi nette que celle du jour, fasse scintiller la terre mouillée des champs de coton et prête des reflets d'argent au ton gris uniforme des barrières interminables qui, droites ou en zigzags, séparent les pâtures autour de nous. Il ne fait pas bon affronter à cette heure l'humidité. Nous nous réunissons autour d'un grand feu ; les uns jouent, les autres causent. On répond à mes questions avec une patience inépuisable.

L'un des plus assidus à ces veillées est un magistrat

local. Il nous donne des détails palpitants sur l'affaire qui s'instruit au moment même, le procès des trois Powells qui ont attaqué un train de chemin de fer et sont en prison à Powhatan, en attendant qu'on les transfère à Little Rock, la capitale. Leur attitude est, paraît-il, excellente. Ils subiront bravement le dernier supplice. Ces bandits ont été découverts dans les bois où ils se cachaient, par les bloodhounds, terribles chiens employés autrefois pour chasser les esclaves marrons et qui restent encore les auxiliaires les plus sûrs de la justice. La population est si excitée que les autorités ont grand'peine à préserver leurs prisonniers de ces vengeances sommaires dont on essaie depuis peu d'arrêter les effets.

Comme je me récrie contre la loi de Lynch en la traitant de barbare, le magistrat sourit sans se prononcer ; on voit à merveille qu'il la trouve en certains cas nécessaire. A propos des Italiens, par exemple, massacrés à la Nouvelle-Orléans, il dit tranquillement : « — C'était trancher une grosse difficulté ; on savait qu'ils seraient relâchés. »

Je comprends, aux demi-mots qui lui échappent, qu'avec la corruption régnante il est parfois difficile de compter que justice soit faite. Cependant de si effroyables abus ont eu lieu que force est bien de sévir à la fin non seulement contre ceux qui les accomplissent, mais contre ceux qui les approuvent par leur présence.

— Beaucoup d'honnêtes gens le regrettent.

L'individu apparemment sanguinaire qui parle ainsi est au fond plein de sensibilité, mais il se livre quand même, avec un zèle digne de celui des anciens *régulateurs*, à la capture des bandits de toute sorte. Je l'ai rencontré dans le *car* de Walnut Ridge accompagnant en personne ses trophées sous forme de prisonniers enchaînés les uns aux autres. Ces misérables s'installent au milieu des autres voyageurs et trouvent parfois un voisin compatissant qui leur paie à boire. Le même voisin les lyncherait peut-être volontiers. Il y a eu, en deux mois, cinq ou six attaques de trains de l'Ouest par des voleurs masqués. Quand on prend ces mêmes trains, une légère émotion, qui n'est pas sans charme, s'ajoute à l'intérêt du voyage.

La fin de mon séjour à Clover Bend fut gâtée par une soudaine irruption de l'hiver, un hiver beaucoup plus rude que celui des mois de décembre et de janvier, qui n'avaient amené ni froid ni neige, tandis que de vraies gelées se firent sentir, même dans l'Arkansas, à l'heure printanière de l'année 1894 où des cyclones ravageaient les côtes, où l'horrible *blizzard* soufflait à New-York.

Nous avions beau brûler la moitié d'un tronc d'arbre dans l'énorme cheminée du salon, nous nous apercevions que nos murs étaient de bois très mince et, la nuit, c'étaient dehors des mugissements, des plaintes lamentables. Le bétail, sans abri, ne se résignait pas à cette température insolite : cent

chevaux en liberté, deux cents vaches, six cents
porcs lâchés à travers bois, protestaient chacun en
son langage contre une saison sans pareille. Il y eut
des tragédies ; beaucoup de petits veaux périrent ;
leurs corps traînés par une mule s'en allèrent dans
la forêt servir de pâture aux vautours. Heureusement
le soleil intervint bientôt ; ses chauds rayons fondirent
la glace, rétablirent l'ordre et rendirent un certain
repos d'esprit aux nègres qui avaient cru proche
leur dernière heure. De tristes et silencieux qu'ils
étaient la veille, ils reprirent leurs habitudes expan-
sives pour raconter les aventures de ces affreuses
nuits pendant lesquelles la neige avait fait irruption
par les fentes de leurs cases, les forçant à dormir
sous un parapluie ouvert. Il fallait les entendre,
réunis autour du grand poêle dans le *store* et suant
à grosses gouttes, car du jour au lendemain, le feu
était devenu fort inutile. N'importe, ils en jouissaient
délicieusement. Jamais un nègre ne se sent assez
rôti.

Le changement de décor qui suivit très vite cette
reprise de l'hiver devait rivaliser avec ce qu'on
appelle au théâtre un changement à vue. Les eaux
baissèrent, le gris mélancolique du paysage s'égaya
de bourgeons d'un lilas merveilleux partout où ne
se dépliaient pas les premières feuilles. Dans
l'épaisseur des cannes où jadis se cachaient les
esclaves marrons, on entendit des frôlements d'ailes,
des chants joyeux : le plumage métallique du martin-

pêcheur étincela parmi les roseaux, des pics blancs
à tête verte et rouge se mirent à marteler les arbres
comme pour s'assurer qu'ils n'étaient pas morts ; les
gros serpents qui, dans les bois, courent d'un arbre
à l'autre, se transformèrent en lianes verdoyantes ;
l'oiseau moqueur, qui est le rossignol de l'Amérique,
commença son concert nocturne ; longtemps avant
qu'il eût jeté sa première note j'avais vu voltiger
l'oiseau bleu qui chez nous n'existe que dans les
légendes ; il y a aussi le *red bird*, vêtu en cardinal.
Tout ce peuple emplumé commence ses gazouillis
juste à l'instant où le *dog-wood* se met à étoiler les
bois d'une pluie de larges fleurs blanches à quatre
pétales et où les buissons de roses cherokees se
couvrent d'églantines monstres.

A mon regret, je ne pus attendre le plus beau
moment de cette féerie, et encore moins l'éclosion
du coton, blanc, me dit-on, le premier jour, rosé le
lendemain, et ensuite blanc et rose à la fois, la même
plante portant souvent en outre sa bourre neigeuse.
L'heure du départ avait sonné. Je dis adieu à tous
mes amis, dont chacun représentait au vif quelque
personnage des romans d'Octave Thanet : le planteur
des premiers temps de la reconstitution, capable de
faire tout ce que les circonstances peuvent imposer à
un être humain, fût-il jeté sur une île déserte, et de
tirer du néant un *home ;* — l'âme de ce *home*, une
aimable Bostonienne qui, toute à ses enfants, ne
semble regretter ni les ressources intellectuelles, ni

les distractions de sa ville natale ; — le jeune planteur élégant qui se fait envoyer ses habits du Nord, monte de beaux chevaux, a grand soin de ses ongles et affecte un peu l'espèce de dédaigneuse lenteur, dans les mouvements et la parole, d'un gentleman anglais, ce qui ne l'empêche pas de s'occuper très activement d'élevage, de culture, et de tenir les comptes du magasin (détail caractéristique : il a voyagé en Europe, mais n'a pas vu Paris, ayant été saisi tout à coup d'une nostalgie d'espace illimité) ; — la jeune veuve aux longs yeux noirs, calme comme un clair de lune, qui fait penser au portrait tracé par Shakspeare d'une dame vertueuse, douce autant que belle, sachant du reste faire la pâtisserie et battre le beurre aussi bien qu'Octave Thanet en personne ; — la grand'mère, frêle et distinguée, maîtresse de maison accomplie, habile à organiser une partie de whist et à saisir au vol les moindres éléments de sociabilité. Puis, auprès de ces premiers rôles, les comparses : colons blancs vêtus comme les cowboys de Buffalo Bill, nègres aux guenilles pittoresques et sur le noir visage desquels la moindre marque de bonté amène une si joyeuse expression.

J'eus un vrai chagrin de quitter Clover Bend, mais surtout il me parut un instant impossible de me séparer, sans grand espoir de la revoir jamais, d'une personnalité bienfaisante, — il n'y a pas d'autre mot pour rendre son action sur les esprits les plus divers, — telle que l'est Octave Thanet.

17

Après tant de rencontres, elle me prouva que je n'avais pas épuisé l'étude des types multiples d'Américaines et qu'en cherchant encore, je trouverais probablement des qualités nouvelles à signaler, qualités empruntées à toutes les races ; cependant, nulle part, il faut le reconnaître, je n'ai remarqué au même degré nos meilleures qualités françaises.

Adieu aux longues colonnades de la forêt, adieu aux prairies où fuient les chevaux du Texas, adieu aux deux petites écoles, et puissent-elles un jour n'en faire qu'une ! La voiture qui nous emporte, avec un lunch au champagne que nous devons manger en bohémiens sur la route, file rapidement vers Portia ; nous prendrons le *car* jusqu'à Hoxie ; de là le chemin de fer conduit à Walnut Ridge, le point de départ pour Saint-Louis. Adieu à l'Arkansas !

La dernière figure que j'entrevois sur les terres de Clover Bend est celle de la jeune femme du prédicateur ambulant. Elle fend du bois au seuil de sa cabane, tandis que son mari porte la parole de Dieu d'une plantation à l'autre. Le soleil met une auréole à ses cheveux roux et pique une étincelle à la hache levée d'un bras robuste. Une grande émotion me vient au cœur, une émotion mêlée de respect pour ces gens simples qui peinent comme des manœuvres en faisant le bien et en prêchant d'exemple plus encore que de bouche. Parmi eux, je compte le pauvre maître d'école. J'ai demandé depuis de ses nouvelles à Octave Thanet. Elle me répondit en m'annonçant qu'il était mort :

« La fièvre qui le minait s'est terminée par la pneumonie. Hier nous sommes allés à son enterrement. Le dernier cadeau que nous lui ayons fait est celui d'une bière et d'un habit. Cela paraît du gaspillage ces vêtements neufs déposés dans une tombe, mais, ici, la famille y tient plus qu'à tout le reste. Ce furent de tristes funérailles, célébrées dans son école même, avec ses derniers exercices écrits sur le tableau noir. Ses élèves sanglotaient pendant tout le service. Quand je regardai par la fenêtre et que je vis la misérable petite procession s'éloigner, les porteurs dans leurs pauvres habits du dimanche et la jeune femme avec son pauvre châle de deuil jeté sur sa robe de cotonnade, son plus petit enfant dans les bras, il me sembla n'avoir jamais rien contemplé d'aussi lugubre. Le ministre fut obligé de s'arrêter au milieu de son discours tant il était ému, et la veuve perdit alors tout ce qu'elle avait de courage. C'était navrant, mais ç'eût été plus navrant encore peut-être s'il y avait eu là tout le décorum, tous les rites pompeux qui manquaient et point de vraies larmes. »

Ce touchant défilé mortuaire m'apparaît malgré moi quand je pense à l'Arkansas. Il est en merveilleuse harmonie avec le paysage de la rivière Noire.

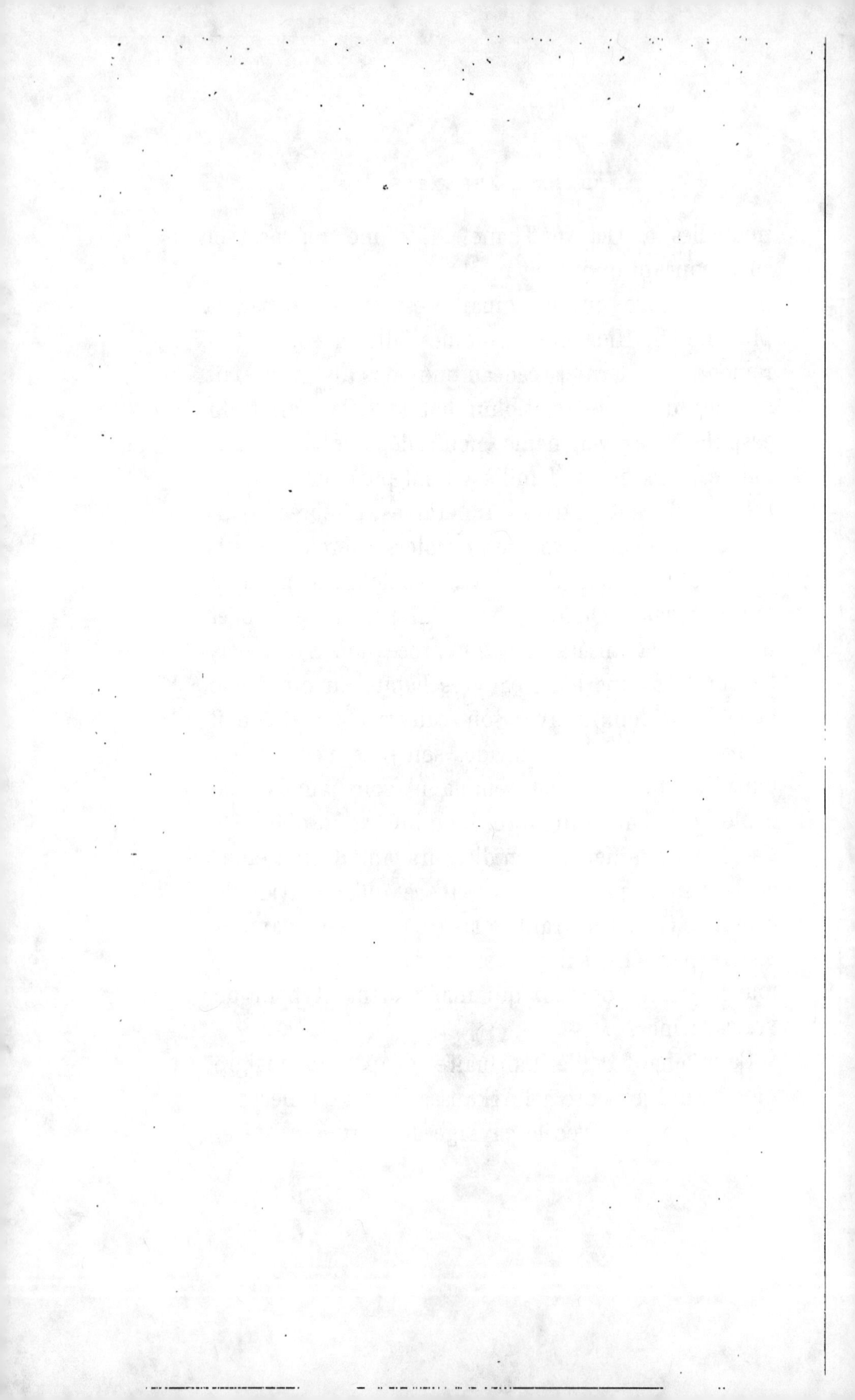

LA VIE DE FAMILLE EN AMÉRIQUE

Rien n'est moins aisé que de donner son avis sur un pays où l'on a reçu l'hospitalité, surtout une hospitalité large et cordiale comme l'est l'incomparable hospitalité américaine. Selon que vous versez dans l'éloge ou que vous hasardez le blâme, deux périls vous menacent : être aveuglé par la reconnaissance, ou manquer aux devoirs les plus élémentaires qu'impose la bonne éducation. Banalité ou ingratitude, vous n'échappez à l'une que pour tomber dans l'autre, et peut-être le plus prudent serait-il de ne rien dire du tout. Si pourtant on s'y décide, il n'y a qu'une voie à suivre, la voie toute droite de la franchise et de la bonne foi. C'est le parti que j'ai pris pour une série d'articles publiés dans *la Revue des Deux Mondes* sur la condition des femmes aux

États-Unis. Ils reflètent ce que j'ai vu en évitant de tirer ces conclusions téméraires dont un voyageur ne saurait raisonnablement prendre la responsabilité après quelques mois de vie errante dans un monde nouveau pour lui. Malgré des lacunes inévitables; ces notes à bâtons rompus ont excité en France un certain intérêt, et ce qui vaut mieux, une émulation généreuse. Je le dis simplement, n'ayant pas de modestie à faire là-dessus, puisque le succès obtenu tient au sujet traité, et qu'il est tout à la gloire des femmes dont j'ai essayé de peindre l'action énergique, autant qu'éclairée, sur les progrès de leur pays, Si j'ai réussi à rapprocher les meilleures d'entre les Américaines et les meilleures d'entre les Françaises, je ne demande pas d'autre récompense.

Au cours de cette publication, rien ne m'a touchée davantage que la bienveillance et la sympathie exprimées par les personnes que je mettais en scène non sans une certaine inquiétude. Les malentendus sont si faciles entre gens de races différentes, et l'éveil d'une certaine susceptibilité serait si naturel ! Mais l'intelligence toute virile des dames américaines leur permet apparemment d'entendre sans se fâcher ce qui est dit d'elles avec l'unique préoccupation de la vérité ; elles savent faire la part du point de vue ; je crois même qu'elles sont de force à se servir de ce qui, çà et là, peut chez un étranger être erreur de jugement, pour remonter aux sources de cette erreur et y trouver matière à d'instructives comparaisons entre l'éducation, les caractères, les préjugés nationaux de deux peuples.

Convaincue, après cette délicate épreuve, de l'absence complète d'étroitesse chez mes amis d'Amérique, j'ai entrepris de les aborder sur leur propre terrain, de parler d'eux, en m'adressant à eux-mêmes dans leurs journaux et *magazines*. Je l'ai fait avec beaucoup moins de scrupule encore que lorsque je les expliquais derrière leur dos, pour ainsi dire, au public français. Une question m'a été posée par une grande revue, le *Forum* : — Que pensez-vous de la vie de famille aux États-Unis ? » « Et j'ai répondu sans détour [1], avec le sentiment néanmoins, de ne pouvoir être tout à fait impartiale sur un sujet où chacun subit immanquablement l'influence de trop chères habitudes, de trop tendres souvenirs. Ce qui a été pour nous-mêmes l'amour et le bonheur, nous semble toujours supérieur à un état de choses qui intéresse le prochain et que nous

---

1. Cette étude parut en anglais dans *The Forum* du mois de mars 1896 ; elle a provoqué dans les journaux américains de nombreux commentaires dont nous enregistrons le résumé, pensant qu'il peut donner plus de poids aux opinions émises par l'auteur :

Les critiques sont unanimes à dire que « le sujet est traité avec une largeur, un discernement bien rares chez un étranger, et qu'il ne peut manquer d'attirer et de fixer l'attention, — la censure, très intelligente, méritant d'être prise en considération autant que l'éloge et méditée sérieusement. »

(Note des éditeurs.)

ne comprenons qu'à demi ; car s'il est un point sur
lequel les différences de sentiment et d'organisation
existent complètes et profondes dans les deux pays,
c'est celui-là.

La famille en effet, malgré les ferments de trans-
formation qui se sont peu à peu introduits chez elle
par le contact des autres peuples, rappelle encore au
fond, dans les pays latins, ce qu'elle était jadis à
Rome. Certes la puissance paternelle n'y est pas
sans limites, comme aux temps antiques, mais
bien qu'elle s'appuie sur beaucoup moins de droits
reconnus, le père est cependant resté chef dans
toute la force du terme. La famille est partout
l'abrégé de la nation, et la nation française a l'habitude invétérée de l'administration, de la subordination, de la hiérarchie, de la direction, même aux
moments de crise où elle paraît s'écarter le plus du
respect de tout cela ; elle a un instinct social surtout qui prescrit la distribution des rôles, pour
ainsi dire, dans l'intérêt d'un ensemble harmonieux auquel chacun contribue pour sa part en
vertu de telles ou telles attributions déterminées.
Cette question de la prédominance de l'instinct
social en France a été traitée avec autant de pers-
picacité que de profondeur par M. Brownell dans
ses *French Traits* ; il a indiqué la part que
l'influence catholique peut avoir dans une *entre-
dépendance* sociale, (qui n'est que l'image exacte de
l'*entre-dépendance* en famille, condition diamétrale-

ment opposée au développement de l'individualité.

En France il est établi que le père a pour devoir d'administrer, de faire fructifier, d'augmenter le patrimoine transmis par ses aïeux, la dot apportée par sa femme ou d'y suppléer en travaillant pour suffire aux besoins de la famille. Sur la mère reposent d'autre part les soins de l'intérieur; c'est son domaine particulier et bien tranché, avec l'éducation des filles qu'elle conduit à son gré, les gardant le plus souvent tout près d'elles, jusqu'à leur mariage, lequel est préparé, arrangé, suggéré par les parents. La carrière du fils est également un sujet de préoccupation pour la famille entière qui n'hésite pas à influencer le jeune homme dans tel ou tel sens, à combattre ce qui lui paraît une imprudente vocation, attentive à le tenir en tutelle autant qu'elle le peut, sans le laisser compter sur ses propres forces, sauf exception rare. Il y a là un perpétuel échange de considération et de protection qui m'a paru n'exister que fort peu dans la famille américaine où l'individualité de chaque membre s'affirme presque dès le berceau, où chacun est pressé d'entreprendre quelque chose et garde la responsabilité de sa propre destinée. L'union en famille telle que nous l'entendons, cette bonne volonté de se sacrifier au bien-être et à l'agrément des autres (bonne volonté presque toujours féminine par parenthèse), ce besoin de rester réunis à tout prix, m'a frappée en Amérique par son absence, et ma première impression a été celle-ci : le triomphe

18.

presque insolent de la jeunesse, la domination hardiment affichée de la femme, l'effacement des parents
devant les enfants, le peu d'autorité de ceux-là sur
ceux-ci, la froideur apparente des relations réciproques ; ou bien, quand il en était autrement, une certaine
affectation à le souligner, comme s'il se fût agi de
quelque chose d'extraordinaire. Ma surprise a donc été
grande quand j'ai entendu des Américains qui avaient
longtemps habité la France, affirmer de leur côté que
les relations de parents à enfants et réciproquement
y étaient au contraire bien moins sentimentales qu'en
Amérique. Nous sommes d'ailleurs, nous autres, —
tout le monde le dit, il faut bien croire que cela soit
vrai, — le peuple le moins sentimental qui existe ;
mais j'avais toujours cru que ce que nous avions de
sentiment se concentrait d'une façon presque inconnue ailleurs dans l'exaspération de l'amour maternel,
chose facile à expliquer par le peu de mariages
d'amour qui se contractent en France, ce qui fait
entrer dans le dévouement de la mère à l'enfant une
part d'émotion, de passion d'autant plus considérable. Eh bien ! je me trompais, paraît-il, l'intimité
est autrement grande en Amérique, je l'ai non
seulement entendu dire, mais je l'ai vu imprimé
dans de bons auteurs. Là-dessus, je me récrie, je
demande des explications et des preuves.

— Connaissez-vous en France, me répond-on,
beaucoup de familles qui aient, l'hiver, nos longues
lectures du soir ?

— Non, parce que nous avons la conversation qui le plus souvent les empêche. Et aussi parce que les livres écrits pour nos enfants ne sont pas généralement ceux qui intéressent les grandes personnes.

— Vos enfants ont-ils la visible importance qui leur est accordée ici?

— Non, parce que les lois de l'éducation chez nous veulent que les enfants soient d'une part très surveillés, constamment dirigés, et de l'autre habitués à ne pas occuper d'eux, à ne jamais se mettre en avant, à ne pas compter. Mais c'est là une question de manières. Le fond n'est pas touché pour cela.

Cependant ces malentendus mêmes me mettent en garde tout d'abord contre mes propres impressions et sur ce point de sentiment surtout je me prends à réfléchir. Nous considérons les Anglo-Saxons comme beaucoup plus froids que nous parce qu'une contrainte morale volontaire les a rendus beaucoup plus maîtres d'eux-mêmes, et ils trouvent que les Français manquent de sentiment parce que ceux-ci apportent dans l'expression de ce qu'ils ressentent leurs qualités natives de tact et de mesure. Le jeu des acteurs américains ou même anglais nous paraît excessif et singulièrement souligné; le jeu de nos acteurs paraît aux Américains laisser trop de place à ce qui se devine. Nous savons gré aux romanciers d'esquiver la *moralité* qui nous a été ressassée cent fois, de nous faire grâce d'un lieu commun, d'un dénouement de pure convention, de se servir de l'*intrigue* comme d'un simple prétexte à remuer des idées et à poser des caractères. Les Américains demandent d'abord à leurs écrivains de fiction, — et ils en ont d'excellents, — de leur raconter des histoires où les bons et les méchants recueillent ce qu'ils ont semé. Voilà même pourquoi par parenthèse, les lectures du soir en famille sont chez eux plus faciles. Qu'est-ce que tout cela prouve, sauf qu'ils sont jeunes et que nous sommes mûrs, vérité qui saute aux yeux? Or il est naturel que dans les jeunes sociétés tout soit sacrifié à ceux qui représentent le progrès, l'espoir, la vie intense. De là le règne des enfants, des jeunes filles, de là le rôle effacé des personnes âgées, la façon hâtive dont sont expédiés les morts, l'absence de ce culte des tombeaux si marqué dans la vieille Europe qui, refroidie par les siècles, entoure d'honneurs et de regrets ce qui fut, se consolant par les splendeurs du passé de l'incertitude menaçante de l'avenir.

Cette âpre qualité de jeunesse impitoyable éclate surtout dans la classe ouvrière, bien entendu. Ce que nous appelons en Europe l'homme du peuple a plus d'école en Amérique et cependant bien moins de poli, ce poli que donne la tradition des siècles et qui peut, à la rigueur, se passer de lecture. Il est vrai que M. Zola a pu, en rassemblant dans un seul village les forfaits commis pendant des années dans la république tout entière, réussir à prêter aux paysans de *la*

Terre une physionomie dure et bestiale. Mais ce procédé d'agglomération et de grossissement dont il a l'habitude ne prouve rien. Malgré la convoitise de la terre, l'attachement effréné à l'héritage qui le caractérisent très réellement, malgré l'ambition déplorable qui lui est récemment venue de faire à tout prix un bourgeois de son fils, le vrai paysan de France, avec ses bons et ses mauvais côtés, ressemble encore davantage aux portraits idéalisés qu'a tracés de lui George Sand, qu'aux puissantes caricatures qu'en font nos écrivains réalistes. La vie rustique conserve chez nous, quoi qu'on en dise, la trace des mœurs patriarcales du passé. Cependant il ne faut nulle part demander à l'homme des champs le culte des aïeux survivant longtemps à leurs forces et lui devenant une charge ; il est pour cela trop près de la nature et de ses lois cruelles qui prescrivent la suppression de tout ce qui devient inutile : mais en revanche l'ouvrier des villes m'a toujours paru admirable sous ce rapport. On ne sait pas combien, dans les plus pauvres mansardes de Paris, il y a de vieux parents tendrement soignés et dont le bien-être passe avant tout, ni combien le devoir de s'entr'aider est religieusement rempli entre frères et sœurs par des gens quelquefois sans religion. En Amérique il m'a semblé, qu'une fois parti chercher fortune, l'homme de la même classe, rude et débordant d'énergie physique, avait souvent bien peu d'intérêts en dehors de l'intérêt personnel, bien peu de souci des

liens rompus une bonne fois par l'absence et par
l'aventure.

Pour ne parler que des femmes, les *home* et les
clubs d'ouvrières, si excellents qu'ils soient en eux-
mêmes, produisent fatalement la désagrégation de
la famille. Ils assurent le bien-être de l'individu,
mais en le déracinant de son milieu natal. La
poussée générale vers l'instruction, le mépris fréquent de l'aiguille et des humbles travaux du ménage
doivent emporter aussi la fille pauvre loin des siens,
et tout ce qu'elle gagne intellectuellement dans le
struggle for life ne fortifie pas toujours chez elle la
bonté du cœur, l'instruction qui enorgueillit l'esprit,
n'étant pas l'éducation qui élève l'âme et pouvant
même quelquefois devenir sa pire ennemie.

C'est dans la famille pauvre et qui travaille qu'il
importe surtout que chaque membre se résigne à
n'être qu'un rouage concourant à la régularité de
l'ensemble. Et que deviendrait dans cet humble rôle
de rouage l'individualisme américain? La répugnance
à servir, la pénurie reconnue de domestiques prouve
assez une rébellion générale. Il n'y a pas de pays où
la famille, domesticité comprise, soit au contraire plus
étroitement groupée qu'en France.

Pourtant, ce n'est pas seulement en Amérique,
c'est dans tous les pays où la langue anglaise a cours
qu'on nous plaint de n'avoir pas d'expression pour
traduire ce mot intime et délicieux de *home* qui chez
eux revient sans cesse. En vain leur a-t-on cent

fois répété que, si nous n'avons pas le mot, nous
avons au suprême degré la chose, car le *home* vivant
est, après tout, l'agrégation de la famille, beaucoup
plus dispersée ailleurs. Le même préjugé persiste.
Rien n'est aussi difficile à déraciner qu'une idée
fausse.

Il est vrai de dire cependant que le *home* n'est
pas toujours représenté en France par une maison
à soi, telle que le plus pauvre ambitionne de la
posséder, pour peu qu'il ait une goutte de sang
anglo-saxon. L'isolement de la famille dans des murs
qui lui appartiennent et la défendent contre toute
promiscuité, contre tout empiètement de voisinage
importun, contribue sans doute à une certaine dignité.
Être rangés les uns au-dessus des autres dans des
appartements superposés comme les cellules d'une
ruche, dans des demeures banales et louées à l'année,
que l'on quitte aussi facilement qu'on les a prises,
c'est un sujet d'horreur pour beaucoup d'Américains.
Ils y voient les signes d'une demi-installation sur
la branche qui ne devrait pas effrayer cependant
quiconque chérit à leur façon la vie d'hôtel. Mais,
comme l'a dit Émile Augier,

> L'auberge ne fait pas de tort à la maison.

C'est à Philadelphie que j'ai peut-être le mieux
compris toute la force du sentiment qui s'attache au
home américain et l'influence qu'il peut avoir sur la
moralité d'un peuple. Cette ville, qui est, je crois, la
seconde des États-Unis, renferme, m'a-t-on dit,

— et son aspect l'atteste, — un plus grand nombre
de petites maisons qu'aucune autre ; le principal
effort d'une philanthropie qui s'exerce activement
pour le bien-être de la classe ouvrière, tend à donner
aux artisans le moyen de devenir en peu d'années
propriétaires du coin où ils gîtent. Il existe à cet
effet des banques spéciales dont je me suis fait avec
un extrême intérêt expliquer les procédés par un
guide distingué qui m'a initiée aux traits les plus
frappants de Philadelphie historique et charitable,
M. Talcott Williams. Certes, j'ai été pénétrée de
respect par les reliques modestes du *State House*,
plus que je ne l'avais jamais été par les royales
magnificences des châteaux du vieux monde, j'ai
admiré les grandes institutions qui attestent chez les
Philadelphiens un si noble souci pour le développement des sciences et des arts, sans exception
des arts industriels auxquels on n'a peut-être élevé
nulle part un temple aussi splendide que l'Institut
Drexel; mais Université, associations savantes à
part, c'est sous son nom de *the City of Homes* que
Philadelphie se présente le plus souvent à ma mémoire. Pour partager cette impression, il faudrait
avoir vu, comme moi, dans d'autres villes, ces
ignobles faubourgs, les *slums* proprement dits, et
ces *tenement houses* dont l'ignominie même de certains *garnis* ne peut donner aux Français qu'une
faible idée.

Avoir des racines quelque part, pouvoir, en

quelque lieu du monde que l'on soit, tourner sa
pensée vers un foyer stable, aspirer à y revenir aux
dates déterminées qui rassemblent autour d'une même
table les parents, enfants et petits-enfants, c'est un
grand bienfait dans la lutte pour l'existence qui si
souvent entraîne l'homme au loin et l'endurcit. Il
suffit d'avoir été admis à ces réunions de famille en
Amérique pour y être reporté avec force chaque fois
que l'année ramène les mêmes dates : le *Thanksgi-
ving*, joyeux congé dont tous profitent, grands et
petits, avec son invariable dindon, suivi d'un colossal
plum-pudding, le tout mangé en actions de grâce des
biens reçus pendant l'année ; Noël avec son arbre
traditionnel, son luxe de houx, de branches de pins ;
gui de chêne attaché au-dessus des portes, vertes
couronnes aux fenêtres ; Pâques avec son délicieux
échange de fleurs symboliques. Et quelle joie débordante, familière, bruyamment cordiale ! En ces jours
de fête, l'enfant prodigue, le plus incorrigible, le
plus perdu, doit sentir de très loin le fumet du veau
gras rôti en l'honneur de son retour et revenir
presque malgré lui. Remarquons, à ce propos, qu'en
France l'enfant prodigue ne s'en va guère plus loin
que Paris. En Amérique, il va dans le *Far West*.
Ce ne sont pas les mêmes pourceaux qu'on garde
sur le boulevard et dans les défrichements ; ils ne
suggèrent pas les mêmes réflexions.

Quoi qu'il en soit, jamais la *maison paternelle* et les
moindres reliques qu'elle contient n'ont été autant

célébrées que le *home*. La raison en est, après tout,
que nous autres Français, race sédentaire, nous ne
nous en éloignons que rarement. Ce qu'on a sous la
main a moins de prix que ce qu'embellit la magie
des distances ; les peuples adorateurs du *home* sont
toujours en voyage, c'est à noter, et le culte qu'ils
ont pour leur *home* ne les empêche pas de le céder
très souvent par contrat temporaire à des locataires
étrangers, tandis qu'eux-mêmes vont essayer ailleurs
du camp volant. Rien n'est plus opposé que ce
procédé au préjugé français qui voit là dedans une
violation des pénates, fussent-ils simplement abrités
par les murs d'un appartement pris à bail. C'est le
cas de répéter, avec quelques légères variantes, le
dicton : « Ce qui est vérité en deçà des Pyrénées,
est erreur au delà. »

Autre différence, tout à l'avantage des Américains,
semble-t-il : leur *home* s'ouvre beaucoup plus facilement au nom de l'hospitalité. Nous ne nous
doutons pas de l'impression que les étrangers emportent d'une ville comme Paris, « qu'ils connaissent
seulement par l'éclat des rues, comme me le disait
une Américaine fort distinguée ; les intérieurs sont
tellement fermés ! » Tout l'accueil chez nous, en
effet, est extérieur pour ainsi dire ; nous ne savons
pas nous mettre à la disposition d'un nouveau venu
de l'autre bout du monde, le traiter en ami presque
à première vue. Nous n'avons pas le temps peut-
être : les Américains trouvent du temps pour tout. Et

d'abord, nous nous enfermons avec une sorte de méfiance dans notre coquille. Sans cet exclusivisme du reste, les *salons*, qui ne sont que coteries, n'auraient jamais existé.

De ladite coquille passons à l'habitant, du *home* à la famille qui l'occupe, et commençons, si vous voulez, par celui qu'on appelle son chef. C'est agir à la française, car, si je me plaçais au point de vue américain, la priorité serait pour la jeune fille. Le père est, règle générale, très différent en Amérique de ce qu'il est en Europe; il ne s'attend pas à rencontrer autour de lui une soumission aveugle, il ne se sent pas lié non plus par des obligations étroites; il n'est pas forcé de donner une dot à ses filles, il peut faire profiter sa ville natale d'une partie de la fortune qu'il a gagnée, sans que ses fils songent jamais à se plaindre de la coûteuse fondation de quelque établissement d'utilité publique. A eux de s'enrichir par leur propre industrie et de faire à leur tour acte de citoyen. L'Américain qui hérite d'une fortune toute faite perd souvent les belles qualités que j'ai saluées en lui avec admiration : entreprise, *pluck*, *grit*, puissance de volonté incomparable; il ressemble beaucoup alors à nos fils de famille, sauf qu'il porte son oisiveté avec moins d'élégance naturelle et moins d'habitude de la chose.

Mais rien ne m'a confondue comme le peu d'importance que le père de famille, dans certains cercles de New-York par exemple, semblait avoir chez lui.

J'ai fréquenté des intérieurs où il n'a jamais paru
que comme s'il survenait par accident, pourrait-on
dire, évidemment incapable de reconnaître la plupart des invités, hospitalier quand même, par
la chaleur de la poignée de main, jetant, sans
presque savoir à qui il l'adressait, l'éternel et banal
glad to see you, « bien aise de vous voir ». La
maison opulente témoignait d'un luxe dont la
source était l'effort incessant de cet homme qui
travaillait si évidemment pour les autres et alimen-
tait leurs plaisirs à la façon d'un banquier. Ailleurs
j'ai assisté à de grands dîners donnés en l'absence
du maître de céans. La liberté sur ce point est au
reste générale : tel ou telle des fils ou des filles
accepte une invitation au dehors sans s'inquiéter
qu'il y ait le soir réception chez ses parents, et on ne
songe même pas à l'excuser. Chacun a ses amis, ses
devoirs sociaux, son existence propre et dispose de
son temps comme bon lui semble. Évidemment cette
remarque judicieuse : « Se mettre à son aise, c'est souvent mettre les autres mal à l'aise », n'a jamais été
proposée à leurs méditations. Le sacrifice, quand par
hasard il se produit, m'a paru rencontrer souvent
une indifférence peu encourageante ; aussi ne se
sacrifie-t-on guère, à moins qu'on ne soit père de
famille ; car celui-là pratique à un degré inusité
l'immolation de soi. Il demeure très souvent attelé
au harnais des affaires, tandis que les siens séjour-
nent des années de suite en Europe, menant la vie

toute mondaine dont la colonie américaine à Paris
nous donne le spectacle, sous prétexte que les
voyages forment la jeunesse, que Miss Mary a besoin
de prendre le pur accent français, que Miss Sally
doit perfectionner son talent de musicienne en Allemagne, que l'éternelle maladie nerveuse de leur
mère exige un changement de climat. Et avec quelle
satisfaction le digne homme parle du *good time*, du
bon temps, des succès, des progrès de ces absents, aux
dépenses desquels il suffit sans compter ! Ceci est
purement américain.

Je crois qu'on s'exagère beaucoup le besoin de
courir aux quatre points cardinaux à la poursuite
du savoir ou de la santé. Quand on est né dans un
pays qui forme à lui seul un continent, on peut, en
passant du nord au midi, de la montagne à la mer,
trouver tout le *changement* nécessaire au point de
vue physique. Les Américains riches et blasés auraient avantage à se retremper de temps à autre
dans les mœurs provinciales, à retourner ainsi aux
sources vives, non seulement de leur démocratie,
mais de leur véritable grandeur morale ; sans compter qu'ils rencontreraient beaucoup de choses européennes dans certains villages écartés de la Nouvelle-
Angleterre et dans certains coins de l'Ouest, où se
sont transplantées de vieilles souches puritaines :
ils verraient par exemple des pères de famille qui
ont conservé les idées autoritaires d'autrefois et des
ménagères comme nous les entendons. Le Sud aussi

réserve des surprises sous ce rapport. Rien ne devait
ressembler davantage à notre vie de château que la
vie de plantation, telle qu'on la menait avant la
guerre, et à la Nouvelle-Orléans, je me suis crue bien
souvent dans une grande ville de province française.
Inutile de tant chercher l'Europe au delà de l'Océan.
Quant à ce qui est de la culture intellectuelle, dont
elle passe pour être le foyer, certainement les
moyens de s'instruire ne manquent aujourd'hui dans
aucun des grands centres d'Amérique. Celui qui va
les demander au vieux monde retarde sur l'heure
présente ou obéit à une habitude qui date du temps
lointain où les États-Unis n'avaient pas d'académies,
de collèges, de collections, de musées. Je sais bien
qu'on me dira que le sentiment du beau ne s'acquiert
qu'en Italie, et j'oserai à peine répondre que ce prétendu sentiment m'a paru être très souvent un
simple vernis d'opinions toutes faites, n'ajoutant
rien à la valeur de l'esprit qui s'en est frotté.
Très probablement c'est là ce qui a suggéré à
Mark Twain ses bouffonneries sur l'art du moyen
âge et de la Renaissance. Il a bafoué un peu légèrement, mais avec la verve que l'on sait, la superstition des chefs-d'œuvre telle qu'elle se manifeste
chez ceux de ses compatriotes qui ne jurent que
par Florence. J'ai trouvé souvent un grand charme
d'originalité vraie à tels ou tels Américains qui
n'avaient pas voyagé, tandis que les pèlerins annuels
au pays de l'Art, avec un grand A, m'ont, à de rares

exceptions près, répété beaucoup la même chose. Et
le manque de variantes dans le choix des tableaux
ou des reproductions de la statuaire qui ornent leurs
demeures toujours opulentes, mais assurément d'un
goût très peu personnel, sont une preuve de
l'empreinte reçue sans que le discernement s'en
mêle.

Pour les femmes, beaucoup de prétentions résultent
de cette éducation artistique toute de surface. J'ai
vu une jolie personne, sachant que l'expression
de son visage devenait facilement pathétique, ne
pas hésiter à se coiffer pour une photographie du
turban de la Cenci ; une autre, aux pures lignes
grecques, les souligne en se faisant peindre vêtue
d'un peplum antique, des bandelettes dans les cheveux, tenant son genou embrassé par un geste
digne de Phèdre ou de Médée. Celles-ci — toujours
par l'effet des voyages — aspirent à rivaliser avec
les Anglaises du grand monde, dont la haute taille,
la démarche royale réduisent les autres femmes à
passer auprès d'elles pour des femmes de chambre ;
de même que celles-là posent pour la Parisienne
mise à peindre et folle de plaisir, qui est un type
classique à sa manière. Et elles gagneraient tant à
rester simplement de *bright*, brillantes Américaines, à
parler de leur littérature, au lieu de se répandre de
préférence sur Villon, sur Mallarmé et sur Verlaine.
Bright elles le sont plus qu'aucune autre femme au
monde, elles le sont tout naturellement, et je ne

sais pas pourquoi le père de famille se montre si
soucieux d'ajouter à cet éclat par des pérégrinations
européennes auxquelles il ne prend pas de part. Elles
paraissent trouver d'ailleurs qu'en agissant ainsi il ne
fait que remplir un devoir à leur égard. L'une d'elles,
que je félicitais d'être choyée à l'excès par des parents
idolâtres, me répondit avec tranquillité : « Oui, certes,
ils suivent notre développement avec beaucoup d'intérêt. » L'idée qu'ils pussent contrarier ou seulement
diriger ce développement ne lui serait pas venue.

La liberté individuelle est toujours présente en
effet à l'esprit du père de famille, comme elle l'est
à l'esprit de ceux qui sont censés dépendre de lui.
Il a sa part de cette liberté, je l'ai déjà dit. La loi
lui permet de disposer de sa fortune comme bon
lui semble, de tester à sa guise, de même qu'elle
l'oblige à compter pour les décisions les plus graves
avec les droits imprescriptibles de chacun de ses
enfants. Le père comprendra donc que, sans acception de sexe, ils suivent leur vocation, que son fils,
dès l'adolescence s'envole du nid, que sa fille se
marie selon son cœur, fût-ce imprudemment. D'autre
part il leur donnera, sans chercher à contrôler leurs
croyances, l'exemple d'un esprit religieux qui est
d'ailleurs assez facile dans ce pays où toutes les
variétés du christianisme peuvent trouver l'étiquette
qui leur convient, où la multiplicité des sectes se
prête aux exigences les plus étendues du libre
examen. Disons-le à la louange de l'Amérique, jamais

les pratiques de piété ne sont réduites par les hommes aux fonctions de lisières, utiles pour diriger la marche vacillante des femmes et des enfants. Le père est ou paraît être en communauté spirituelle avec les siens, et cette union dans la foi chrétienne supplée assurément à beaucoup de supériorités dont nous nous vantons. La plaie de la famille française, si unie matériellement, est dans la séparation intime créée par les différences qui résultent du doute philosophique chez le mari, de la foi religieuse chez la femme, de l'attachement des filles aux pratiques de piété que leurs frères négligent : autant de barrières infranchissables. Des concessions réciproques sont faites trop facilement sur le point essentiel qui confond les âmes en une seule, et on appelle cela de la tolérance ; mais cette qualité, si appréciable qu'elle soit pour la douceur et la facilité de la vie quotidienne, n'engendre pas de forte discipline sociale. Le revers de la médaille en Amérique est peut-être d'aventure une certaine hypocrisie. Mais où ne trouve-t-on point cette part de mensonge, de fausse apparence ? Trop heureux quand elle contribue à fortifier la contrainte salutaire, faute de laquelle toute liberté devient licence ! La communauté déclarée de croyance est certainement le lien le plus puissant, le plus efficace, que puisse avoir le faisceau de la famille.

Ce faisceau est quelquefois, même sous d'autres rapports, plus serré que je ne l'ai dit, preuve

18

nouvelle qu'il est dangereux de généraliser. Si
l'homme d'affaires (et son espèce domine là-bas)
est presque invisible dans sa propre maison où il
charge sa femme et ses filles de représenter des
élégances et des raffinements auxquels il n'a le temps
de penser que pour y subvenir, les autres classes
d'individus, qui existent en Amérique comme ailleurs, les hommes d'étude, avocats, médecins, professeurs, artistes, etc., sont beaucoup moins absents
de chez eux, et par leur seule présence exercent un
genre d'autorité qui nous échappe, n'étant pas pro-
clamé. Je n'ai rien vu de plus touchant ni de plus
complet que l'intimité de certains pères avec leurs
filles non mariées. La vie intellectuelle commu-
niquée, partagée, faisait d'eux des amis de choix,
et on concevait que cette affection sans tyrannie
d'une part, sans dépendance de l'autre, rendît la
jeune fille si exigeante sur le chapitre du mariage,
qu'elle ne se souciât finalement d'aucun autre
homme que de ce maître chéri dont elle devenait
l'appui à son tour quand la vieillesse l'avait touché.
Lire, pour mieux comprendre ce que je dis, le livre
si plein et si contenu à la fois de Sarah Jewett :
A Village Doctor (Un médecin de campagne).

La forte éducation que reçoit la jeune Américaine
convient particulièrement à celles qui, par la suite,
choisissent le célibat. La demoiselle, aux États-Unis,
est infiniment au-dessus de toutes ses pareilles européennes; dégagée des chaînes qui rendent souvent

pitoyable et ridicule la vieille fille française, elle n'attend pas comme celle-ci sa liberté du mariage ; tout au contraire, elle eût aliéné en se mariant cette parfaite liberté qui lui permet de s'élever de plus en plus, de se répandre dans un espace tout autrement large que celui de la famille et même du cercle social ordinaire, en se consacrant à des œuvres d'intérêt universel.

Ses rapports avec l'homme, délivrés de l'enfantillage qu'y apporte le flirt, ont un caractère de calme et de franchise qui permet de réelles et sérieuses amitiés qu'aucune critique ne saurait atteindre. Pas d'aigreur, pas de regrets ; la part est trop belle, la vie trop pleine, malgré les satisfactions naturelles qu'on a volontairement retranchées, peut-être en raison même de ce retranchement.

Qu'il n'y ait pas, cependant, de malentendu. S'il me paraît juste que la femme qui, pour quelque bonne raison, ne se marie pas, trouve un aliment à son activité, je blâme très fort le dédain systématique du mariage qui vient à beaucoup de jeunes Américaines ambitieuses d'être *quelqu'un*, de faire *quelque chose*, de se distinguer dans une carrière, d'échapper aux voies communes. Dans ces prétendues vocations, il entre parfois une vanité puérile, l'idée morbide de produire de l'effet, de se singulariser, et les obstacles ont une grande utilité pour éprouver leur valeur réelle. Les universités, quand elles sont rendues trop facilement accessibles, peuvent, il me semble, faire beaucoup de mal, nuire à la vie de famille en éloignant d'elle les jeunes filles à l'âge où elles devraient prendre leur part des devoirs domestiques. On me répondra, je suppose, que toute chose est bonne ou mauvaise selon la façon dont on l'applique et l'esprit dans lequel on la conçoit.

Ce sont assez naturellement des femmes non mariées ou des veuves qui prennent surtout la haute main dans les associations philanthropiques et autres, clubs, agences, etc., lesquelles ont tant contribué à éclairer, à moraliser, à instruire la population des grandes villes. Quand la mère de famille s'y donne avec la ferveur nécessaire, il semble toujours qu'elle soit forcée de négliger quelques-uns de ces devoirs essentiels qui, d'après notre manière de voir, doivent retenir l'épouse à son foyer. Mais peut-être comptons-nous sans cette dévorante et presque fiévreuse activité qui permet à l'Américaine de mener à bien tant d'entreprises ensemble. Le fait de présider la table de famille, habillée dès neuf heures du matin et prête à sortir après un déjeuner à la fourchette, indique assez qu'on est incapable de flânerie. Peignoirs et pantoufles semblent inconnus hors de la salle de bain.

Si j'avais été interrogée sur la mère de famille américaine au commencement de mon séjour, j'aurais risqué de dire beaucoup plus de sottises que je n'en dirai aujourd'hui, malgré tout ce que les voyageurs pressés allèguent sur la pénétration et la frai-

cheur du premier coup d'œil. Ma première impression, je l'avoue, avait été que l'école usurpait les
fonctions de la mère qui lui abandonne ses enfants
aussitôt qu'ils savent parler, abdiquant ainsi toute
la responsabilité de leur éducation, tant physique et
morale qu'intellectuelle. Il y aurait eu là une grosse
exagération : la mère américaine n'est pas, comme
la mère française, absorbée complètement par ses
filles; celles-ci reçoivent une éducation analogue à
celle de leurs frères, mais frères et sœurs reviennent
après les classes, et la sollicitude maternelle a tout
le moyen de s'exercer.

Une femme très intelligente à qui je disais que nos
filles, élevées à la lettre sous l'aile de leur mère, se
bornaient pour la plupart à suivre des cours soit
privés, soit publics, me répondit, surprise :

— Mais comment peuvent-elles se passer d'amis,
filles et garçons? Car les amitiés solides, vraiment
intimes, se forment à l'école. Et c'est l'apprentissage
du monde que nos filles font là. Faute de cette initiation, les vôtres doivent être à leurs débuts tristement désemparées ! La mère qui élève seule sa fille
prend une grosse et bien orgueilleuse responsabilité;
elle ne peut que la modeler à sa propre image, et il
me semble que peu à peu ces deux inséparables
doivent se rendre par trop nécessaires l'une à l'autre.
N'est-ce pas assez grave déjà de choisir un mari pour
la pauvre enfant ? Lui refusez-vous vraiment le
plaisir de choisir ses amis ?

— Ce ne pourraient être que des amies, répliquai-je, la co-éducation étant inconnue chez nous.

En causant avec elle, j'ai compris que le rôle de la mère de famille était peut-être plus délicat en Amérique qu'il ne l'est en France, justement parce que là-bas le pouvoir de la mère n'est pas celui d'un autocrate, parce qu'elle n'est pas seule à diriger, à vouloir, parce qu'il y a dans la vie de sa fille beaucoup de choses qu'elle ne se trouve pas le droit d'empêcher, qu'il lui faut subir, tout en exerçant une vigilance discrète. Elle conseille sans contraindre ; elle doit, dans les circonstances les plus graves, se borner à faire appel à la raison de sa fille, sans jamais compter sur l'obéissance passive. Il est certainement plus simple de pétrir comme cire molle une volonté qui s'abandonne sans résistance. C'est le sentiment de cette autorité sans bornes, sur sa fille, du bien ou du mal qu'elle peut lui faire, de son devoir rigoureux devant cet abandon de soi, qui attache la mère française si passionnément à cette autre elle-même qu'elle a formée hors de toute influence, n'admettant les compagnes mêmes qu'avec peine, et en garde à l'avance contre le futur mari qui lui prendra son bien. Ces relations-là sont en train de se modifier depuis l'introduction dans nos mœurs d'un certain cosmopolitisme ; mais ce qui reste serait encore introuvable en Amérique où le jeune oiseau, quel que soit son sexe, ne se laisse plus couver, dès que les plumes lui poussent.

Aucune de ces démonstrations de tendresse, par exemple, qui existent chez nous entre la mère et le fils. Et cela s'explique dans un pays où les hommes sont pris de bonne heure par des réalités qui les endurcissent, du moins à la surface. On ne craint pas d'initier les enfants aux côtés pratiques et positifs de la vie. En se mêlant à la conversation des grandes personnes beaucoup plus que n'osent le faire les petits Français, en s'arrogeant le droit de tout entendre et de donner hardiment leur opinion, ils gagnent sur ce chapitre des connaissances précoces. Peut-être est-il plus joli, au point de vue purement esthétique, de laisser les enfants vivre dans un rêve, sous prétexte que ce qui dépasse le cercle de leurs jeux et de leurs leçons ne les regarde pas ; mais le péril à redouter est une confiance excessive dans la providence paternelle qui risque de les conduire à l'habitude de la dépendance d'abord, puis au plus franc égoïsme. Voici un fait qui montre les bons résultats de l'éducation contraire : je connais les acteurs et le théâtre de ce petit drame, je puis attester l'exactitude des moindres détails.

X..., qui est riche aujourd'hui, luttait alors, presque sans ressources, contre les difficultés que présente la création et le lancement d'un grand journal. Sa femme et ses enfants, un petit garçon de sept ans à peine et deux filles un peu plus âgées, vivaient à la campagne, tandis qu'il se démenait énergiquement dans la fournaise de New-York ; mais chaque

soir, il les rejoignait, et les enfants, à son retour
de la ville, l'entendaient raconter ses déceptions, ses
ennuis de la journée. Ils s'en affligeaient et réso-
lurent, après s'être concertés, de faire quelque chose
pour aider au bien-être de la maison. Le petit
garçon songea tout de suite au commerce, et son avis
prévalut contre d'autres plus chimériques. A eux
trois ils cueillirent donc dans les champs toutes les
fleurs qu'ils purent trouver, en firent des bouquets
et allèrent les vendre par le village. La population
rustique s'étonna sans doute de voir des enfants
bien mis et bien élevés faire ce métier, et la porte
de la première maison à laquelle ils frappèrent se
ferma si rudement sur des paroles si blessantes que
les petites filles prirent aussitôt la fuite. De loin
elles regardèrent leur frère continuer stoïquement
sa corvée, supportant sans répondre les semonces et
les quolibets, empochant un sou quand on le lui
donnait par hasard, acceptant un gâteau, recueillant,
en somme, fort peu de chose, beaucoup de gens ne
voulant même pas prendre ses bouquets pour rien.
Il rentra, le cœur gros, tout pâle, ne dîna guère
et se mit au lit pour dévorer sans témoin son humi-
liation. Sa mère étant venue le rejoindre, il dit avec
un soupir en lui racontant l'entreprise manquée :

— Ah ! je comprends maintenant toute la peine
qu'a papa pour nous gagner de l'argent !

Ce qui est remarquable, c'est que la mère l'avait
vu partir, avait deviné ou appris ses intentions et

s'était bien gardée de le rappeler, sachant que les meilleures leçons à tout âge, sont celles de l'expérience. Très sagement, elle l'avait laissé s'avancer, souffrir, et tirer seul ses petites conclusions. Il revenait avec le sentiment profond de ce que son père faisait pour lui tous les jours. J'admire ce genre d'éducation, j'admire la vigueur et l'initiative du jeune Américain, sa façon de partir à la conquête du monde avec un champ d'action tellement plus vaste que le nôtre. Si son mobile est très souvent l'argent, peu m'importe, puisque cet argent il le gagne au lieu de l'attendre des hasards d'un héritage ou d'une dot ; mais il est certain, je le répète, que les longues séparations, le souci des affaires, les compétitions violentes, l'habitude invétérée du *self control* empêchent le genre d'intimité câline et confiante de mère à fils dont les étrangers vivant en France sont toujours charmés et surpris.

Il faut, pour qu'elle existe, d'une part, chez l'homme plus de *féminité* que n'en a le *muscular christian*, le *chrétien musculeux* d'Amérique ; et d'autre part, chez la femme une connaissance de la vie en général et de l'être masculin en particulier, tout à fait incompatible avec l'idéal de *womanliness* (féminité), qui nous paraît un peu artificiel chez la plupart des Américaines. Cet idéal consiste en effet à ignorer systématiquement ce qui saute aux yeux. Si gardée qu'elle ait pu être, la Française sait en se mariant beaucoup de choses que l'Américaine émancipée refuse jusqu'au

bout d'admettre. Elle sait que l'homme étant exposé
par sa nature, son éducation, les combats de la vie, à
plus de périls qu'elle-même, elle ne peut s'attendre à
rencontrer chez lui les délicatesses et les blancheurs
qu'il a le droit d'exiger d'elle. Prête à tous les dévoue-
ments, elle ne compte cependant qu'à demi sur cette
fidélité absolue à laquelle pour sa part elle ne pourrait
manquer sans forfaire à l'honneur. Un instinct de
défense la rend très clairvoyante sur les passions et
les entraînements qu'il s'agit de conjurer. Si des
Américaines intelligentes, telles que j'en ai vu, affectaient devant elle de croire à la pratique d'une *morale une* pour les deux sexes, elle sourirait, comme
elle sourit volontiers, non pas cyniquement, mais
avec une tristesse résignée, de ces fictions convenues :
amour unique, cœur brisé, etc... Elle sait que toutes
les choses absolues et définitives abondent dans les
romans beaucoup plus que dans la vie dont les
nuances complexes ne lui échappent pas ; elle ne se
paie point de mots. Aussi est-elle capable de donner
à un homme, mari, fils ou frère, de ces conseils que
certainement le fils, le frère, le mari américains
n'iraient jamais chercher auprès des femmes de leur
famille. Celles-ci ont un autre système, peut-
être tout aussi efficace en son genre, pour agir
sur eux, et ils s'efforcent de ne pas déchoir dans
l'estime de ces femme qui attendent d'eux tant de
prouesses. Mais beaucoup de convenu s'ensuit dans
les relations entre hommes et femmes, et l'étranger

qui voyage aux États-Unis en est frappé par-dessus tout. On rencontre en France plus de sincérité sous ce rapport, une sincérité doublée de bon sens qui fait qu'un livre comme *The Heavenly Twins*, par exemple [1], ne produit aucune impression, sauf celle du mauvais goût, de l'exagération et du ridicule. De même la Française la moins disposée à pactiser avec le vice, ne comprendra jamais la stupeur indignée de la mère du *Pendennis* de Thackeray, en découvrant que son fils ait pu avoir, lui, un *gentleman*, quelque chose à dire à une petite modiste. Les Américaines au contraire, celles qui représentent la classe moyenne de chez nous, m'ont paru en être aux heureuses illusions de Mrs Pendennis. Je ne crois pas qu'il y ait ici-bas des femmes plus tranquillement persuadées de la fidélité de leurs maris, et de fait, il y a probablement beaucoup plus de bons ménages en Amérique que partout ailleurs. Mais j'ai aussi l'idée qu'un bon ménage français compte, quoique beaucoup plus rare, au premier rang des meilleurs ménages, justement parce qu'il ne peut y être question de cette égalité dont Tennyson a dit :

> *Let... this proud watchword rest*
> *Of equal ; seeing either sex alone*
> *Is half itself...*

« Laissez en paix cet orgueilleux mot d'ordre : égalité, — puisque chaque sexe, à lui seul, — n'est qu'à demi lui-même. »

1. Les *Jumeaux célestes*, le plus fougueux des réquisitoires féministes, par une Anglaise, Sarah Grand.

Ce n'est pas lorsque dans un ménage la femme poursuit une voie individuelle en désaccord avec celle du mari au lieu d'appliquer son intelligence à le comprendre, à l'aider, à le compléter, que peut se produire la divine union :

Purpose in purpose, will in will they grow,
The single and perfect animal,
The two cell'd heart beating with one full stroke,
Life...

« But et volonté confondus, ils se développent — en un être unique et parfait, — la double cellule du cœur n'ayant qu'un seul et complet battement, — la vie. »

Le véritable règne de l'épouse et de la mère me paraît se composer de l'accomplissement régulier, impeccable, d'une foule de petites choses. Voilà peut-être ce qui détourne la femme de cette continuité d'attention à une seule idée, d'où résultent, à en croire Buffon, les œuvres de génie. Mais celle qui, par exception, a une œuvre de génie en tête sera bien forcée de la laisser sortir, toutes les mailles du fin réseau tissé autour d'elle dussent-elles éclater. L'œuvre de génie des autres, de l'immense majorité sera un intérieur sans défaut. Il est bon de ne pas en dégoûter les jeunes filles. Mon avis peut paraître fondé sur la routine, il l'est aussi sur la nature qu'il n'est jamais prudent de combattre. Si en France les filles sont élevées un peu trop exclusivement dans le but de plaire au futur mari, les Américaines le sont peut-être trop dans le but du développement personnel, et les deux systèmes ont leurs inconvénients.

Pour ce qui concerne la morale proprement dite, il est évident que dans une société où le flirt n'est permis en principe qu'aux jeunes filles et où le demi-monde n'a que les plus grossiers équivalents, les tentations doivent être beaucoup moins fortes et moins fréquentes pour le sexe qui, sous ce rapport, est véritablement le sexe faible. En outre la femme, malgré tous les privilèges si honorables dont elle jouit, ne tient pas, dans ces existences dévorées par les affaires et assainies par le sport, la place qu'elle tient chez nous dans l'imagination de l'homme. Je crois en outre qu'un certain nombre de convictions puritaines gouvernent toujours aussi fermement que jamais la société en Amérique. Supposer que « le monde » soit plus vertueux au fond dans un pays que dans un autre, serait une grande naïveté; mais ce n'est pas « le monde » qui nous donnera nulle part les spécimens de familles modèles que nous recherchons. Si cependant nous parlons de lui un instant, je dirai que, même dans le monde élégant et frivole, les situations dont chez nous on fait des vaudevilles comme *Le plus heureux des trois*, sont assez rares aux États-Unis. Aussi les personnes qui en ont le goût passent-elles volontiers l'Océan et viennent-elles profiter en Europe des libertés que procurent les vieilles civilisations, parfois même dépasser la mesure que ces civilisations autorisent.

19

Il va sans dire qu'aux États-Unis, comme en Angleterre, ou soupçonne l'état moral de la France d'être lamentable et de nuire à la dignité de la famille. On ne paraît pas se douter en revanche que le flirt, exporté d'Amérique à Paris, nous révolte autant pour le moins que ce que les puritains qualifient rigoureusement de *sin*, de péché, parce que nous n'y voyons pas l'excuse de l'entraînement irrésistible. Le flirt est une perpétuelle transgression de la loi : *On ne badine pas avec l'amour ;* son acclimatation dans la société française fait certainement le plus grand mal. Dans sa patrie d'origine il peut être rendu inoffensif, la plupart du temps, par le tempérament et les habitudes de ceux qui s'y livrent. Tout dépend du partenaire que l'on a dans ce jeu, de la convention sur laquelle on se fonde, de l'éducation qui vous y a préparé.

La communauté d'éducation entre enfants des deux sexes modifie profondément les éléments qui entrent dans le commerce futur entre hommes et femmes. Elle tempère le trouble virginal d'un côté, la passion de l'autre, elle revêt la jeune fille d'une cuirasse d'assurance et pénètre le jeune homme de réserve et de respect. Je crois qu'elle est, au fond, d'un meilleur effet sur *lui* que sur *elle.*

Une belle dame, arrivée à la maturité de la vie, me dit un jour avec le sourire de l'innocence :

— Petite, j'ai toujours traîné après moi à l'école

une troupe de garçons qui portaient mes livres et me faisaient escorte parce que j'étais jolie.

D'autre part je me rappelle l'amusante discrétion d'un gamin de l'Ouest.

Quelqu'un parlait en riant devant lui de sa petite *sweetheart* (amoureuse) qu'il retrouvait en classe. Il devint très rouge, prit l'air très malheureux et, tout à coup, prêt à pleurer d'indignation :

— Pourquoi l'avez-vous nommée? s'écria-t-il. Cela ne doit pas se faire. C'est mal, très mal.

Je dus lui promettre de ne jamais divulguer le simple nom de baptême qui avait été prononcé.

Ces deux traits me paraissent caractéristiques.

Une longue habitude empêche la plupart des inconvénients que nous supposerions. Dès le *Kindergarten*, la future femme rencontre chez ses camarades masculins les attentions protectrices qu'ils lui continueront toute la vie. J'imagine d'ailleurs que l'Américaine, même un peu *fast*, redevient plus prudente que ne l'admet notre scepticisme quand elle n'a pas pour couvrir sa hardiesse la présence d'un chaperon. Le chaperon, dont le voisinage permet à une jeune fille d'aller dîner chez Delmonico en compagnie masculine, est choisi de façon à n'avoir rien de commun avec le tiers incommode. Livrée à elle seule, la jeune fille serait en sûreté davantage, et j'ai entendu blâmer par de bons juges cette innovation comme féconde en abus. Ceci ne prouve-t-il pas que les habitudes prises par une longue suite de géné-

rations sont bonnes à conserver, et que si les Américaines ne gagnent rien en rétrogradant vers la
duègne, nous ferons bien pour la même raison de
ne pas avancer trop vite dans la voie ouverte par les
bachelor-maids? De celles-ci qui sortent de la famille
pour former de petits phalanstères indépendants, où
l'on s'occupe des plus graves questions sociales
comme on jouerait aux petits jeux, je ne dirai rien ;
elles ne peuvent avoir, bien entendu, les sympathies
d'une vieille dame française, et elles s'en passent
aisément.

La catégorie de jeunes Américaines qui mérite
mieux de nous intéresser est, à de très nombreux
exemplaires, celle dont relève ce type intrépide et
un peu dur que Henry James a peint dans *The
Portrait of a Lady*, Isabel Archer, si pressée de tout
connaître et si peu curieuse d'aimer. Les meilleures
manquent d'humilité, de cette humilité qui accompagne la tendresse. Elles sont *self-possessed*, maîtresses d'elles-mêmes à un degré dont nous ne nous
doutons pas, avec l'envers de sécheresse et d'égoïsme
inévitable. C'est sur ce double défaut qu'il faudrait
insister au lieu de revenir, comme on le fait
trop en Europe, sur les côtés les plus bas du *flirt*
grossièrement incriminé. Ceci est non moins déplacé,
pour le dire en passant, que l'accusation banale volontiers portée en Amérique contre les mœurs conju-
gales françaises et les romans qui sont censés les
refléter. Il me plaît, quant à moi, de ne considérer le

flirt que comme un équivalent, un peu gros, un peu lourd, un peu appuyé de la coquetterie française. La liberté dont jouit la jeune fille dans la maison paternelle n'a pas nécessairement cet essai, loyal ou non, pour conséquence, et cela, je le répète, parce que le mariage ne lui est pas indispensable comme aux Françaises pour cesser d'être un charmant zéro. Elle sort, lit ce qu'elle veut, reçoit et rend des visites. Ceci ne peut scandaliser que ceux qui ne sont pas allés en Amérique, et qui ne savent pas combien on considère comme *ungentlemanly* toute attention importune et gênante octroyée à une jeune fille en voyage ou dans la rue ; en revanche, elle regarde les hommes en face avec un calme qui est presque du défi.

Un Américain, revenant d'Allemagne, me disait :

— Quel plaisir de retrouver enfin, après tant de paupières sournoisement baissées, le regard intrépide *(fearless look)* de nos jeunes filles !

Mot bien peu masculin, à notre point de vue, car il témoigne d'un parfait désintéressement.

Pour ce qui est des livres, il n'y en a pas de mauvais, c'est-à-dire de trop profondément fouillés. Les jeunes filles n'ont donc pas une littérature à part, puisqu'on n'écrit que pour elles, l'art dût-il y perdre. Elles passent avant tout, même avant lui.

Mais Baudelaire ? mais Verlaine ? Ceux-là sont expurgés aussi à leur usage ; tous les lions ont les griffes rognées, les crocs arrachés pour la plus grande sécu-

rité de ces demoiselles. Elles donnent la note de la
conversation dans les cercles mondains, et les
hommes ne profitent probablement pas, comme ils le
feraient chez nous, du tête-à-tête avec lequel ils sont
familiarisés. La distribution des intérieurs presque
sans portes, avec des portières relevées partout, ce
qui permet l'égale chaleur du calorifère dans les
logis les plus modestes, fait que mademoiselle peut
recevoir ses amis masculins sans rester précisément
seule en leur compagnie. Ce système de portes
ouvertes est peut-être incommode pour les membres
de la famille qui auraient à se parler en particulier,
mais tout est organisé pour le plus grand agrément
de la jeunesse. Bien entendu, ces privilèges sont atténués ou aggravés par les bonnes ou mauvaises
façons, par le tact ou la vulgarité de celle qui les
possède, par l'influence du milieu, par les habitudes plus ou moins raffinées du monde où elle a
vécu ; elle peut n'en user que discrètement, mais
en aucun cas on ne songerait à les lui contester.

Je me résume : la famille américaine est moins
homogène que la famille française, moins confondue
dans les mêmes intérêts, moins aveuglément soumise
à l'autorité d'un chef qui lui-même ne se sent pas
lié par des devoirs aussi étroits. On y rencontre
beaucoup moins de formalisme. Longtemps avant
d'être allée en Amérique, n'ai-je pas entendu une
dame de l'Ouest dire à propos de toute la paperasserie
nécessaire en France pour se marier :

— Je n'ai pas, moi, d'acte de naissance. Mon père se bornait à inscrire le jour où chacun de ses enfants venait au monde sur la première page de la Bible de famille.

Le consentement demandé à ses parents par un fils, ne fût-il pas très jeune, lorsqu'il se marie, les confond.

La régularisation de ce qui s'appelle chez nous un faux ménage, la situation d'un enfant naturel, tout cela se fait beaucoup plus simplement en Amérique qu'en France, parce qu'il ne s'agit pas d'éloigner à tout prix les intrus d'un patrimoine et d'un nom, de défendre la forteresse féodale de la famille, mais plutôt de faire triompher les droits imprescriptibles de l'individu. Il y a peut-être en France danger d'arriver, par amour pour les siens, à un oubli trop complet de ses semblables; beaucoup de femmes notamment ne perçoivent, en dehors de la famille, que bien vaguement l'humanité. En Amérique l'esprit public a chez elles sa large place auprès des devoirs de l'épouse et de la mère. Quant à l'homme, il est citoyen d'une façon qui n'a pas cours en France, où le service militaire reste l'expression par excellence du patriotisme. Il se croit généralement tenu de faire acte de dévouement filial envers l'état auquel il appartient, envers sa ville natale, envers ce que nous appelons le clocher.

Partout il faudra peu à peu céder à ce souci des intérêts publics sagement circonscrits qui, pourvu que nul ne se dérobe au devoir commun, vaut l'*humanitarisme*, plus ample, mais beaucoup plus vague d'un Tolstoï. Les grands problèmes sociaux s'imposent dans le monde entier; ils forceront tous les patrons à tenir compte de plus en plus des paroles du Christ qui, laissant attendre sa famille, désigna le peuple et dit : — « Ceux-là sont ma mère et mes frères. » — Chacun des privilégiés qui possèdent a le devoir d'assister ces frères-là, et l'Amérique le comprend beaucoup mieux que l'Europe; elle est en avance sous ce rapport. Les exemples qu'elle donne germeront et finiront par passer l'Océan.

Très probablement le type de la famille américaine est celui qui à la fin prévaudra: la loi du progrès, les droits mieux reconnus de la femme, la nécessité pour nos hommes de sortir de la vieille Europe épuisée, où leur activité ne trouve plus d'emploi, pour se répandre dans le vaste monde, l'infiltration croissante des mœurs étrangères, tout nous l'annonce. Déjà nous avons pris à l'Amérique, outre son mode de gouvernement, ce grand dissolvant de l'ancienne organisation de la famille : le divorce ; déjà on discute l'opportunité des armées permanentes, et la liberté de tester a de nombreux partisans ; déjà l'interview, longtemps inconnue et méprisée sur sa seule réputation, s'introduit partout et habitue à la malsaine notoriété des journaux les gens les plus jaloux jusqu'ici de réserver leur vie privée; déjà les lycées de jeunes filles se dressent contre l'éducation dans la

famille, qui avait préalablement diminué l'importance des couvents. Nos filles s'émancipent relativement; elles sont même dans la période ingrate de
cette émancipation, celle où l'on se sert avec imprudence et maladresse des armes dont on n'a pas
de bonne heure appris l'usage. Au bal les danseuses
ne sont plus ramenées auprès de leurs mères qui
ont cessé de faire tapisserie autour des salons où
l'on danse. Les demoiselles non mariées de trente à
trente-cinq ans se décident à sortir seules et à lire les
livres permis à une jeune mariée de dix-huit ans.
C'est une révolution lente, mais sûre. Une certaine
bourgeoisie obstinée demeure encore récalcitrante,
mais elle y viendra.

J'espère toutefois que nous garderons pendant des
siècles encore un certain héritage des temps éva-
nouis: la déférence pour la vieillesse, le respect des
conseils paternels, et cette tendresse pour la mère
qui ressemble à une religion. J'espère que le progrès
nous laissera la condescendance aux goûts les uns
des autres, l'effacement des angles trop saillants de
la personnalité, une bonne dose de cet esprit de
sacrifice qui n'est que duperie peut-être, mais une
sainte duperie du genre héroïque. Je voudrais en
outre maintenir ce sentiment salutaire, inculqué
jusqu'ici à nos femmes, que l'expérience est au-dessus de tous les systèmes, que l'instinct est chez elles
une puissance, et que cette puissance, il importe de
ne pas l'étouffer, tout en la dirigeant; certaines

choses, senties tout naturellement par elles, sont plus précieuses que beaucoup de connaissances acquises. Leur grâce, leur charme, leur véritable beauté dépend de la nature, la pédagogie ne suffit pas à tout. Les hommes seraient bien à plaindre si le type de la femme savante, de la femme forte devait détruire le type de la femme d'intérieur qui ne doit pas être incompatible avec lui. En tout pays, les pères, frères, maris sont sensibles au soin que leurs femmes, leurs filles et leurs sœurs prennent de ces riens journaliers qui contribuent pour une si large part à la douceur de l'existence. Madame de Staël n'a-t-elle pas dit : « Un rien sert et nuit au bonheur ? » Ceci est vrai dans l'ordre matériel comme dans l'ordre moral.

Souhaitons donc aux femmes du Nouveau Monde d'élever leur âme de plus en plus au-dessus de l'humble quenouille, mais de ne pas perdre de vue cependant cette quenouille, symbole de tant de choses douces et touchantes que rien de plus ambitieux ne pourrait remplacer.

Avec ces réserves, je serai ravie, pour ma part, de voir s'américaniser un peu la famille française de nos jours.

FIN

TABLE

IMP. CHAIX, RUE BERGÈRE, 20, PARIS. — 1406-1-98. — (Encre Lorilleux).

www.ingramcontent.com/pod-product-compliance
Lightning Source LLC
Chambersburg PA
CBHW050455270326
41927CB00009B/1755